年轻干部
修养与成才

于立志　陈鲁民◎著

浙江人民出版社

图书在版编目（CIP）数据

年轻干部修养与成才 / 于立志，陈鲁民著. — 杭州：
浙江人民出版社，2024.6
ISBN 978-7-213-11398-7

Ⅰ. ①年… Ⅱ. ①于… ②陈… Ⅲ. ①青年干部–思
想修养–中国–学习参考资料 Ⅳ. ①D630.3

中国国家版本馆CIP数据核字（2024）第059731号

年轻干部修养与成才

于立志　陈鲁民　著

出版发行：浙江人民出版社（杭州市环城北路177号　邮编　310006）
　　　　　市场部电话：(0571)85061682　85176516
责任编辑：何　婷
营销编辑：杨谨瑞
责任校对：马　玉
责任印务：程　琳
封面设计：王　芸
电脑制版：杭州兴邦电子印务有限公司
印　　刷：杭州富春印务有限公司
开　　本：710毫米×1000毫米　1/16　　　印　　张：16.25
字　　数：204千字　　　　　　　　　　　插　　页：1
版　　次：2024年6月第1版　　　　　　　印　　次：2024年6月第1次印刷
书　　号：ISBN 978-7-213-11398-7
定　　价：58.00元

目 录
CONTENTS

[第二章]

重在育德向善，高尚品德抵万金——年轻干部修身之道　　43

[第五章]

珍惜青春年华，拼搏托起梦想——年轻干部奋斗之道 199

第一章｜树立鸿鹄之志，奔向理想彼岸

——年轻干部立志之道

吾辈立志当高远

人的志向是生命的灵魂、生活的指针、自信的基石、意志的支柱，不可或缺。人生若想做天地间第一等人，成天地间第一等事，就必须立天地间第一等志。当代青年要在宝贵的人生中演绎好理想之歌，自觉投身中国式现代化建设，此乃人生之真谛。

回眸历史，天才少年王勃写下了灿烂如霞的骈文《滕王阁序》。人们喜爱其中的名句："老当益壮，宁移白首之心？穷且益坚，不坠青云之志。"人到老年不能意志消沉，而应当朝气蓬勃、雄心依旧，怎能因为头发白就改变自己的雄心壮志呢？处境艰难时依然坚定意志、踔厉风发，决不放弃高远的志向。此句妙语不亚于蕴含文采的千古佳句"落霞与孤鹜齐飞，秋水共长天一色"。

心学大师王阳明也有千古佳句："志不立，天下无可成之事。虽百工技艺，未有不本于志者……志不立，如无舵之舟，无衔之马，漂荡奔逸，终亦何所底乎？"[1]没有理想的人，必然少了拼搏的激情，就没有坚定的方向。由此观之，立志实为人生第一大事、第一根本。在王阳明看来，人生犹如在大海上航行，时而风平浪静、波澜不惊，时而颠风逆浪、波涛汹涌；人只有知道为什么而活并笃信自己的人生志向，才能在惊涛骇浪中生存，才有力量乘风破浪，勇往直前，增添生命的光彩。

古往今来，许多有非凡成就的人都立下了远大志向，不囿于狭小的天地之中。唐代诗人高适云："寄言燕雀莫相啅，自有云霄万里高。"人

---

[1] （明）王阳明著，梁启超点校：《传习录评》，九州出版社2014年版，第302页。

要有雄心壮志，不要眼光短浅、自鸣得意、盲目自满。清代改革家、诗人林则徐有诗云："如日东山能再起，大鹏展翅恨天低。"尤其是年轻干部志存高远、心存天理、意志坚定、不懈奋斗，向着胜利的彼岸踔厉奋发、笃行不怠，国家、民族就拥有了无坚不摧的前进动力。

马克思的一生是胸怀崇高理想、为实现全人类幸福而不懈奋斗的一生。他也是在对理想追求的坚守中逐步成就自己，最终成为马克思主义的创始人之一，成为全世界无产阶级和劳动人民的革命导师。

毛泽东少年时，父亲要求他弃学从商，但他说服父亲同意他外出读书。1910年，毛泽东在离开家乡的时候，给父亲留下一首小诗："孩儿立志出乡关，学不成名誓不还。埋骨何须桑梓地，人生无处不青山。"足见少年毛泽东志存高远。他看了《世界英雄豪杰传》之后，被书中描写的华盛顿、林肯等人的事迹感染，决心以救国救民作为自己的崇高责任。

五四运动前后，青年毛泽东、蔡和森等人组织新民学会，其宗旨是"改造中国与世界"，彰显出中国共产党早期先锋战士的崇高志向和远大目标。毛泽东26岁时曾立下誓言："天下者我们的天下。国家者我们的国家。社会者我们的社会。我们不说，谁说？我们不干，谁干？"①《走近毛泽东》纪录片解说词说得好："他最大的目的，是实现中华民族的伟大复兴；他最大的创造，是把马克思主义中国化；他最艰辛的探索，是中国式的社会主义；他最伟大的作品，是中华人民共和国。"

理想，是人生的事业与生活的精神支柱，更是广大年轻干部对未来的向往和追求，具有无穷的魅力。鲁迅东渡日本时年仅21岁，在拯救民族的大志中喊出"我以我血荐轩辕"。一生都乐于办学校的吴玉章先生，立下"我何敢以儿女私情，松懈我救国救民的神圣责任"的誓言。人民教育家卫兴华教授常说："只要我活着，我就要用全部的精力和时间，去

---

① 中共中央党史和文献研究院、中央档案馆编：《中国共产党重要文献汇编 第一卷 1921年7月—1921年12月》，人民出版社2022年版，第137页。

做一个学者应该做的，为祖国的建设，为社会主义建设奉献我的力量。"实现共产主义理想是一个远大的目标，在这个远大目标之下，要掌好人生之舵，创造精彩的人生之旅。

有的青年立志当一名科学家，为祖国科技进步贡献聪明才智；有的青年一心想当一名人民教师，呕心沥血地培育祖国的下一代……崇高的理想是有志者的政治信仰和世界观、人生观、价值观在奋斗目标上的具体体现。

理想描绘出你生命的曲线，增添你生命的光辉，是工作、学习、生活的根本动力。西安交通大学校长王树国在 2022 年的毕业典礼上说："人不可无志，人不能没有追求。没有追求，就丧失了前进之动力，失去了生命之价值……生命的价值在于什么地方？不在于成功的那一刻，而在于为成功而奋斗的历程之中。"只有那些怀抱理想、奋斗不息的人，才能冲刺到终点，捧回事业成功的金杯。

一代代中国青年满怀报效祖国和不负人民之志，积极投身党领导的革命、建设、改革伟大事业，为祖国、为人民而担当，为幸福生活而奋斗，涌动着青春的风采，绽放着绚丽的青春之花，谱写了难忘的青春之歌。不满足现状、勇于开拓进取的有志者的日日新之业绩，无不根源于崇高理想，他们无一不是理想家。事业的成功，永远属于具有崇高理想、坚定信念的不懈奋斗的人。

燃旺理想的火焰

树立远大的理想是开启美好青春、灿烂人生的首要问题。理想信念是人的精神支柱，是一切行为的最终指向和根本动力。在人生道路上，许多有志者对未来充满憧憬，有自己的崇高理想，并不是只追求衣食无忧。列宁说："共产主义者的心，至少有一半生活在未来。"① 若想不做精神上的贫穷者，使人生不在平庸中度过，让生命放射出光辉，首先要把理想信念作为安身立命的主心骨、修身立业的压舱石。

坚定共产主义的理想和信念，是一代代共产党人锤炼政治修养的要义。理想信念之火一经点燃就永远不会熄灭，它是战胜艰难险阻的精神支柱，开创革命事业的力量源泉。恽代英于1921年下半年加入中国共产党，是中国共产主义青年团创始人之一。1923年，恽代英任上海大学教授，同年8月被选为中国社会主义青年团中央执委会委员、宣传部部长。他创办和主编的《中国青年》培养并影响了整整一代青年。1930年5月6日，恽代英在上海被国民党当局逮捕。在狱中，恽代英面对敌人的威逼利诱坚贞不屈，牺牲时年仅36岁。

对当代青年来说，理想信念决定其政治观点、政治立场、政治觉悟以及政治辨别力。树立和坚持崇高的理想信念，人生就有了"主心骨""定盘星"，站得就高了，眼界就宽了，心胸就开阔了，就能厘清历史的脉络，把握时代的主线，坚持正确的政治方向，科学地观察事物、判断形势，在胜利和顺境时不骄不躁，在困难和逆境时不消沉不动摇，经受住各种考验。

习近平总书记在党的十九大召开后至党的二十大召开前，在中央党校（国家行政学院）中青年干部培训班开班式上作了六次重要讲话，统分结合、开阖有序，对年轻干部提出严格要求，寄予深切期望，为广大年轻干部的成长指明了方向、提供了遵循。习近平总书记在2021年秋季学期中央党校（国家行政学院）中青年干部培训班开班式上指出："党员

---

① 秦强：《信仰·信念·信心：百年大党的精神密码》，人民出版社2021年版，第55页。

干部有了坚定理想信念，才能经得住各种考验，走得稳、走得远；没有理想信念，或者理想信念不坚定，就经不起风吹浪打，关键时刻就会私心杂念丛生，甚至临阵脱逃。"①

作为党的年轻干部，在奋力前行的路上，要固本培元，感悟革命前辈们"革命理想高于天"的信仰力量，补足精神之钙，铸就信仰之魂，以信仰领航人生。诗人张永权在《重读长征》中写道："用生命热血写成的史书，存放在九百六十万平方公里的国土，一页一页重叠起来，叠成二万五千里漫漫征途。今天，我把它一页页打开，禁不住放声朗读，虽有呛人的硝烟扑面而来，却洗亮了我浑浊的双目。"

坚定理想信念是终生课题，需要常修常炼，要信一辈子、守一辈子。习近平总书记通过革命先烈李大钊、党的一大代表等事例，深刻阐明："形成坚定理想信念，既不是一蹴而就的，也不是一劳永逸的，也不是自己认为坚定就坚定的，而是要在斗争实践中不断砥砺、经受考验，而且这种考验是长期的，很多时候也是严酷的，是要终其一生的。"②

坚定执着地追求理想是青年人的立身之本、动力之源。坚定追求理想，才能清醒地认识到我们肩上的历史责任，才能自觉地为实现中华民族伟大复兴的中国梦砥砺前行。在七年的知青岁月中，习近平同志扎根基层，服务群众，始终牢记人民公仆的身份，坚守为人民做实事的信念，同老百姓们一起艰苦奋斗，如挑粪拉煤、治沟打坝、办缝纫社、大办沼气等，在艰苦环境中坚定了马克思主义的理想信念。

"人生万事须自为，跬步江山即寥廓。"在庆祝中国共产主义青年团成立100周年大会上，习近平总书记指出，"入队、入团、入党，是青年追求政治进步的'人生三部曲'"。他明确要求，青年"要认真接受政治训练、加强政治锻造、追求政治进步，积极向党组织靠拢，以成长为一

---

① ② 习近平：《努力成为可堪大用能担重任的栋梁之才》，载《求是》2022年第3期。

名合格的共产党员为目标、为光荣"。①

新时代年轻干部要把握好人生政治进步的"三部曲"。把崇高理想种在心里，主动继承时代角色，自觉担当时代使命，开启政治人生的红色序章，演绎青春向上的政治乐章，不断提升理论水平和精神境界，解决好思想庸俗、思想浮躁、思想脆弱等问题，坚定政治立场，保持政治定力，在党爱党，在党为党，不改初衷，矢志不渝，努力唱响民族复兴的青春之歌，展现青春气象和绚丽风采。

理想使奋斗生辉，追求使人生更美。共产主义理想信念具有崇高性，但是这种崇高性并不像有的人所理解的那样高不可攀，把理想转变成现实的中介是实践。只有把树立共产主义理想同建设中国特色社会主义的目标结合起来，在本职工作中创造佳绩，才是对共产主义理想忠诚的表现。有志气、有抱负的新时代年轻干部，正以奋飞冲天的豪情、无与伦比的执着，忠诚履职，追求卓越，把创造融进人生的血液，把奋斗奉献刻进生命的文本，展现更多亮点，提升人生价值，书写再续美好年华的辉煌华章。

擦亮初心不染尘

初心是积极进取的人生情怀，是事业开端的郑重诺言。我们要时常停下脚步，回望来时走过的路，走得再远也不能忘了自己当初为什么启程。坚持践行初心，必须坚信共产主义远大理想并为之而奋斗。有了为

---

① 习近平:《在庆祝中国共产主义青年团成立100周年大会上的讲话》,载《人民日报》2022年5月10日。

之奋斗的理想信念，能使人具有崇高的目标、高尚的情操和勇于献身的品格。一代代共产党人高举理想信念的火炬，推动中国浩荡前行。

彭湃（1896—1929），出身于地主家庭，家有"鸦飞不过的田产"。他21岁时东渡日本求学，学的是政治专业。一个偶然的机会，一部日文译本《马克思主义学说》引起了他极大的兴趣，他认真研读，从此步上了一心向着共产党走的路。回来后的彭湃，全心开展农民运动，并于1924年加入中国共产党。他带领农民减租抗税，甚至当众烧掉田契，将家中土地分给佃户。即使在大革命失败后的"白色恐怖"环境下，他还坚持深入农村发动群众，在海陆丰建立革命根据地，创建中国第一个苏维埃政权。

初心，简而言之就是最初的心愿，即人们做一件事时最初的动机，就是在所有的愿望、誓言和梦想当中，离自己的本心最近的那颗心。是跑偏还是跑到终点，取决于是否永远葆有一颗初心。初心，是一个人最初的梦想。遵循初心才会有动力，才能活出有价值的自我，才会拥有灿烂的、壮美的人生。为了实现心中的目标，多少人舍弃名利，耗尽一生，哪怕生活为此清苦，也无怨无悔。

樊锦诗，人们亲切地称她为"敦煌的女儿"。1963年7月，樊锦诗从北京大学历史系毕业。当时，北京和上海各有一家单位准备接收她，选择去向的最后一刻，樊锦诗最终决定去敦煌文物研究所。这位生活在上海的25岁女孩毅然背起厚重的行囊，满怀希望地登上开往西部的列车。"初见敦煌，惊艳无比。可只有真正留在这里才知道，洞内是神仙世界、艺术殿堂，洞外却是飞沙走石、黄土漫天。"物资极度匮乏，樊锦诗也想放弃，但她不甘心当逃兵。住土屋，睡土炕，用土桌，坐土凳，喝咸水，吃粗粮……本就体弱的樊锦诗咬牙坚持着，在洞窟里临摹壁画、保护修复、调查内容、研究文献。最苦的还是至亲分离。从敦煌到武汉，两地相距2500公里，夫妻天各一方，孩子寄养在农村。19年后，樊锦诗的丈夫来到莫高窟，他们才得以团聚。

"也许，我倾注一生的时间，也未必能穷尽它的谜底，但我依然要向前走！"此后的50余年，樊锦诗用大半辈子的光阴守护着敦煌，研究、保护和传承敦煌文化。她整日穿梭在石窟里，与古圣先贤隔空"对话"。2011年，樊锦诗历时40年主持编写的《敦煌石窟全集》第一卷《莫高窟第266—275窟考古报告》正式出版，被誉为国内第一本具有科学性和学术性的石窟考古报告。

"舍半生，给茫茫大漠。从未名湖到莫高窟，守住前辈的火，开辟明天的路。半个世纪的风沙，不是谁都经得起吹打。一腔爱，一洞画，一场文化苦旅，从青春到白发。心归处，是敦煌。"这是2019年感动中国人物颁奖典礼给她的颁奖词。改革先锋奖章、"文物保护杰出贡献者"国家荣誉称号等多项荣誉接踵而至，樊锦诗始终宠辱不惊，矢志奉献，用挚爱和生命守护敦煌。

不忘初心，是实现中华民族伟大复兴的重要保证，是知难而进、攻坚克难的力量源泉。不忘初心，也是一种爱之深、责之切的鞭策与规范。把理想和信念熔铸在血脉之中，体现了思想的纯洁、目标的纯净、行为的纯粹。初心易得，始终难守。向前走不能忘记走过的路；走得再远、走到再光辉的未来，也不能忘记走过的过去，不能忘记为什么出发。坚持始终如一，方能善始善终。习近平总书记说："有信念、有梦想、有奋斗、有奉献的人生，才是有意义的人生。当代青年建功立业的舞台空前广阔、梦想成真的前景空前光明，希望大家努力在实现中国梦的伟大实践中创造自己的精彩人生。"①

广大年轻干部要践行初心、担当使命，努力成为堪当民族复兴重任

---

① 习近平：《青年要自觉践行社会主义核心价值观——在北京大学师生座谈会上的讲话》，载《人民日报》2014年5月5日。

的栋梁之才。有志气、有抱负的年轻干部，一定能够清醒地认识肩上的历史责任，在全面建设社会主义现代化国家新征程上，树牢志向，踔厉奋发，担当尽责，勇毅前行，完成好时代赋予的光荣使命。

总与人民心相印

郑板桥一生与竹相伴，写竹、吟竹，以竹明志，画竹传情。郑板桥最为人赞赏传颂的写竹诗，是他任潍县知县时送给巡抚的一幅墨竹画上的题诗，诗云："衙斋卧听萧萧竹，疑是民间疾苦声。些小吾曹州县吏，一枝一叶总关情。"他在睡梦中都关心着人民的疾苦，牵挂着百姓的冷暖。观其画，读其诗，一个亲民爱民、勤政廉洁的清官形象跃然纸上。

我们共产党人来自人民，植根人民，是"土生土长"的，离开了人民群众的支持和拥护，我们就失去了生存土壤和发展根系。出于强烈信仰动机的为人民服务，具有强大的精神动力和顽强的行动意志。习近平总书记指出："江山就是人民、人民就是江山，打江山、守江山，守的是人民的心。中国共产党根基在人民、血脉在人民、力量在人民。"[①] "人民就是江山"，实现了"人民"与"江山"在主体和内容上的统一，这是对马克思主义"人们自己创造自己的历史"的生动诠释。

党离不开人民，人民也离不开党。"老百姓是山，老百姓是海，老百姓是共产党生命的源泉。"没有人民就没有党。2023年3月13日李强总理在答中外记者问时说："客观地讲，绝大部分老百姓不会天天盯着看GDP

---

① 习近平：《在庆祝中国共产党成立100周年大会上的讲话》，载《人民日报》2021年7月2日。

增长了多少，大家更在乎的是住房、就业、收入、教育、就医、生态环境等身边具体事。政府工作就是要贴近老百姓的实际感受去谋划、推进，真正做到民有所盼、政有所为。"广大年轻干部要坚持以民为本，涵养为民服务的初心，厚植为民情怀，坚持一切为了人民，真正做到心系人民，做人民的贴心人、暖心人，自觉践行全心全意为人民服务宗旨。

年轻干部对群众的感情是日复一日积累起来的，是在不断与群众的接触中培养出来的。只有把群众当作亲人，群众才会把你当亲人；只有把群众装在心里，群众才能由衷地认可你；只有真正放下架子，才能走进群众；只有拜群众为老师，群众才会向你传授"真经"。如果缺少感情，干巴巴地讲大道理，就缺少感染力，就不能打动群众的心。

青年习近平下乡到梁家河后，与农民同甘苦共患难，从心底里热爱人民，把老百姓搁在心里。对乞食老汉"解衣推食"、帮助老汉拉车、帮群众找猪、为救治受伤村民而急坏了……这些都是青年习近平为民情怀的自然流露。梁家河的村民们讲，总书记那时候"主要想的就不是自己的前途，而是怎么能做好村里的工作，怎么能让群众的生活好起来"。习近平离开梁家河时，村民们送了一程又一程，难舍难分。40年后，习近平总书记再次来到梁家河，对乡亲们讲："当年，我人走了，但我把心留在了这里。"简简单单的话语背后，饱含着与人民的深厚感情，体现了冰清玉洁、白璧无瑕的崇高风范。

要立志做大事，不要立志做大官，不要把升官晋爵作为人生终极目标，而是将为人民谋幸福作为第一追求，多做好事和实事，体现党员的先进性和纯洁性，让青春之花在人民中间绽放，成为栋梁之材，让人民群众满意。泰戈尔说："人的永恒的幸福不在于得到任何的东西，而在于献身于比自己更伟大的事业。"

"廖书记的办公室没有门槛，群众可以直接进；群众给他打电话、发短信，他都会认真回复。"曾在廖俊波身边工作多年的工作人员说道，

"廖书记常对我们说，干部要跟老百姓坐在一条凳子上。""干部要跟老百姓坐在一条凳子上"，诠释着廖俊波心中有民、心中爱民的为民情怀。

拜群众为师，向群众学习，是年轻干部去掉官气、勤政为民、彰显人生价值的实现途径。人民群众是一切实践活动的主体，基层是工作实践的大课堂、干事创业的大舞台。只有拜群众为师，甘当群众的小学生，才能提高自己的能力和素质，增强服务群众的本领。年轻干部再聪明、再博学，也不可能尽知天下事，总有些知识不晓得，总有些经验不具备。智慧从哪里来？来自向别人请教、咨询。

"人民是阅卷人，我们是答卷人。"开创中国式现代化建设新局面，全面实现中华民族伟大复兴的中国梦，必须坚持把维护广大人民群众的根本利益作为开展工作的出发点和落脚点，时刻牢记群众利益无小事，高度重视和维护人民群众最现实、最关心、最直接的利益，不与群众争利益，呕心沥血为人民。我们要以诚心和虚心的态度，拜群众为师，向群众请教，问政于民，问需于民，问计于民，从中汲取智慧和力量，维护人民的利益，维护社会公平正义。

理想信念动摇是最危险的动摇

志存高远，是前进的重要动力，能激发奋进的潜力、实干的毅力、创新的活力。年轻干部理想远大，就能自信从容、行稳致远，让人生理想在党和人民事业之中得到升华。理想信念这个"压舱石""主心骨"，能给人以努力前行的方向和动力；信念是对理论的真理性和实践的正确性的信服和尊崇，其特征是稳定性和执着性。

理想信念是精神生活的核心，深刻影响并制约着广大年轻干部的思想和行为。广大年轻干部在成长成才的过程中，不可避免地会遇到社会上某些不良风气和资产阶级腐朽价值观，如果没有坚定的理想信念作"主心骨"，很容易会对自己正确的世界观、人生观和价值观产生怀疑，可能从而变得消极颓废，丧失斗志和进取心。理想信念出了问题，也就动摇了根本政治立场，就必然会偏离正确的政治方向。从广大年轻干部的成长来看，一个共产党员在组织上入了党，曾面对鲜红的党旗向党庄严宣誓，并不等于理想信念问题完全解决了，即使职务升迁了，理想信念也不会随之自然地增强。理想信念，不论在过去、现在和将来都丝毫不能动摇。

许多事实说明，理想的动摇是最危险的动摇，信念的危机是最致命的危机。从功臣到罪人，往往只一步之遥；从公仆到贪官，往往仅一念之差。这里的"念"就是理想信念，理想信念动摇了，追求和行为必将随之变化。

出生在江西革命老区贫困农村家庭、拥有硕士学位、博士生在读的熊某某，这个在某钢铁公司处级岗位竞聘中脱颖而出、被破格提拔重用的年轻干部，怎么就成阶下囚了呢？

随着手中掌握的权力增大，社会接触面的不断扩展，罪恶的种子不经意间播撒在他的心田。这位年轻干部手中拥有几亿元资金的设备采购权、资金平衡拨付权。看着身边接触的人一个个变成了"大腕""大款"，他由羡慕到追求，开始了人生道路上致命的转变。他忘记了一名党员干部应有的操守与品行，忘记了自己肩负的职责，私欲极度膨胀，奢靡占了上风。一个客户请他吃饭，他叫上几个朋友一起去。客户请他点菜，他问大家吃什么。有个朋友说"海参，海参好吃"。他就对客户说："好，先上6斤海参。"此时，手中的权力让他被阿谀吹捧、笑脸奉迎弄得忘乎所以，仿佛自己已无所不能。有人送上贿赂，他欣然接受；有人送来贵重礼品，他一律全收。当这些人请他办事时，他更是无原则地予以关照、协调。贪欲之火令他智昏，不到两年的时间，他就因不能战胜自己的欲望跌入犯罪的深渊。当然，他为此付出了巨大的代价，不仅锒铛入狱，原本幸福美满的家庭也遭受了巨大的打击。

理想的动摇是最危险的动摇，信念的滑坡是最可怕的滑坡。熊某某之所以堕落，根源就在于理想信念的丧失和精神支柱的坍塌，迷失了自我，坑害了自我。只讲索取不讲奉献，只讲人情不讲原则，只讲关系不讲党性，只讲义气不讲正气，不珍惜名誉，不珍重人格，不树立正确的权力观、利益观，就必然会自食恶果、身败名裂。

拥有理想信念的人生是幸运的和幸福的，而没有理想信念的人生则是痛苦和可悲的。习近平总书记告诫我们："没有坚定的理想信念，就会在乱云飞渡的复杂环境中迷失方向、在泰山压顶的巨大压力下退缩逃避、在糖衣炮弹的轮番轰炸下缴械投降。"① 理想信念对于人生至关重要，它在人生实践中起着重要的不可替代的作用。共产主义远大理想和中国特色社会主义共同理想，是中国共产党人的精神支柱和政治灵魂，也是保持党的团结统一的思想基础。

《中国纪检监察报》2021年8月11日报道，浙江省公安厅原警务技术二级总监丁仁仁从一名有志者沦为腐败典型。"贪婪心让我的'胃口'越来越大。"在忏悔书中，丁仁仁这样剖析自己。生活中，他追求着极致的高标准，却又不想自己花钱，总希望什么都能有人买单，有人送上。吃、穿、住、行，样样向商人看齐，样样由商人买单，不知不觉间，丁仁仁成为一些不法商人的重点"围猎"对象。他整日与他们称兄道弟，每每还以"江湖大哥"自居。最终，丁仁仁以受贿罪，被开除党籍、开除公职，判处有期徒刑十年六个月。

---

① 习近平：《用好红色资源，传承好红色基因　把红色江山世世代代传下去》，载《求是》2021年第10期。

一些违纪案件告诫我们：志莫移，志移身必斜；眼莫花，眼花心必乱；意莫贪，意贪德必失；手莫伸，伸手必被捉！有的年轻干部的沉沦，带来的后果是严重的：从领导岗位到身陷囹圄，坠入罪恶的深渊，辜负了党和人民的哺育培养，损害了干部的形象。一定要引为鉴戒，多看"前车之鉴"，常思"失节之患"，细读"悔恨之言"，认真检视理想信念上的差距，练就"金刚不坏之身"。

厚植爱国主义情怀

一部中国近现代历史，就是中华民族奋发图强、自立于世界民族之林的历史，就是中国人民争取国家独立、民族解放的历史。从1840年英国用炮舰轰开中国大门开始，华夏故园曾遭受帝国主义铁蹄的践踏，备受列强的欺凌，"百年魔怪舞翩跹"，国家蒙辱、人民蒙难、文明蒙尘。

爱国是人世间最深层、最持久的情感，是一个人的立德之源、立功之本。祖国就是我们的母亲，祖国赐予我们青春和生命的力量。《礼记·儒行》中说："苟利国家，不求富贵。"戊戌变法的主要人物之一梁启超说："美哉我少年中国，与天不老！壮哉我少年中国，与国无疆！"这种极其朴素、真挚而深厚的感情，体现了对生于斯、长于斯的父母之邦的忠诚，为自己的民族和祖国的繁荣强盛而欣慰、为祖国的贫弱和不幸而忧愁，把自己的生命、事业、荣辱、前途命运同整个祖国的荣辱兴衰联系在一起。

多少沧桑付流水，爱国情怀永存心中。爱国情怀是"壮志饥餐胡虏肉，笑谈渴饮匈奴血"，是"王师北定中原日，家祭无忘告乃翁"，是"粉身碎骨浑不怕，要留清白在人间"。如同艾青所言："为什么我的眼里常含泪水？因为我对这土地爱得深沉……"

从1935年到1955年，钱学森在美国度过了20年，在航空科学上取得了卓越的成就，成为有名的火箭专家。钱学森说："我在美国前三四年是学习，后十几年是工作，所有这一切都在做准备，为了回到祖国能为人民做点事——因为我是中国人。"

1949年，得知新中国成立，钱学森顿时沉浸在极大的喜悦之中。他早前就下定主意，立誓回到魂牵梦萦的祖国。1955年，钱学森在回国的游轮上激动地说："今后我将竭尽努力，和中国人民一道建设自己的国家，使我的同胞能过上有尊严的幸福生活。"一个个重大科技成果，一个个重要科学贡献，在钱学森为实现国家富强的奋斗过程中产生。这充分说明这样一个道理：中国的知识分子只要把自己的命运和振兴中华的伟大事业结合在一起，他们的人生价值就是无法用具体数字估量的。

培养爱国主义感情，激发振兴祖国的雄心壮志，就要学习祖国的历史，热爱祖国的光荣传统。了解祖国的过去，才能倍加热爱和珍惜祖国的现在和未来。如果不了解自己祖国的历史，就不可能真正热爱祖国。因此，学习祖国的历史，是增强爱国主义道德修养的一个重要内容。

爱国情感是凝聚民族力量、推动社会进步的精神动力，也是年轻干部树立正确政治信仰的基础。爱国主义自古以来就流淌在中华民族血脉之中，爱国情感的高低直接关系民族生命力的强弱。热爱祖国报效祖国的方式有千万种，最美的样子是为祖国不懈奋斗的样子。不忘初心、忠诚报国，是根据追求的目标献出全部精力乃至生命的心态和行为，体现了鞠躬尽瘁、死而后已的精神，表现为忠于职守、默默耕耘的品格。一百余年来，一代代中华儿女弘扬爱国主义精神，在中国共产党的领导下，自强不息、锲而不舍、艰苦奋斗，书写民族复兴的鸿篇巨制。抗美援朝战场上，在上甘岭战役中，用胸膛堵住敌人枪眼的黄继光为了祖国的使命献出了年轻生命。以钱学森、邓稼先、郭永怀、黄旭华等为代表的老一辈科技工作者，用自己的忠诚和担当、智慧和才能、奉献和牺牲书写了担当使命、奉献报国的奋斗之歌。无数青年把对祖国、对党、对社会主义的朴素而真挚的热爱之情转化为走好新时代长征路的磅礴力量，激荡起创造历史、乘风破浪的强大底气和自信。

弘扬爱国主义精神，要让爱国主义成为每一个年轻干部的坚定信念和精神依靠。热爱祖国，是一个有觉悟的人的崇高美德，是年轻干部一个基本的道德素质，是一个民族的神圣感情。有了这种爱国主义的政治责任感和道德精神，就会孕育并激发出强烈的自尊、自信、自立、自强和拼搏进取、自强不息的精神，就能在改造中国、改造世界的拼搏中迸发出排山倒海的历史伟力，为中华民族的伟大复兴做出崇高的奉献。新时代年轻干部要胸怀忧国忧民之心、爱国爱民之情，以一生的真情投入、矢志奋斗来报效祖国、奉献人民，努力成为国家事业发展的栋梁之才。

忠诚的人生尤可贵

忠诚是中华民族永不褪色的传统美德，是从政者重要的品格。忠诚，是极度的真心与无上的诚意融合而产生的德行，是完成神圣使命与成功人生所不可或缺的要素。"天下之德，莫过于忠。"古往今来，无论做官，还是为人，忠诚都是一种值得敬佩的品质。令人难忘的忠义之士，被一代又一代人奉为楷模。

忠于人民忠于党，鞠躬尽瘁为人民，是周恩来高尚品德的最大亮点。周恩来对党和人民的忠诚，集中表现为信仰的坚定和理想的崇高。他对党和人民的忠诚没有时间和条件的限制，达到了崇高的境界。韩素音以海洋与海岸比喻毛周合作的相互依存，"对毛泽东这个海洋来说，周恩来便是海岸，它不断地阻挡住排山倒海的巨浪，然而又一刻也离不开汹涌澎湃的海洋"，如罗伯特·弗罗斯特所说："海岸对海洋的忠诚超越一切。"①

凡是心智不盲、想做出一番事业的年轻干部，都应重视忠诚、培养忠诚，忠诚于党、忠诚于国家、忠诚于人民。习近平总书记指出，"年轻干部必须对党忠诚""我们挑选优秀年轻干部，千条万条，第一条就是看是否对党忠诚"②。对党忠诚是由干部性质与定位决定的，是年轻干部必须做好的。

对党忠诚是对理想信念坚定的最好诠释。柴生芳毕业于北京大学，后在日本留学并取得博士学位。他怀揣报效祖国的赤子之心，选择到"苦瘠甲天下"的甘肃省定西市工作，全身心地投入贫困地区扶贫攻坚的主战场。他带领干部赴乡镇深度调研，几乎跑遍了临洮县323个村，行程达4万多公里，将全县144个贫困村分为产业示范村、潜力村，为323个行政村确定了主导优势产业，为制定精准扶贫战略规划打下了坚实的基础。

当代年轻干部对党忠诚是无条件的，是具体的，必须体现到对党的信仰、党的组织、党的路线、党的纪律、党的事业的忠诚上。这种对党忠诚的纯粹，一心为公、一尘不染的清澈，不是靠服饰装扮出来的，而是本色的自然流露和展现，任何时候任何情况下都不改其心、不移其志、不毁其节。习近平总书记深刻指出："如果没有对党忠诚作为政治上的

---

① 聂月岩编著：《毛泽东与周恩来》，中央文献出版社2005年版，第57页。
② 习近平：《在全国组织工作会议上的讲话》，人民出版社2018年版，第28页。

／ 19

'定海神针'，就很可能在各种考验面前败下阵来。"①共产党员从加入党组织、举起右手、紧握右拳、面向党旗庄严宣誓的那一刻起，就进入了党组织的门槛，有了一个共同的神圣姓氏，那就是姓"党"。要强化党的意识，做到忠诚于组织，任何时候都与党同心同德。

要将忠诚体现在行动上，知行合一、一以贯之、表里如一，对党忠诚一辈子、对信仰坚守一辈子、对理想追求一辈子，自觉筑牢信仰之基、补足精神之钙、把稳思想之舵，以坚定的理想信念砥砺对党的赤诚忠心，自觉加强政治历练，接受严格的党内政治生活淬炼，善于从政治上观察和处理问题，始终保持政治上的清醒与坚定，在政治立场上坚定，关键时刻经得起考验。要把坚定的政治信仰、政治信念、政治方向建立在对科学理论的理解和把握基础之上，养成学习马列主义、毛泽东思想、中国特色社会主义理论的高度自觉，努力掌握贯穿其中的辩证唯物主义和历史唯物主义的立场观点方法。要严格遵守党的政治纪律，任何时候任何情况下都要与党中央保持高度一致，时刻绷紧政治纪律和政治规矩这根弦，在思想上、政治上和行动上同以习近平同志为核心的党中央保持高度一致。

忠诚是党性纯洁的显著标志，是当代年轻干部政治品格的本质和核心。有了忠诚，才能爱党、忧党、兴党、护党，诚心跟党走，棒打不回头。对党忠诚，就必须做到心中有党，要在党爱党、在党言党、在党忧党、在党为党，把对党的忠诚实实在在地贯穿到日常学习、工作、生活的全过程，相信组织、依靠组织、服从组织，自觉接受组织安排和纪律约束，把守纪律、讲规矩摆在更加重要的位置。

①《真诚的交流　郑重的嘱托——习近平总书记与中央党校县委书记研修班学员座谈速写》，新华社2015年1月12日电。

竭忠尽瘁鉴丹心

忠诚是古今中外所有民族、政权、政党都极为珍视的、至高至上的政治品质。我们从圣贤的竹简中，拜读忠诚的价值；我们从英雄的佳行中，感受忠诚的高尚；我们从公仆的故事里，品味忠诚的魅力。忠诚是一个人非常重要的品质。"忠诚所感金石开，勉建功名垂竹帛。"忠诚能够感动金石那样坚硬的东西，能勉励自己建功立业、名垂青史。忠诚向来是中华民族无上的美德，是个人立身于世的根本，是我们党执政为民之瑰宝。

忠诚是一种职业道德，更是一种高尚品格。曾子讲："忠者，德之正也；诚者，天之道也；忠诚者，为人之正道也。"北宋理学家程颐说："人无忠信，不可立于世。"没有忠诚就不会有任何战斗力。岳飞的"精忠报国"，文天祥的"人生自古谁无死，留取丹心照汗青"，都是忠诚的最好诠释。杨得志同志在回忆录《崎岖的井冈》里有这样的记述："在井冈山时期，红军中的党组织是秘密的，但究竟谁是共产党员，大家都能猜出个八九不离十。"一个重要原因，就是共产党员平常时候看得出来、关键时刻站得出来、危难关头豁得出来。只有危难时刻显身手、经受风雨不动摇，不辱使命、无怨无悔，才能得到组织的认可与信任。

任弼时同志16岁参加革命，为国为民尽心竭力、呕心沥血。新中国刚刚成立一周年，年仅46岁的他便在病魔折磨下不幸辞世了。在那几十年劳碌奔波的革命生涯中，他何曾有一天不忠于党？正如叶剑英同志所评价的那样："他是我们党的骆驼，中国人民的骆驼，担负着沉重的担子，走着漫长的艰苦的道路，没有休息、没有享受，没有个人的任何计较。"

中国共产党从来都把忠于人民、忠于祖国等作为自己的基本立场和执着追求。叶剑英在革命处于危急关头时，不考虑个人安危，英勇斗争。1935年9月，张国焘对抗中央北上的决定，背着朱德等同志给陈昌浩发了一份密电，命令右路军南下，企图分裂和危害党中央。电报来时，陈昌浩正在一个政治会议上发言，电译员译完电文就交给了参谋长叶剑英。叶剑英看了电文，感到事态严重，于是悄悄离开了会场，并急速把电报交给毛泽东。9月10日凌晨，毛泽东率红三军突然离开周围驻有张国焘两个军的危险地区，大踏步北上了，并胜利到达陕北。有一次，毛泽东高度赞扬叶剑英："他救了党，救了红军，救了我们这些人。"

何功伟出身书香人家。1933年7月，何功伟考入湖北省立武昌高级中学。1936年6月，何功伟召开省高学生大会，发表了反对内战的演说，宣传党"团结抗日，一致对外"的主张，发起并成立了"省高反内战救国会"，筹划串联各校和各界，发动罢课、罢工、罢市。

1941年1月20日，何功伟在医院探视战友时不幸被捕。在狱中，他把反动派的审判台变成了宣传共产党抗战主张、揭露国民党破坏团结抗日罪行的讲台，使反动派的"劝降"伎俩和"感化"阴谋均告失败。

由于被单独囚禁，很难与其他狱友直接接触，何功伟便设法给同志们传递纸条，还经常对着牢房高唱《古城颂》（《延安颂》）、《满江红》，激励和团结同志们开展狱中斗争。他赋诗填词，谱写了《狱中歌声》："我热血似潮水的奔腾，心志如铁石的坚贞，我只要一息尚存，誓为保卫真理抗争。"

1941年11月17日，何功伟被敌人押到恩施方家坝后山五道涧刑场。在通往刑场的100余级石板路上，敌人放言，只要何功伟回一回头就不杀他。让他们没想到的是，拖着沉重脚镣、遍体鳞伤的何功伟义无反顾，坚定地走完了眼前的100多级台阶，放弃了100多次活下来的机会，高唱《国际歌》，慷慨就义，时年26岁。

忠诚与否、忠诚的程度如何，是衡量履职尽责状况的标尺。"石可破也，而不可夺坚；丹可磨也，而不可夺赤。"忠诚是一种操守，是一种人格修养，更是一个人至高至上的品质，只有忠诚的人才会忠贞不渝、坦坦荡荡、光明磊落，才会不断提高、完善自己。

忠诚胜于能力，忠诚使人受益终生。习近平同志青年时期先后写了8份入团申请书、10份入党申请书，即便是在个人处境极为艰难的条件下，始终没有对党产生过怀疑和动摇。这生动诠释了什么叫矢志不渝、什么叫理想坚定，为广大年轻干部树立了坚守初心不动摇的学习楷模。习近平总书记在梁家河当知青时，就立志办大事，立下要给群众做实实在在事的宏愿。2015年2月13日，他回延川县梁家河村看望父老乡亲时曾说："那时候我就想，今后如果有条件、有机会，我要从政，做一些为老百姓办好事的工作。"①

忠诚是每个人必须具备的品德，是年轻干部必备的政治品质，是统率其他能力的核心所在。"对党忠诚是对理想信念坚定的最好诠释。"忠诚是共产党人砥砺前行的座右铭，表现为忠于职守、默默耕耘。对党忠诚，首先体现在态度和表现上，而且是由衷的、真诚的，其次体现在思维方式、行为方式和心理活动上。对党忠诚，就能出淤泥而不沾染、临诱惑而不动摇、遇迷雾而不迷失，体现了鞠躬尽瘁、死而后已的精神，能给人以信赖感。

樊锦诗是一名北京出生、上海长大的青春靓丽的姑娘，1963年从北京大学历史系考古专业毕业来到敦煌，以风沙为伴，以文化为友，守护莫高窟60年，她将敦煌文化遗产的保护、研究、弘扬和管理作为终身志业，走遍荒野大漠700多座洞窟，让丝路明珠重现璀璨光华，被誉为"敦

---

① 卫庶、赵鹏飞：《走进梁家河——他是黄土地的儿子》，载《人民日报（海外版）》2018年5月17日。

煌女儿"。经国际天文学联合会（IAU）小行星命名委员会批准，中国科学院紫金山天文台发现的、国际编号为381323号的小行星被命名为"樊锦诗星"。

年轻干部对党绝对忠诚，是党和人民的事业顺利发展的坚强政治保证。对党忠诚，是每个年轻干部的必备品质，也是一个修身修为的实践过程。进了党的门，就是党的人。年轻党员干部必须牢记入党时"对党忠诚、永不叛党"的铮铮誓言，明白自己的第一身份是共产党员、第一职责是为党工作，做到始终忠诚于党、忠诚于党的事业，做到铁心跟党走、九死而无悔。要把对党忠诚作为政治上的"定海神针"，保持政治信仰不变、政治立场不移、政治方向不偏，对党绝对忠诚坚如磐石，努力为群众办实事；要做讲忠诚的"知行合一者"，以"无我"示忠，以"小我"示忠，以"成仁之心"示忠，自觉为实现新时代党的历史使命而不懈奋斗。

年轻干部生逢伟大时代，是党和国家事业发展的生力军，必须练好内功、提升修养，努力成为信念坚定、对党忠诚的党和国家事业接班人。忠诚这一道德规范和价值取向，赢得组织和群众的信任，为自己创造好形象、好名声。团体会因你的忠诚而不同，事业会因你的忠诚而添彩，也让你的才华有一个施展的天地，绽放绚丽之花，有可持续发展的前途。

忠诚是一种发自内心的情感，让人服从内心的信仰与信念，总是尽心竭力为国家、为集体、为群众多做好事。忠诚要用业绩来证明，忠诚之人的名字会更具含金量，更容易受到周围的人信任和容纳。忠诚是共产党人坚强党性的牢固支点，是一种高于云天的信念，是一种不求回报的境界，而不是拿来沽名钓誉的工具。"疾风知劲草，板荡识诚臣。"作为新时代年轻干部，要信念坚定，对党忠诚，勇于担苦、担难、担重、担险，为国尽责、为民奉献，以实际行动诠释对党的忠诚，努力成为可堪大用能担重任的栋梁之才。

务必敢于斗争、善于斗争

党的十九大首次把"伟大斗争"摆在第一位。党的二十大报告郑重指出："全党同志务必不忘初心、牢记使命，务必谦虚谨慎、艰苦奋斗，务必敢于斗争、善于斗争，坚定历史自信，增强历史主动，谱写新时代中国特色社会主义更加绚丽的华章。"习近平总书记铿锵有力的话语，发出坚决斗争的时代最强音，为我们在新的征程上继续披荆斩棘、闯关夺隘注入澎湃动力。

斗争精神是共产党人鲜明的精神标识。缺乏斗争精神，就容易随波逐流。不斗争意味着妥协退让，意味着得过且过。长此以往，只会精神委顿、斗志尽失，每遇风浪则脑发蒙、腿发软、心发慌。习近平同志在2021年秋季学期中央党校（国家行政学院）中青年干部培训班开班式上指出："共产党人讲党性、讲原则，就要讲斗争。"①我们共产党人讲的斗争，是为了人民美好生活和中华民族伟大复兴，是毫无私利的。共产党人的斗争是有方向、有立场、有原则的，是战胜各种艰难险阻、完成重大使命任务的根本保证，要做到平常时候看得出来、关键时刻站得出来、危难关头豁得出来。

敢于斗争、善于斗争，这是党战胜各种艰难险阻、完成重大使命任务的根本保证。敢于斗争、善于斗争，是党和人民不可战胜的强大精神力量，一以贯之，历久弥新，生动地体现在"不信邪、不怕鬼、不怕压"的英雄主义精神上。新时代新征程还存在着可以预料和难以预料的风险

---

① 习近平：《努力成为可堪大用能担重任的栋梁之才》，载《求是》2022年第3期。

挑战，各种"黑天鹅""灰犀牛"事件随时可能发生，必须时刻准备好经受风高浪急甚至惊涛骇浪的重大考验，进行复杂而严峻的伟大斗争。共产党人从来都是奔着矛盾问题、风险挑战去的。当代年轻干部要保持革命气节，不信邪、不怕鬼、不怕压，敢于和善于应对重大挑战、抵御重大风险、解决重大矛盾，保持百折不挠和英勇顽强的斗争精神，穿越风雨，不畏艰难，勇毅前行。要加强斗争精神和养成斗争本领，知难而进、迎难而上，战胜前进道路上各种困难和挑战。要涵养敢于斗争的英雄气，锻造善于斗争的撒手锏。

进行具有新的历史特点的伟大斗争，必须坚持正确的斗争策略，提高斗争艺术。必须把握好时机，合理选择斗争方式，及时调整斗争策略，准确把握斗争火候，在原则问题上寸步不让，在策略问题上灵活机动，讲求斗争实效。要"坚持增强忧患意识和保持战略定力相统一、坚持战略判断和战术决断相统一、坚持斗争过程和斗争实效相统一"①，坚持具体问题具体分析，把斗争的坚定性与策略的灵活性结合起来。要在斗争中争取团结，在斗争中谋取合作。要分清主次、轻重、缓急，抓住牵一发而动全身的主要矛盾和矛盾的主要方面，集中力量进行突破。要善于组织群众，依靠群众的智慧和力量进行斗争，善于在斗争中教育群众辨是非、明方向。要加强斗争历练，经受严格的思想淬炼、实践锻炼，在斗争中学会斗争本领，在斗争中成长提高，成为敢于斗争、善于斗争的时代先锋，依靠顽强斗争打开事业发展新天地。

---

① 《习近平谈治国理政》（第3卷），外文出版社2020年版，第227页。

创新：燃旺青春活力

一个人获得丰厚的知识，掌握了多种技能，才能厚积薄发，在"苟日新，日日新，又日新"中，为敢想敢为、善作善成打牢基础，用最美之青春推进中国式现代化。马克思用40年时间撰写《资本论》，读过或摘录过的书就有1500多种。达尔文在创立进化论之前，花费了27年的时间进行野外考察和资料搜集。由此观之，创新必须积累丰富的知识。

创新的本质不是复制，而是在积极探索中前进。青年代表社会的未来，加强青年人力资源的开发，注重青年创新能力的培养，是提高自主创新能力、建设创新型国家的关键和基础。一个有作为的青年，必须具有强烈的创新争先意识，深刻认识创新，主动拥抱、引领创新。核心技术、关键领域都须协同创新、探索奋进，勇立时代潮头。引领改革创新，必须瞄准前沿、着眼长远、潜心钻研、孜孜以求。

创新是成功的火种，它能点燃理想的明灯，激发智慧的火花，创造人间的奇迹。人类只有不断地进行创造性活动，才能不断地满足自己生存发展的需要，这是历史进步的原动力。工作中能不能想出一些新的创意，搞出一些亮点，是一个青年有没有本事的重要体现。创新是集责任、勇气、方法、态度等综合素质于一身的具体实践，是一切工作能否取得进步的关键。如果没有创新，就不会有创造性工作的成果。当代青年要有创新意识，培育创新思维，形成创新习惯，敢为人先而不步人后尘。

2016年2月3日，习近平总书记在江西考察期间，专程来到南昌大学国家硅基LED工程技术研究中心看望师生。总书记指出，"核心技术是买不来的"，"我国发展必须依靠创新。掌握核心技术的过程很艰难，但这条道路必须走"，鼓励科研人员继续发扬"十年磨一剑""梅花香自苦寒来"的艰苦奋斗精神。

培养、锻炼和提高创新思维能力、创造能力，首先要有敢闯敢干、敢担风险的精神和气魄。我们必须充分发挥创新作为发展"第一推动力"的引擎作用。一个国家在世界舞台上站稳脚跟，一家企业、公司走出低谷，创新都是引领发展的第一动力。青年作为最富有创造性、开拓性的群体，承载着国家和民族的历史重任。要抓住时机，提升自主创新能力，在自己从事的工作领域中进行有效创新，取得一些突破。这就要求广大青年敢为人先，踔厉奋发，守正创新，革故鼎新，积极探索前人未曾尝试的新领域。

黎明，寓意着美好和光明。张黎明人如其名，他很喜欢"黎明"这个名字。他，就是国网天津市电力公司滨海供电分公司运维检修部配电运检室党支部副书记兼配电抢修班班长。张黎明说，创新的过程是快乐的，创新的成果让他获得了成就感和自豪感。"张黎明创新工作室"已发展到200余人，团队完成的技术革新200余项，创新成果经济效益超过1亿元。

张黎明很喜欢王国维在《人间词话》中提到的"人生三境界"，并通过发散思维，演绎出"创新三境界"：第一重境界是独上高楼。他认为，技术创新是一个孤独者的事业，要面对征途中凛冽的寒风，还要独上高楼遥望目标，耐得住寂寞。第二重境界是衣带渐宽。他认为，技术创新是一项吃苦的事业，要甘愿吃尽千辛万苦，苦中有乐，义无反顾。第三重境界是蓦然回首。他认为，技术创新是一项漫长而崎岖的事业，不光要吃苦，还要坚持求索。"众里寻他千百度，蓦然回首，那人却在灯火阑珊处"，这也是历经磨难，最终收获成功的美好境界。

应当重视创新和创造精神，鼓励创新实践，宽容失败，当好创新者的"保护伞"。要形成"鼓励创新、宽容失败"的环境和氛围，建立起

"失败后还有明天"的思维定式，做支持创新的促进派、促进创新的实干家、推进创新的践行者。

创新是永无止境的，我们要突破前人，后人也必然突破我们。最好的创新永远是"下一个"。创造"微软神话"的比尔·盖茨说："企业的最大财富，不是地产和资金，而是它拥有创造性头脑。"创新是对传统和权威的挑战。如果把传统和权威视为绝对完善并且神圣不可违反的东西，不敢越雷池半步，那就永远不会有创新。

自2005年攻读博士学位之后，陆晏辉长期在河北、河南蹲点，进行华北地区棉花害虫研究。当棉花产区向新疆转移后，他将阵地转移至新疆。在那里，他发现农民会在种果树的地方夹种棉花，以提高土地利用效率，但也产生了新的害虫问题。陆晏辉就这一领域开展了深入研究，在国际学术期刊上发表多篇论文，为全球棉花害虫的治理提供了可贵的参考。

创新，说到底是人才的创新。要大力推动人才强国战略，营造良好的体制、机制和社会环境，优化调整人才培养结构，着力发现、培养、汇聚、造就一批高水平创新团队和高技能青年创新人才，使创新人才能够脱颖而出，充分发挥作用，充分释放创新创造潜能。

唯创新者进，唯创新者强，唯创新者胜。创新成果凝聚了创新者的心血和智慧，需要全社会倍加珍惜和保护。我们要大力弘扬伟大创新精神，营造鼓励大胆创新、勇于创造的氛围，不断谱写创新和创造的瑰丽篇章。

成功是什么"味道"

在这个世界上，成功可是个顶顶宝贵的好东西。成功的事业，造福社会，服务人民，推动历史前进。因而每个青年人都渴望成功、追求成功，为成功而努力奋斗。成功是有味道的，酸甜苦辣咸，五味俱全，味道很冲很呛鼻子，不是人人都能体验的，很多人就是因为不能忍受成功的味道而与成功无缘。

成功的味道是苦的。法国作家巴尔扎克无疑是个成功人士，他的《人间喜剧》是文学史上一座高峰，他本人被誉为"文学界的拿破仑"。在长达20年的紧张写作中，他一共喝掉了5万杯黑咖啡，写出了近百部小说，成了世界著名作家。苦味的咖啡，给他灵感，促他奋斗，使他保持清醒，伴他走向成功。苦和甜是相对的，又是可以互相转化的，先苦才能后甜，成功的根是苦的，果是甜的，只有经受住成功的苦涩，方可享受到成功的香甜。

成功的味道是酸的。任何成功都不可能一蹴而就，都需要耐心打理，反复酿造。譬如造一瓶好酒，需要备料、发酵、蒸馏、勾兑，每一道程序都不能减免，当酒糟散发出一阵阵淡淡的酸味，就换来了一瓶瓶琼汁佳酿。成功路上会遇到种种挫折，遭受失败的一次次打击，受人嘲笑，被人嫉妒，吃闭门羹，喝残酒剩茶，甚至于走投无路、四面楚歌，其中有说不完的酸楚、难以忍受的酸涩，但如果坚持下来了，顶住了压力，辛酸的滋味也就慢慢变甜了。

成功的味道是辣的。马克思是公认的伟大思想家，他用40年时间写成的皇皇巨著《资本论》，被奉为"工人阶级的《圣经》"，使工人运动进入了一个新的纪元。《资本论》第一卷出版后，马克思曾开玩笑说，获得的稿酬还不够他抽雪茄的费用。辛辣的烟味，给他提神，陪他思考，变成他手里的一行行文字、一页页稿纸。"斗酒诗百篇"的李白，靠着或浓或淡的辣酒，笔走龙蛇，文思泉涌，写下大量瑰丽诗篇，摘取诗仙的桂冠，"绣口一吐，就是半个盛唐"。爱吃辣椒的毛泽东，嗜辣如命，一个个红辣椒，伴随他走过千山万水，激励他踏平千难万险，建立了开天辟地的不凡伟业。

成功的味道是咸的。古今中外，无论谁的成功都不是轻而易举的，都是无数的泪水、汗水、血水换来的，饱含着浓烈的咸味。没有泪水的反复浸泡，没有汗水的屡次洗礼，没有血水的虔诚献祭，矜持的成功女神绝不会轻易接受任何人的求爱。成功需要生命之盐来换取，容不得一点偷工减料。司马迁写《史记》，"肠一日而九回"，"汗未尝不发背沾衣也"，故成"史家之绝唱，无韵之离骚"；曹雪芹的《红楼梦》则是十年血泪而成，"满径蓬蒿老不毕"，"举家食粥酒常赊"，最后"芹为泪尽而逝"；诺贝尔为研制炸药，进行了多次反复试验，他的弟弟和助手死于试验失败，自己也被炸得浑身是血，终于叩开了成功的大门。

有了前边的几种味道打底，成功的味道才有了最后一味：甜。这是人人都乐意接受并盼望已久的味道，多多益善。屠呦呦接受诺贝尔奖时是这个味道，陈薇新冠疫苗试验成功时是这个味道，袁隆平种出高产杂交水稻时是这个味道，孙杨高举的世界冠军奖杯是这个味道……掌声、喝彩、鲜花、美酒，都是成功的题中应有之义，都充满了浓浓甜味。

"宝剑锋从磨砺出，梅花香自苦寒来。"物理学家赵忠贤50年如一日从事超导研究，孜孜矻矻，其中甘苦一言难尽，76岁登上国家最高科学技术奖领奖台。他的经历再次说明，这个世界公平得很，谁要想品尝成功的甜味，就必须先忍受成功的苦味，体验成功的酸味，领略成功的辣味，接受成功的咸味，把这几味都尝过了，搅匀了，消化了，吸收了，记住了，才算真正拿到了成功的合格证，得以跻身成功者的行列。

所有成功都是"蓄谋已久"

看到网络上一句话："所有的成功都是蓄谋已久。"笔者很是赞同，心有戚戚焉。这真是不可多得的精辟金句，一针见血，入木三分，有理且深刻。

蓄谋已久，意思指为某件事情谋划、等待了很长时间。这个词曾被当成贬义词，其实，也可当成中性词。譬如对追求成功这件事，人们到底蓄谋了多久呢？不同的成功者有不同的时间长度。"中国天眼"的主要发起者和奠基人科学家南仁东，从蓄谋到研究到建成天眼，用了20多年；司马光写《资治通鉴》，从蓄谋到准备再到完书，用了30多年；李时珍写《本草纲目》，从蓄谋到搜集资料到最后付梓，耗时40多年。看见秦始皇的浩大车队，项羽、刘邦就开始蓄谋，一个要"取而代之"，一个要"大丈夫当如是"，多年后他们叱咤风云，争夺天下。科学家达尔文，发明家爱迪生，革命家孙中山，都是从幼年就开始为将来的事业蓄谋。

蓄谋后怎么办？老实说，蓄谋容易，无非是心里想想，嘴上说说，做个设想，订个目标，列个时间表而已。这件事情，只要智商在线、情商不差的人都能轻松完成，而且可以做得很漂亮。但重要的是，蓄谋之后还要精心策划，精确设计，精准制订方案，进行可行性研究。更重要的则是漫长岁月里的坚持不懈、矢志不渝、水滴石穿、积沙成塔，然后才可能水到渠成、瓜熟蒂落，让蓄谋变为现实，采摘成功的果实。如果用国学大师王国维的"三境界"说来比，蓄谋，顶多算是"昨夜西风凋碧树，独上高楼，望尽天涯路"；奋斗，即其后的百折不挠、无怨无悔，才是最重要的"衣带渐宽终不悔，为伊消得人憔悴"；收获，则是"众里寻他千百度，蓦然回首，那人却在，灯火阑珊处"。

事实上，很多蓄谋已久的追求成功计划都没有心想事成，不是半途而废、铩羽而归，就是功败垂成、功亏一篑，成为人生遗憾。究其原因，或因为志大才疏，心有余而力不足；或因为意志不坚，想得太多，做得太少，害怕艰苦，不能忍受长年累月的寂寞、艰辛。一言以蔽之，就是付出不多，投入不足，汗水没有流够。事实告诉我们，人生可能有偶遇，或许有邂逅，也许有意外，但成功没有，所有的成功都是蓄谋已久。有人总幻想着，打几个冲锋，加几天班，熬几个通宵，耍几个小聪明，就能轻轻松松跻身成功者行列，摘取胜利的果实，这就是为什么蓄谋已久的人永远很多，好梦成真的人永远很少。

人这一生，可能会有过很多次蓄谋，但最终能成事的却很有限，除开运气和机遇的因素，差就差在蓄谋以后的投入和努力上。谈笑风生，举重若轻，从容自如，一蹴而就，一鼓作气，毕其功于一役，这些都不是取得成功的关键词，反而过于夸张与浪漫。坚韧不拔，卧薪尝胆，殚精竭虑，朝乾夕惕，宵衣旰食，艰难困苦玉汝于成，筚路蓝缕以启山林等，才是走向成功的关键要素，更需要的是一颗汗珠摔八瓣的实干精神。

每个为成功而奋斗的人都须懂得，蓄谋为奋斗擘画空间，开辟阵地；奋斗为蓄谋插上翅膀，装上车轮。不蓄谋无以高瞻远瞩，无奋斗难以实现宏图。精心蓄谋与苦干实干相结合，蓄谋已久与坚持不懈相结合，是开启成功之门的金钥匙。

含着眼泪也要奔跑

世间有许多笔直的路，但大多不长。有的路很长，能延伸到远方，是因为长路包含着弯路，用弯路来绕开障碍，用弯路来拓展漫长的前路。人生的路也是这样的。走在直路上固然好，却走不长远；只有你脚下的弯路，成就了你眼前的长路。

意志品质是一个人的心理素质，同时也是一种品格。意志品质是蕴藏于心、执着于信仰的力量，是义无反顾地向着既定目标前行。成功历来不会在昏睡者身上出现。孟子曾说，要想成为能承担"大任"的人，就要经过几番"苦其心志、劳其筋骨"的磨炼。清代蒲松龄有着坎坷的人生经历，幸而他在科举之外走出了一条不同于寻常的文学之路。他的座右铭是："有志者，事竟成，破釜沉舟，百二秦关终属楚；苦心人，天不负，卧薪尝胆，三千越甲可吞吴。"晚清重臣曾国藩说："人要是立有志向，也就能做圣人、做英雄。"还说士人"第一要有志，第二要有识，第三要有恒"。敢于直面现实，抱定不达目的不罢休的宗旨，自强不息，努力拼搏，坚韧不拔，竭其所能，支撑到最后。

人生因怀志而升华，青春因磨砺而出彩，人生因奋斗而升华。"石可破也，而不可夺坚；丹可磨也，而不可夺赤。"无数事实已经证明，缺乏坚韧的意志品质是多数人常见的共同弱点。这种弱点可用努力来克服。历史上许多人的积弱、失败，并非愚不可及，而是缺少咬住目标长期无悔的追求、卧薪尝胆的毅力和锲而不舍的恒心。99%的人没有持续的毅力，如果你有，你的胜出就有99%的概率。尼采有句名言："那些没有把我摧毁的东西，都使我更加强大。"那些你觉得快要要了你的命的事情，那些你觉得快要撑不下去的境地，只要你勇于面对、迎难而上，哪怕再艰难，都会过去的。

1955年，张海迪出身于山东济南一个普通家庭。五岁那年，她被确诊患上了脊髓血管瘤，短短五年之间，她做了3次大手术，还高位截瘫了。从此，天真活泼的张海迪只能每天躺在床上，趴在窗边看别的孩子背着书包上学。父母鼓励张海迪要做一个坚强的人，为她买了很多书。张海迪开始自学，以顽强的毅力完成了小学和中学的课程，她还攻读了大学和硕士研究生的课程，自学了日语、德语和英语。

1983年3月7日，团中央召开"优秀共青团员"张海迪命名表彰大会，号召全国共青团员和广大青年向张海迪同志学习。2008年，张海迪当选为中国残联主席。多年来，她克服病痛和困难，经常到贫困地区进村入户看望残疾人，倾听他们的呼声，帮助他们解决困难。张海迪特别关心残疾儿童。她说："每当我去看望残疾孩子，看到盲孩子摸索着走来，看到他们摸着盲文读书，我都会流下眼泪。我要努力工作，为残疾孩子们创造美好的生活……"

没有失败的痛苦，哪来成功的欢欣？失败不一定就是坏事，乃是一种必要的投资。失败一次，即增一分学识、长一分经验，故失败的次数愈多，成功的机会也就愈大。胜固可喜，败亦欣然。胜固不骄，败亦不馁。《围炉夜话》中有言："粗粝能甘，必是有为之士；纷华不染，方称杰出之人。"能忍受艰难困苦生活的人，日后一定会成为有所作为的人；不受声色繁华影响的人，才可以称得上是杰出之人。俾斯麦有言："对于意志能坚忍而永不屈服的人，没有所谓失败。"当我们遇到困难挫折的时候，要愈挫愈奋、不断努力、自强不息。

杨绛是一位优雅、博学、高贵的女性，她是钱钟书眼中"最贤的妻，最才的女"。她经历了人生的起起落落，对战火、疾病、政治风暴、生离死别的态度，可谓生命正能量。1966年，钱钟书和杨绛被革命群众"揪出来"，成了"牛鬼蛇神"，杨绛还被人剃了"阴阳头"。她连夜赶做了一个假发套，第二天还照常出门买菜。她的任务是清洗厕所，污垢重重的女厕所被她擦得焕然一新，毫无秽气，闲时就坐在厕所里掏出书看。杨绛把许多磨难化作最动人的风景，依然保持着平静、淡然，成为无数人的精神楷模。钱钟书去世后，杨绛以全家三人的名义，将800多万元稿费和版税全部捐赠给母校清华大学。许多人不仅喜欢杨绛的才华，也喜欢她的从容、温柔、优雅、坚守。如今她的才华与魅力依旧闪光，在时光长河中熠熠生辉。人有志兮天下志，但有进兮不有止；宁可身冷，切不可心冷；宁可人穷，切不可志穷。

比顺利和成功多许多倍的挫折与失败，使人们的精神世界波澜壮阔，使人们领略到绮丽风光。土耳其有一则格言："人生没有忧患，不算阅尽沧桑。"挫折，使人们流出劳累的汗水，尝到挫折的苦汁，也会让人感到迷人的趣味，涌出惊喜的泪花。

"艰难方显勇毅，磨砺使得玉成。"作为党的年轻干部应当注重意志品质的锤炼和心理素质的历练，事不避难、义不逃责，勇作砥柱中流。诗人海子说："我们最终都要远行，最终都要跟稚嫩的自己告别，也许路途有点艰辛，有点孤独，但熬过了痛苦，我们才能得以成长。"新时代的年轻干部施展才干的舞台无比广阔，实现梦想的前景无比光明，要拿出敢吃苦的闯劲干劲、坚定敢吃苦的决心恒心，以越是艰险越向前的刚健勇毅，在斗争中经风雨、见世面、壮筋骨、长才干，在环境上不避艰苦、在现实中踏实苦干，平常时候看得出来、关键时刻站得出来、危难关头豁得出来，为中华民族伟大复兴踔厉奋发、勇毅前行、磨砺意志、增长才干，在报效祖国的过程中成长成才。

愿乘长风破万里浪

一个人如果觉得很累，就说明你在登攀，在拼搏，在乘风破浪，在为未来奋斗。天底下哪有不累的工作？当然，不投入，不用心，敷衍了事，确实不累，但没有哪个领导会重用这样的职工。

《宋书·宗悫传》记载，宗悫年少时，叔父炳问其未来志向，宗悫答曰："愿乘长风破万里浪，干一番伟大的事业。"今日之中国，欣欣向荣，正是乘风破浪的好时代，人人都在乘风破浪，个个都在争先恐后，让我们万众一心，奋力拼搏，"长风破浪会有时，直挂云帆济沧海"，以最美姿势、最强精神、最佳气魄、最高境界，唱响时代的最强音。

乘风破浪，贵在一往无前，不可阻挡。中国工程院院士、军事医学科学院生物工程研究所所长、研究员陈薇说，第一批疫苗在生产线下线的那天，正好是自己生日。领导和朋友们纷纷发来问候与祝福，陈薇简短回复了8个字："除了胜利，别无选择！"在此坚定信念支持下，陈薇在新冠肺炎疫情发生后，迅疾带领团队第一时间"逆行"抗疫一线武汉，在基础研究、疫苗和防护药物研发方面取得重大成果，为疫情防控作出重大贡献……在全国抗击新冠肺炎疫情表彰大会上，陈薇获颁"人民英雄"国家荣誉称号奖章。

陈薇是乘风破浪的弄潮儿，我们伟大的民族有无数这样为胜利而拼搏的弄潮儿。乘风破浪是获得胜利的标准态势和基本动作，是一种破釜沉舟、置之死地而后生的决绝气概。有了这种气概，就没有过不去的火焰山。70多年前，新中国诞生于一片战争的废墟上，一穷二白，百废待兴，有人在看我们的笑话，有人断言我们撑不过三个月。中国人民以

"除了胜利，别无选择"的气概，乘风破浪，势不可挡，迅速治疗好战争的创伤，恢复经济，安定民生，把千疮百孔、水深火热的旧中国建设成了欣欣向荣、蒸蒸日上的新中国。我们将永远铭记这段光荣历史，弘扬这种英雄气概，谱写更多胜利篇章。

湖南卫视播出的综艺节目《乘风破浪的姐姐》，很有新意，正得其时。其实，放眼神州大地，各行各业的人们也都在各自的岗位上劈波斩浪，尽心尽力，各显神通，创造着事业的辉煌，卫护着民族的繁荣昌盛，他们同样值得关注与点赞。

2018年8月20日，第18号台风"温比亚"过境大连市。受其影响，停靠在中国船舶重工集团有限公司第七六〇研究所的国家某重点试验平台出现险情。罕见的暴雨狂风使平台如脱缰的野马剧烈摇晃。生命诚可贵，使命高于天。第七六〇研究所党委委员、副所长黄群等17名同志首先考虑的不是个人安危，而是国家财产的损失，他们组成抢险队，冲上码头，把生死置之度外，迎战风浪，奋不顾身，对试验平台进行加固作业，用生命保住了试验平台，践行了"随时准备为党和人民牺牲一切"的入党初心和誓言，用生命奏响了"履职尽责、许党报国"的时代壮歌。

乘风破浪，是面对困难敢于挑战的勇敢态度，是破解困境不畏险阻的顽强斗志，也是赢得胜利创造奇迹的不二法宝。有了这种乘风破浪的精神，不论身处顺境还是逆境，都能有所作为；不论居庙堂之高还是处江湖之远，都有家国情怀；不论身陷阴晦之地还是置于山边道旁，都会熠熠生辉。今日的中国，水急波涌，海阔天广，正是建功立业的大好时机，更需要我们每个年轻干部都自强不息、拼搏进取。

最累的姿势是乘风破浪，最轻松的姿势是随波逐流。"你累吗？累就对了。"对一个正在职场打拼的人来说，这是毫无问题、毫无争议的。天上不会掉馅饼，不累怎么完成任务、拿出产品，不累社会怎么前进、民族怎么腾飞？可以这样说，如果总是没感觉累，活得很舒服，优哉游哉，是没有前途的。

一个人说我很累，可能有两种情况。一是确实拼得很累，朝乾夕惕，夜以继日，殚精竭虑，孜孜矻矻；二是怕苦怕累，工作强度稍大一点就叫苦连天、无病呻吟，仿佛自己是天下最累的人。前一种可以考虑缓一缓，做到有张有弛、劳逸结合；后一种要培养吃苦耐劳精神，努力适应工作强度。该累的人一定要累，该乘风破浪的人一定不能随波逐流。这才是一个正常国家的应有表现，民族才有美好未来。

勇于乘风破浪，敢于选择胜利，是一种勇敢无畏的英雄主义精神。有了这种精神，我们就能排除万难，踏平坎坷，心想事成，高奏凯歌。这个世界上，小到一个人、一个团队，大到一个民族、一个国家，要想干成一件大事，都不会一帆风顺、一马平川。客观条件的限制，竞争对手的挑战，别有用心者的觊觎，会给我们带来种种意想不到的困难。如果向对手服软、乞求，只会自取其辱；自动服输、放弃，更是死路一条。只有横下一条心，咬紧牙关，使出洪荒之力奋力拼搏、腾挪乾坤、乘风破浪、一往无前，才有可能攻城拔寨、横扫千军，踏上胜利的坦途。眼下，国内外形势波诡云谲、变幻无常，我们还会面临各种困难、各种挑战，但在英雄的中国人民面前都会被一一化解、踩在脚下，因为在我们心里"除了胜利，别无选择！"

先忧后乐写丹青

"先忧后乐"文化最早可追溯至《诗经》和《易经》。如《小雅·节南山》中的"忧心如酲，谁秉国成？不自为政，卒劳百姓"，又如《王风·黍离》中的"知我者，谓我心忧；不知我者，谓我何求"，这里的"忧"及"乐"蕴含着对国家命运的兴衰、人才的多寡、政事的乖顺的高度牵挂与关注，由此衍生出一种以爱国主义、集体主义为核心的"共同体意识"和"忧患情怀"。在《易·系辞下》中，孔子明确点出"作易者，其有忧患乎""又明于忧患与故"，蕴含着对国家、民生的深深忧虑和殷殷之情。孟子在答齐宣王时，曾对曰："乐以天下，忧以天下，然而不王者，未之有也。"能与天下同忧乐者，必能得到民心，得民心者即可得天下。

两汉及以后，忧乐思想进一步发展。西汉刘向云："故善为国者，遇民如父母之爱子、兄之爱弟，闻其饥寒为之哀，见其劳苦为之悲。"魏徵告诫皇帝要"备预不虞，为国常道""念高危，则思谦冲而自牧；惧满盈，则思江海下百川；乐盘游，则思三驱以为度；忧懈怠，则思慎始而敬终"。

北宋名臣范仲淹，幼年家贫，26岁中进士，到40岁进京赴职之前，已在基层为官10多年，深入民间，政绩突出，练就了他的忧民之心。京城流传着"朝廷无忧有范君，京师无事有希文"之盛誉。

明道二年（1033），蝗灾、旱灾十分严重，范仲淹奏请朝廷派使节巡视、赈济灾民，却未获答复。他气愤至极，当面质问宋仁宗："官中如果半天不吃饭，会怎样？江淮等地百姓吃不上饭，怎能熟视无睹，不予救济？"仁宗被问得无言以对，便派他去灾区安抚饥民。范仲淹到了灾区，开仓救灾。救灾完毕回京时，他把饥民吃的"乌味草"带回京城，呈献给仁宗，请他传示六宫与贵戚，以劝诫他们少些奢侈挥霍。

当时的宰相吕夷简任亲嫉贤，培植私党。范仲淹把京官晋升情况绘制成《百官图》呈送宋仁宗，并附以说明，图中哪些人是按规定升迁的，哪些是宰相以私人关系提拔的。不久又进《帝王好尚论》《选贤任能论》等四论，直言宰相专权谋私，是国家之祸患。吕夷简以私结朋党、离间君臣的罪名诬陷范仲淹，范仲淹被贬饶州。

范仲淹不畏权贵，奋不顾身，百折不挠，不因自己的处境改变志向，为天下苍生尽全力。范仲淹的情怀那么让人感动，永远响彻历史的回音壁："居庙堂之高，则忧其民；处江湖之远，则忧其君。是进亦忧，退亦忧。然则何时而乐耶？其必曰'先天下之忧而忧，后天下之乐而乐'……"

范仲淹的《岳阳楼记》可谓字字珠玑，是对孟子思想的继承和发展，也是对秉政者的资政醒言。忧愁在百姓忧愁之先，快乐在百姓快乐之后，饱含着范仲淹的政治追求和博大胸怀，成为往后每一位有志之士的共同心声。清代李果在《范文正祠》中说："独从天下关忧乐，尚想胸中富甲兵。"

面对内外交困的巨大压力，宋仁宗赵祯不得不考虑改革，任范仲淹为参知政事（副丞相）。范仲淹很快呈上了新政纲领，提出了严明官吏升降制度等10项改革主张，其重点是干部制度改革。庆历新政在范仲淹的推动下开始了——一批批尸位素餐的"寄生虫"被除名，一批批德才兼备的能人被重用，暮气沉沉的北宋政权有了起色。

关于范仲淹，有个"一笔勾"的故事。庆历新政期间，澄清吏治是重中之重。范仲淹取来官员名册，一个个地检查他们的任职情况，凡是不称职的官员，他都在名册上一笔勾去，撤掉他们的职务，空出的职位则从下一级能够胜任的官员中委任。富弼见范仲淹对这些不称职的官员这么毫不留情，说："你用笔一勾，就撤掉了他们的职务。他们一家人都要伤心得痛哭了！"范仲淹听了，回答说："他一家人哭，总比他们祸害千家万户，让那些人家全部悲哭好得多吧！"于是，他把那些不称职的官员全部罢免了。

范仲淹忧国忧民之心体现在为民办事、为民请命和为民除弊三个方面。他的忧君实际上是忧国，而不是忧君王个人的私事。忠臣忧君不媚君，总是想着怎么劝君谏言，抑其私心而扬其公责，把国家治理好。范仲淹的忧君，主要体现在敢说真话、犯颜直谏和大胆改革、付诸行动上。金代学者元好问这样评价："范文正公，在布衣为名士，在州县为能吏，在边境为名将。其材、其量、其忠，一身而备数器。"

范仲淹在文坛也为大家，其思想、文采光照千年。毛泽东在《讲堂录》中说："宋韩（指韩琦）范（指范仲淹）并称，清曾（指曾国藩）左（指左宗棠）并称。然韩左办事之人，范曾办事而兼传教之人也。"[①]范仲淹一生写了大量的论著、文赋和诗词，《岳阳楼记》最为出名。

"先忧后乐"体现了始终把国家兴亡、民族振兴和百姓疾苦放在第一位考虑，体现了忧国爱民的民本思想。士大夫和知识分子阶层将天下苍生的疾苦摆在前面，而将自身安危和自身愉悦之"乐"放在后面，是积极进取精神的生动呈现，体现了乐于奉献、先人后己的高尚情怀，闪耀着主动担当的精神，彰显了传统士大夫和知识分子积极入世的高尚情操。

---

① 陈东升、马京波：《毛泽东的读书之道》，人民出版社2014年版，第36页。

第二章 | **重在育德向善，高尚品德抵万金**
　　　　——年轻干部修身之道

提升道德修为

　　修炼品德是一个人安身立命的"顶梁柱"。"唯德扬名，可以不朽。"德才兼备，方堪大任。作为年轻干部，只有通过长期刻苦学习，勇于改造自我，努力在思想上锤炼自己，在实践中磨炼自己，才能逐步达到理想的道德境界。德不配位，难以致远。

　　对于广大年轻干部而言，"德才兼备"是硬核，"德不配位"是硬伤。《论语·述而》中谈到"德之不修"是令人忧虑的。《淮南子·人间训》中也把"少德而多宠"作为"三危"之一。习近平总书记强调："广大青年人人都是一块玉，要时常用真善美来雕琢自己，不断培养高洁的操行和纯朴的情感，努力使自己成为高尚的人。"①

　　修炼品德，要抵制诱惑。每个人都是有七情六欲的血肉之躯，面对诱惑，表露一点"好感"，出现一时的"心动"，有过一丝的"犹豫"，从人性的视角来看，这是人性本能和人性弱点之使然，并不可怕。问题在于如何迅速将这种"好感""心动""犹豫"消除，将这些欲念永远"锁"在心底，不让它有质的飞跃。

　　砥砺道德修养，须有羞耻之心。这是"立人之大节""治世之大端"。耻的基本含义是"耻感"，指人在做了自己明知不应该去做或被人劝说去做不应该做的事时，心里就涌起逆向情感、逆向意识，感到脸面愧怍，甚至无地自容，继而反省自己，幡然改正。孔子提出"知耻近乎勇"。知道羞惭或对自己不光彩的行为感到惭愧、难过与不安，本质上是对荣誉

---

　　① 《习近平在中国政法大学考察时强调：立德树人德法兼修抓好法治人才培养　励志勤学刻苦磨炼促进青年成长进步》，载《人民日报》2017年5月4日。

的一种肯定及对耻辱的一种厌弃，蕴含着向善的可能性及勇气，因此是值得称道的。清代思想家龚自珍曾把恬不知耻视为社会道德败坏的罪魁祸首，认为"士皆知有耻，则国家永无耻矣；士不知耻，为国之大耻"，而士不知耻，"始辱其身家，以延及于辱社稷也"，因此欲挽道德狂澜于既倒，开新风而济颓世，莫过于重知耻而分荣辱，善善恶恶而张是非。

"人生芳秽有千载，世上荣枯无百年。"历史上许多仁人志士、清官廉吏之所以名垂青史，首先靠的就是他们的道德影响力。范仲淹曾说："以德服人，天下欣戴，以力服人，天下怨望。"曾国藩有言："言慢者贵，性柔者富，德厚者旺。"实践证明，物以美为资，人凭德服人。一个人只有人格高尚、正气浩然，才会赢得尊敬。当代年轻干部的一举一动，或清正廉洁，或贪婪无度，皆如日月之明蚀，影响既深又广。应增强荣誉感和羞耻感，要知道"无耻之耻，无耻也"，要有"其心愧耻，若挞于市"的耻辱感，自觉地抵制不道德行为对自己的影响和侵袭。

修炼品德，应培育高尚的情趣，保持高尚的精神追求。高尚的情趣，催人奋进，使人奋发；低下的情趣，消磨斗志，涣散人心。一些人交友不慎，沉湎于吃喝玩乐，一步步酿成终生恨事。有的人与不法商贩称兄道弟，一旦收受他的贿赂，得到"朋友"的好处，就会受制于人——被人牵着鼻子走，连自己的身份、人格都不顾，就难以使人尊重，更无威信可言，离违纪违法就不远了。

北大新任校长王恩哥甫上任，便向学生提出10句话。第一句话：结交"两个朋友"。一个是图书馆，一个是运动场。第二句话：培养"两种功夫"。一个是本分，一个是本事。做人靠本分，做事靠本事。第三句话：乐于吃"两样东西"。一个是吃亏，一个是吃苦。做人不怕吃亏，做事不怕吃苦。第四句话：具备"两种力量"。一种是思想的力量，一种是利剑的力量。一个人的思想有多远，他就有可能走多远。第五句话：追求"两个一致"。一个是兴趣与事业一致，一个是爱情与婚姻一致。没有爱情的婚姻不会是牢固的婚姻。第六句话：插上"两个翅膀"。一个叫理想，一个叫毅力。有了这"两个翅膀"，就能飞得高，飞得远。第七句话：构建"两个支柱"。一个是科学，一个是人文。第八句话：配备两个"保健医生"。一个叫运动，一个叫乐观。运动使你生理健康，乐观使你心理健康。第九句话：记住"两个秘诀"。健康的秘诀在早上，成功的秘诀在晚上。第十句话：追求"两个极致"。一个是把自身的潜力发挥到极致，一个是把自己的寿命健康延长到极致。

乐于见贤思齐，是修炼品德的重要方法。树立明确的学习榜样，坚持不懈地学习，对培养自己的优良品行大有益处。焦裕禄等时代楷模的崇高思想、高尚道德情操，是激励我们奋斗成长的巨大精神力量。

追求高尚道德，体现在每一个行为和每一件事情上。"千里之堤，溃于蚁穴"，必须防微杜渐，谨小慎微。要从小事做起，从平时做起，"勿以善小而不为，勿以恶小而为之"。只有平时不弃小善，多做好事、多干实事，才能形成高尚的品德。

道德修养必然要经历一个不断超越自我、不断提升精神境界的过程。在这个过程中，要同极端自私自利的个人主义划清界限，在不损害他人和社会利益的前提下追求个人的正当利益。在追求个人正当利益的基础上，进而达到先公后私的社会主义道德境界。当个人利益同社会利益、企业利益发生矛盾时，甘愿牺牲个人利益。

与其精巧不如真诚

人的尊严和光荣不在于精明而在于诚信。真诚守信是做人的基本准则，是人生不可或缺的基本素质，是最基础的价值观，是道德根基、人格底蕴和立世之本，其他良好的品德都是在真诚守信基础上衍生的。古往今来，每个人都需要真诚的目光、诚实的话语、守诺的信用、爽朗的笑声。

你实实在在做人，真诚地对待他人，人家才能够感受你的真心和诚意，也会真诚地对待你。真诚的本意是真心实意，坦诚相待，光明磊落，宁可憨，而不巧。《礼记·中庸》中指出"君子诚之为贵"，把诚实看成做人最重要的品质。宋代大学者朱熹曾说："圣贤千言万语，只是教人做人而已。"做人要实，就是要表里如一、知行合一，经得起道德良知的拷问，宁可别人负我，而我不负别人。

毛泽东与党内同志交往时，应该批评的批评，应该赞扬的赞扬，都是出自真诚的感情。彭德怀在吴起镇打了一场大胜仗，这也是中央红军开进陕北革命根据地以后打的头一仗。毛泽东对彭德怀的赞扬是："谁敢横刀立马？唯我彭大将军！"①

罗荣桓是毛泽东的同乡，1927年他跟随毛泽东参加秋收起义，一同走上井冈山。他在民主革命各个时期，南征北战，屡建功勋。1963年12月16日，罗荣桓病逝。毛泽东悲痛异常，几天内夜不能寐，写成《七律·吊罗荣桓同志》，投笔问苍天："君今不幸离人世，国有疑难可问谁？"②这都是出自内心的至诚。

在毛泽东身边工作15年的李银桥有一个突出的感受：在党的领袖人物中，毛泽东是最不肯掩饰自己的好恶、不愿掩饰真实感情、不愿牺牲真诚的人。毛泽东早年致新民学会会友彭璜的信中，说自己的做人准则是"立志真实"，"自己说的话自己负责，自己做的事自己负责，不愿牺牲真我，不愿自己以自己做傀儡"③。毛泽东追求本色、真诚、实在的为人

---

① 郭永文主编：《毛泽东诗词故事》，中央文献出版社2013年版，第218页。

② 萧永义：《毛泽东诗词史话》，东方出版社2004年版，第345页。

③ 金冲及：《毛泽东传（1893—1949）》，中央文献出版社2004年版，第80页。

处事风格。他青年时代创办新民学会时，曾要求加入学会的人在品行上诚实不华。他一生喜欢和坦率、洒脱的人接近，厌恶虚伪做作的人。

人们都珍爱诚信、赞美诚信。诚信是做人要实的重要体现。诚实守信是一种操守和品德，绝不是先天就有的，需要后天培育，其途径外靠法律约束、内靠自律与修养。诚信与自律互相关联，相辅相成，共同促进人的道德完善和优秀品格的形成。

谈到诚实与守信，有的人也许会认为"老实人吃亏"。在人生旅途中，确有由于诚实而吃亏的现象。但从长远来看，这些都算不了什么。因为我们树立了诚实守信的形象与名声，从而被人信赖，这是无法用金钱衡量的。有时，凭借欺诈可以获得一时的成功，但是只有凭借诚实与守信，我们才能获得长久的成功。因此，如果你希望别人对你真诚，首先就要对别人真诚。知道别人欺骗自己，但并不给人难堪，也不随便猜测怀疑别人，而是仍然以诚待人，有这样的胸襟气度的人，就是一个贤达之人。做人实实在在，以心去换心，彼此才能心心相印，成为经得起考验的挚友。当你用真诚打动了人们，你也就打开了成功的大门。

呼唤诚信，就是对"真善美"的礼赞和讴歌；坚持诚信，就是对"假恶丑"的抵制和鞭挞。真诚、真心、真情，才能收获友谊，赢来成功。《当代兵团》2015年第8期刊发了《一个人的航班》，文章的主要内容是"纽约男子奥莱利搭乘航班时，发现乘客只有自己一人。原来，受天气影响，75名乘客均已改签飞走，航空公司却忘了给奥莱利改签，但它用行动担起了责任"。

诚信是彼此尊重和信赖。历史的回音壁在诉说：真诚是感动天地的赤诚深深，真诚是生命之神的挚情默默。有了心灵的庄严盟约，才有千古传颂的"高山流水"，才有令人感叹的"管鲍遗风"，才有马克思恩格斯的动人故事……诚信是高于云天的品格。在世间，有什么东西的价值能胜过真诚呢？百余年来，人们从马克思与恩格斯的交往中看到了它，从白求恩输给八路军的血液中看到了它，从鲁迅赠予瞿秋白"人生得一知己足矣"的条幅里看到了它。

与其机巧，不如真诚。因为巧伪可能一时得逞，但时间一久就会露馅。做人不实在、不靠谱，谁还愿意和你交往，谁敢和你打交道？做什么事都不可能做好、做成。"百虑输一忘，百巧输一诚。"考虑百次，有一次疏忽了，也可能失败，有百般机巧缺乏真诚也难以成功。真诚是高于云天的品格，是智慧之书的第一章，是胜任工作必备的"软件"之一。一个真诚的人是真正有力量的人，他对人、对事皆出于真心，不虚伪做作，自然能赢得大家的尊敬。

感人心者先乎情

人之所以为人的本质所在，就是人有情感。感情是人与人之间沟通的桥梁。动之以情，才能以情感人，加深情感交流。白居易说过："感人心者，莫先乎情。"要用真实的情感热情讴歌真善美，达到情感上的共鸣，发生"共振效应"。应重视情感沟通，用一分教育之水加上九分情感之蜜，和谐人际关系。

《孙子兵法》提出"视卒如婴儿""视卒如爱子"。战国的吴起，在魏国为将时，曾用嘴为士兵吮脓血。民族英雄岳飞率军队驰骋疆场，立于不败之地，一个重要原因是他动之以情、爱兵如爱子。他的官俸大多用来购买粮食、补济军需。皇帝赏赐的珠宝也都被他转手奖给立了战功的将士们。

唐朝时，云南一少数民族的首领为了表示对唐王朝的拥戴，派特使缅伯高向太宗送礼，礼物是一只天鹅。途中，缅伯高一时不慎，天鹅跑了，他急忙伸手去捉，只扯得几根鹅毛。到了长安，缅伯高拜见唐太宗，并献上礼物。唐太宗见是一个精致的绸缎小包，便令人打开，一看是几根鹅毛和一首小诗。诗曰："将鹅贡唐朝，山高路远遥。沔湖失天鹅，倒地哭号号。上复唐天子，可饶缅伯高？礼轻情意重，千里送鹅毛。"皇上被他的真情感动了，拿酒招待了他。

郑板桥（原名郑燮）情系百姓，怀抱众生，与民同忧，清廉如水。他乐善好施，平常俸禄及字画收入，除寄一部分补贴家用外，多数都散发给穷人。他自己节衣缩食，为饥民捐出官俸。他还拿银子资助贫苦读书人韩梦周，后来此人中了进士。

乾隆年间，山东曾遭受罕见洪涝灾害，潍县受灾严重。知县郑板桥写道："身安心转悲，天南渺何许？万事不可言。临风泪如注。"为救民于水火，郑板桥下令开仓放粮，"大兴修筑，招远近饥民赴工就食"。有人提出应先上报朝廷，他断然道："等到手续审批完成，老百姓就所剩无几了，此时应先救人，若需承担罪责，只在我郑燮一人。"

廖俊波1968年8月出生在一个普通家庭，曾任福建省南平市委常委、常务副市长，武夷新区党工委书记。他始终把为人民谋幸福视为自己的责任，把民生放在首位，爱民爱得情深意笃，展现了共产党人为民谋福的高尚情怀，忘我、无私、尽心、尽责、苦干、实干、廉洁、奉公。

南平，俗称闽北。十多年来，廖俊波在这里为民披荆斩棘，处处踏石有印、抓铁有痕，被称为"人民的樵夫"。1998年9月，他被市委任命为拿口镇党委副书记、镇长。摆在他面前的第一个任务就是百年不遇特大洪灾的灾后重建。他挨家挨户探访情况，很快就把受灾的几百户都走了个遍。农民吴炳贤盖新房时不小心砸伤了腿，眼睁睁看着别人盖房却只能干着急。廖俊波得知后，多次上门看望，并帮他出钱请人代建房。仅5个月时间，全镇共建造楼房102座。1999年春节，全部灾民在新房里高高兴兴地过上了新年。

哲人说："一个人后天的学识修养都写在脸上。"如果你从群众的眼睛里看到的是鄙夷，说明你面目可憎，这绝对不是小节问题。共产党人的宗旨就是为人民服务。面向群众，面对同事，我们不能甩脸子、板冷脸、给脸色，应当对自己的面孔负责。心情再差，也不要写在脸上，因为没有人喜欢看你的愁眉苦脸。外表有形、语言有度、行为有谱，从政不忘群众，掌权不忘廉政，做事不忘公平，才能提升自己的人气指数，提高亲和力和追随度，才能使好的形象深入人心。

年轻干部须"五配位"

《周易》云："德薄而位尊，智小而谋大，力小而任重，鲜不及矣。"德行浅薄却身份地位高，智慧能力低下却心高志大，力量微弱却担负着厚重的责任，都不能长久，早晚要垮台。这段话主要讲了三个配位。

一是德要配位。这是最重要的，即自身德行要与所处社会地位及享受待遇相匹配，否则，就会如《朱子治家格言》所言："德不配位，必有灾殃。"这里的"配"就是相配、符合、相当、般配、匹配。高尚的道德品质才配得上高权位、高地位、高待遇，否则就难以巩固、难以持久，早晚会被淘汰。

二是才要配位。这是做人做事的本钱，有才方可胜任工作，坐稳位子，赢得信任，得到尊重。才，包括才华、才干、才能、才具等。作为一个合格的年轻干部，一定要有迅速发现问题、高效处理问题、圆满解决问题的过人才干，游刃有余地掌控全局、稳定大局、开创局面的不凡才能，不负厚望、不辱使命、不误重托的突出才具。

三是力要配位。力，即能力、本事、能耐、力量。力不配位的表现就是力不从心，心有余而力不足。有的人也想干好，想干出名堂，工作积极性很高，却因能力不足而如牛负重，本来只能扛五百斤的担子，却要他挑起一千斤，也确实难为他了。在这种情况下，年轻干部一定要有自知之明，切忌好大喜功、勉强支撑，实在是力有不逮、无法担当时，最好急流勇退，另选自己能够胜任的工作，免得误人误事误大局。

如果要求再高一点，德、才、力配位之外，绩效、情商也要配位才好，这样才是一个全面合格的年轻干部。少了这两个配位，也难称完美。

其一，绩要配位。绩，即政绩、战绩、成绩、绩效等。一个干部，如果有德、有才、有力，却没有政绩，不出成果，上级看不到可观的成绩，百姓得不到实惠好处，就是绩不配位，是不合格的。为官一任，造福一方，做官就要出政绩、出成果，给老百姓带来真金白银，让落后面貌发生变化，完成肩负的历史使命，否则就是尸位素餐。其结果必然是领导不赏识、部下不服气、大家看不起、自己也难受，位子肯定坐不稳，迟早会被"拿下"。

其二，情要配位。一个年轻干部，不仅智商要高，情商也要"在线"，智商决定你跳多高，情商决定你走多远。情商是指人在情绪、情感、意志、耐受挫折等方面的品质。情商高者，懂得人心换人心的道理，对领导真情，领导愿用你为助手；对同事深情，同事愿与你合作；对部下热情，部下愿听你指挥。这样做起工作自然是顺风顺水、左右逢源，干起事业肯定会如鱼得水。反之，一个寡情少义、虚情假意、不肯真情对人者，只能靠职权发号施令，靠威严建立威望，难以得到部下的真心支持和拥戴，很容易成为孤家寡人，工作也无法推动。

李鸿章曾有言：天底下最容易的事是做官。他说的是封建社会骑在百姓头上作威作福的昏官、庸官、贪官，那样的官在今天肯定是寸步难行、人人喊打。要当好人民公仆，简单来说，就是要德才兼备；详细而论，则必须要德、才、力、绩、情五配位，一个也不能少。如果这五条都配位了，没有明显短板，在古时就是陶侃、海瑞、于谦、包青天等清官贤臣，在今天就是焦裕禄、谷文昌、孔繁森、廖俊波等优秀干部。

时下，有的年轻干部对于自己的德、才、力、绩、情是否配位不够重视。须知德不配位会变成贪官，才不配位会变成昏官，力不配位会变成庸官，绩不配位会变成无能官，情不配位会变成高高在上做老爷的官。无论变成哪个官都不是好事。如果没把这个问题想好想透，没有配位的思想准备，是很难把官做好的。因而，一个想有所作为的年轻干部，一定要努力做到德、才、力、绩、情五配位，方可品德高尚、才华横溢、能力突出、政绩不凡，进而大显身手，建功立业，一展平生抱负。

常存感恩情怀

感恩是人性和人的高贵之所在。人一旦懂得感恩，心就会平和下来。感恩是一种道德良知，是一种传统美德，也是一种处世哲学，乃人生的大智慧。在感恩的眼睛里，会多一分欣赏；在感恩的心中，会少一些狭隘和积怨；在懂感恩的生活里，坚冰也可以被融化。

感恩，是一种美好的情感，是年轻干部必须有的修养，是年轻干部精神生活中的重要课题。感恩，能够促进相互信任、相互理解、相互尊重，有利于良好的人际关系的建立。有些人看起来有点木讷，其实很成熟，因为明白了感恩施惠，有功劳的时候懂得将功劳向上推，有利益的时候懂得将实惠分给下面的人，从而在交往中游刃有余。

陈玉英曾是毛泽东家的保姆，帮助杨开慧料理家务，使杨开慧有更多的精力协助毛泽东工作。1930年，杨开慧、毛岸英、陈玉英被敌人抓进了监狱。在狱中，陈玉英被敌人严刑拷打，仍坚贞不屈。杨开慧牺牲后，陈玉英带着毛岸英回到板仓杨家，和杨开慧的母亲一起精心照料岸英、岸青、岸龙三兄弟。

对陈玉英这样一位农村妇女的帮助，毛泽东铭记在心。1949年，湖南刚解放，毛泽东委托杨开慧的堂妹杨开英到长沙找陈玉英。1951年12月，毛泽东亲笔为陈玉英复信，叮嘱她"如果有困难，可告诉我，设法给你一些帮助"①。1957年6月，毛泽东将陈玉英接到北京住了一段时间，并赠送照片和签名留念。

感恩是思维上的理智和心灵上的和谐，是一个人不可磨灭的良知。感谢天，感谢地，感谢父母，感谢人民，是他们给了我们生命，哺育我们成长。歌曲《父老乡亲》唱道："树高千尺也忘不了根……我同甘共苦的父老乡亲……"

党的十八大以来，习近平总书记整饬官场、推进党的自我革命等，都是大动作，成绩斐然。当然，正常的情感交流、情感消费，他不仅不反对，还以身示范。20世纪90年代，他曾接当年插队梁家河村时的老房东到福建，自费为其治病；听说某乡亲家中遇到困难，他就寄去当时还算"大钱"的1000元……

2015年2月13日，习近平总书记来到陕西考察调研，先来到延川县梁家河村。他说，"当年乡亲们教我生活、教我干活，使我受益匪浅。我那时还是个十五六岁的孩子，什么都不会。后来都学会了，擀面条、蒸团子、腌酸菜，样样都行。那个酸菜很久不吃还挺想的"。习近平是在这里入的党，还当了大队书记。1991年，他还专门回来看乡亲们。2015年，恰逢他离开这里40年。他走上一个险峻的山峁，和当地干部群众"忆旧"，他转过身去，极目远眺。片刻，自言自语道："离开这里都40年了。"

---

① 《毛泽东书信选集》，人民出版社1983年版，第430页。

习近平总书记给乡亲们带来了年货。饺子粉、大米、食用油、肉制品，还有春联、年画，家家有份。这些都是总书记自己掏钱买的，回报当年给他诸多助益的乡亲们。这几十份年货，寄托的是他对这片土地这个村庄这几十户人家的真挚感情。①

父母养育之恩，应当永远铭记在心，感恩一辈子。十月怀胎，冒险分娩，精心喂养，呕心沥血，养育成人，望子女早日成才，竭尽精力、财力、物力。儿行千里母担忧，冷暖成败均在父母惦记之中。无论你当多大官，不管你发多大财，父母的大恩大德当终生相报，切莫做不肖子孙。

郑板桥小时候家境贫寒，多亏乳母费氏抚养才得以活命。遇上灾荒年月，郑家一日三餐都揭不开锅。乳母背着他去赶集，总是先花一文钱买个饼放在他手里，才去做别的营生。小板桥虽然失去了亲生母亲，但母爱的光辉一直照耀着他。他后来当了官，感而赋诗："食禄千万钟，不如饼在手。平生所负恩，岂独一乳母？"他罢官归乡之后，常常倾其所有接济"故人子弟及同里贫善之家"。

不懂得感恩，忘恩负义，总是抱怨太多、感激太少，那就感受不到人生的多彩和美好，长期下去还会损害身心健康，更别说爱父母、爱同志、爱集体、爱祖国，不可能关心、帮助、体谅他人。谁还相信他的为人，谁还愿意与他交往呢？

一篇谈感恩的文章，阐述了人的一生不能忘却的感恩主要有以下几个方面：

良师培养之恩。一个人接受教育，从启蒙开始，教师的作用是巨大的，有时甚至是决定性的。无论学文习武，还是工农商影戏科研，如遇良师引导，终身受益或决定方向前程。恩师之恩当衔环相报。

---

① 《习近平回梁家河村看望父老乡亲》，载新华网2015年2月14日。

伯乐推荐之恩。被人发现，被人推荐，使自己无法展示的才能大放光彩。发现自己才能的伯乐有大恩于己。

上司提携之恩。开明的上司不嫉能不妒贤，关键时刻提拔，使人大展宏图。此恩不可忘却。

指点迷津之恩。小至迷路、学无方向，大至人生岔路，若有人给以指点，茅塞顿开，端正方向，避免走上歧途、陷入绝境，从而前途有"亮"。指点迷津之恩当加倍相报。

急难相助之恩。遭遇急难之事，处于绝境，有人倾囊相助，使己绝处逢生，此恩大焉。

遇险救命之恩。天有不测风云，遇险时的救命恩人，都应终身相报。

天地精微之恩。人在天地之间，衣食靠天地之精华，使之健康成长，享度一生，因此应报天地之恩，爱护环境，保护环境，创造良好环境。

怀着感恩的心态面对生活，面对工作，真诚地表达感恩之情，将这种感恩之心转化为孝敬父母、善待亲人、尊重恩师、勤奋工作、报效祖国、奉献人民的实际行动。

只要胸中常怀有感恩的心，你就会具备温暖、自信、善良等美好的品格，在自己与亲友之间、同志之间创造一种友善氛围。感恩犹如心灵的流泉，滋润着心田，让生命充满生机，遍洒阳光。

虚心竹有低头叶

永葆"傲骨"，也要学会"低头"，虚怀若谷、示人以谦。有渊博学问的人经常会谦虚地说自己无知，有真知灼见的人看起来没有多少学问。应知道自己是谁，知道自己从哪里来，一帆风顺不得意，成绩面前不炫耀，永远保持着埋头苦干、不事张扬的人生格调。应摆出谦逊平和的姿态，自尊自信，不自傲自负，虚心听取别人的意见，采纳别人好的建议。

西汉末年，刘秀打天下时，冯异投奔到他的门下，成为刘秀麾下的将军。冯异治军有方，爱护士卒，深得部属拥戴，因此，士兵都愿意做他的部下。每次大战之后，刘秀都要为将军们评功论赏。有些将军为自己争功邀赏，以致拔剑击树，吵得不可开交。冯异却从不争功争赏，每次都独自静坐在大树底下，不报请杀敌军功，任凭刘秀评定。大家见他谦逊礼让，给他起了个绰号——"大树将军"。

懂得谦卑，放下身段，低调内敛，把握分寸，不必觉得尴尬，无损颜面，彰显一个人的精神境界和胸襟气量。放低身段、谦恭待人者，为的是登高望远，海纳百川，成其广大。唐代宰相娄师德待人谦卑，即便遭人讥笑排挤，依然"恭勤接下，孜孜不怠"，得以功名始终。诗仙李白在黄鹤楼看到崔颢的诗，也曾感叹："眼前有景道不得，崔颢题诗在上头。"

王阳明由兵部主事贬至龙场时，生活异常艰难。他在讲学的时候，把门人当朋友，寓教于乐、教学相长。他虚心向百姓求教，谦卑地与学生交谈，广纳四方意见，在学习和探讨中不断完善自己的哲学思想。王阳明从不好大喜功，也不以功高自居，高调做事、低调做人。他为朝廷平定了四处作乱的匪寇后，毫不吝啬地把功绩归于欣赏他、为他做辅助工作的兵部尚书王琼，其礼让功劳之举让人拍手称赞。王阳明最常做的事就是视察民情和体察民生。他深知自己为官不是为贪图享乐，而是为老百姓服务，实现他心中救国救民的抱负。

谦虚不仅是一种礼节，也是自我修养的一种外在表现。谦虚的人有自知之明，懂得"山外有山，人外有人"。表达谦虚时要实事求是，注意谦虚的分寸。

　　清代郑板桥云："虚心竹有低头叶，傲骨梅无仰面花。"竹子谦逊有节，因而向人虚心低头；梅花总有傲骨，从不仰面阿谀奉迎。与谦卑的人打交道，如沐春风，如饮甘露。书法家李苦禅的《题画竹》，实则谈人生："未出土时先有节，及凌云处更虚心。"一个人从小就要有浩然正气，长大出息了更要谦虚为怀、虚心有节。一个真正有本事的人，以谦卑为怀，不会自吹自擂，说话语气平和，在弱小的人面前不摆架子，在强大的人面前不唯唯诺诺。

　　粟裕在苏中歼敌的光辉范例，被称为"七战七捷"。他曾指挥孟良崮战役，将国民党军第七十四师一举歼灭。有人提及他在革命战争年代建立的巨大功勋时，粟裕淡然一笑，说："我是沧海一粟啊！"有智慧、有谋略之人往往貌似糊涂、形似木讷，实际上，他们有沉稳蕴藉的平和，对大喜大悲从容不惊，他们身上没有失败，只有忍耐，没有懈怠，只有沉默。陈云曾自写条幅"个人名利淡如水，党的事业重于山"以自警，没有党的领导和人民群众的支持，个人本事再大也难成大业，人民群众才是成功的奠基石。

　　一个人要有所进取，就不要总是一览众山小，说话做事要谦逊。有过人之行而口不自明，不在自己的智慧中掺混傲慢，不炫耀自己的优点、长处、功劳；有功劳不自以为了不起，不要总是谈论自己小小的成就，辉煌时不放纵，应当对党和人民的褒奖诚惶诚恐，"贵谦恭，貌恭则不招人之侮，心虚则可受人之益"；在同他人合作共事时，不做唯我主义者——不以自我为中心，不宜常讲"我"如何如何，不必显示自己什么都在行，不可把大家共同的成绩揽在自己名下，不要摆出不可一世的派头，否则会使人感到不舒服、产生逆反心理。心甘情愿低调的人，不喜欢人前显贵，能够宁静、深邃与隽永，踏踏实实做自己喜欢的事，充分地享受和咀嚼日子，活得平心静气，安稳又踏实。

力倡"闻过则喜"

应有闻过则喜的雅量、从善如流的风度。作为当代年轻干部,应当自觉培养宽广胸怀,虚心接受多方批评,视批评为珍宝。《孟子·公孙丑上》:"子路,人告之以有过则喜。"倾听不同意见,过而能改,善莫大焉。年轻干部要永葆闻过则喜的境界,做到"知过不讳,改过不惮"。陈云同志说过:"我特别喜欢听坏话,坏话其实大部分是老实话,是写字台上的头条新闻。"[1]

现实生活中,有的人害怕承认错误,害怕丢面子,容不得不同看法,却贻误了工作进程。"爱蔷薇花,不嫌它有刺。"面对各种批评和不同意见,有的是正确的,但听起来"逆耳"。有的批评既有对的内容,又有不对的东西,总的来说,这种批评体现了一种关心爱护。

有的人听到不客气的、不合自己口味的或不顺耳的意见和批评,就认为是对自己的不尊重。上级批评,当面佯装接受,事后却有怨气、发牢骚;同级批评,不服气、不认同,反唇相讥;下级提出意见,不够冷静地当面否认。应当克服这种不良现象。要遵循"有则改之,无则加勉"的原则,承认错误坦诚一些、诚恳一些,自省深刻一些。要防止优柔寡断、人云亦云,也要防止"官升脾气长"、不爱听直言,应远避阿谀奉承。

有差异的思想碰撞,才能产生真理的火花。只有在"不同"的基础上形成的"和",才能使言路畅通,才会产生1+1>2的合力。千万不要

---

① 中共中央文献研究室编:《永远的陈云》,中央文献出版社2015年版,第594页。

慢待和排斥诚恳地指出自己缺点与错误的人，而应视这样的同志为对自己最有帮助、最可爱的人。千万不要文过饰非，把责任推给他人、推向客观，更不要编造事实捏造假象。高尔基说："学会在适当的时候承认错误，这将会成为你与他人关系的调和剂。"

"惟以改过为能，不以无过为贵"，体现了中华民族先贤们的宽广胸怀和优良品德。"观于明镜，则疵瑕不滞于躯；听于直言，则过行不累乎身"（王粲《仿连珠》）——用明亮的镜子照自己，污垢斑渍就不会留在身上；倾听坦率正直的批评，错误的行为就不会使你遭受罪责。人家善意地直率地给你提意见、建议，无论对错，都应侧耳倾听，因为倾听本身就是一种姿态、一种鼓励。南宋哲学家陆九渊提出"闻过则喜，知过不讳，改过不惮"的主张。"知过不讳"需要拥有健康的心态，坦然面对自身存在的缺点和不足，不回避自己的过失，"改过不惮"也就顺理成章、水到渠成了。闻过则喜、知过不讳、从谏如流、改过不惮，是中国共产党人"自我革命"的一个体现。"惟以改过为能，不以无过为贵"，道出了党的自我革命的真谛所在。

历史给了我们很好的镜鉴，现实也向我们提出新的要求。只有正视批评、闻过则喜，才能及时修正错误，保持良态。欲闻过则喜，就要虚怀雅量，敢于正视；就要听其言纳其见，知错便改。有些尖锐的批评，难听、刺耳、过分，却是真诚的、善意的，是一种真正的爱护，是一味难得的"良药"。有时候，一个人出现偏差、错误，往往自己觉察不到，别人及时提个醒，提出批评，有利于及时纠正错误，防止问题扩大，避免多走弯路。毛泽东同志指出："以中国最广大人民的最大利益为出发点的中国共产党人，相信自己的事业是完全合乎正义的，不惜牺牲自己个人的一切，随时准备拿出自己的生命去殉我们的事业，难道还有什么不适合人民需要的思想、观点、意见、办法，舍不得丢掉的吗？难道我们还欢迎任何政治的灰尘、政治的微生物来玷污我们的清洁的面貌和侵蚀我们的健全的肌体吗？"①

闻过则喜，是一个能够改正缺点错误的关键环节。从批评中看到自己身上的毛病，才能从内心欢迎和感激别人的批评，及时而迅速地改正自己的缺点和错误，不断提高自己的素质。习近平同志指出："有的领导干部喜欢当家长式的人物，希望别人都唯命是从，认为对自己百依百顺的就是好干部，而对别人、对群众怎么样可以不闻不问，弄得党内生活很不正常。"②现实生活中，闻过则惘，不敢客观面对自己的问题者有之；闻过则疑，甚至视提意见者为异己分子，暗中打击报复者亦有之。有的干部处理重要问题一个人说了算，别人若提意见就认为是挑战自己的权威。若不改正，必招致"贰过"，甚至"三过"，贻误工作进程。党员干部难免工作上有失误，可怕的是听不进劝告，一意孤行。总的来说，这种批评体现了群众对党员干部的关心爱护。批评的意见中即使只有5%的正确部分，也应该虚心接受。年轻干部应坚守初心，修炼政德，多一点"闻过则喜"的雅量和胸怀。能听别人的批评，是认识和改正自己的缺点、错误的第一步，而能做到"闻过则喜"，就进入了较高的思想层次，体现了一个人较高的修养水平。

肯尼迪在竞选美国参议员的时候，他的竞争对手在最关键的时候抓到一个把柄：肯尼迪的学生时代曾因为欺骗被哈佛大学退学。肯尼迪很坦诚地承认自己确实犯过一项严重错误。他说："我对于自己曾经做过的事情感到非常抱歉。我是错的，我不做任何辩驳。"世间谁能没有错？肯尼迪承认自己有过错误，表现出他的坦诚，他的支持率反而上升了。

正确对待领导的批评，首先要"闻过则思"，即冷静地思考，明白上司为什么要批评你。受到上级批评时，最需要表现出诚恳的态度。最让

---

① 《毛泽东选集》（第3卷），人民出版社1991年版，第1096—1097页。

② 中共中央文献研究室编：《习近平关于全面从严治党论述摘编》，中央文献出版社2016年版，第26页。

上级恼火的，就是他的话被当成了"耳旁风"。对待批评，不要不服气，也不要牢骚满腹。批评有批评的道理，错误的批评也有其可接受的出发点。公开场合受到不公正的批评、错误的指责，会让自己陷于被动，但可以一方面在私下耐心做些解释，另一方面用行动证明自己。

中国科学家屠呦呦获2015年诺贝尔生理学或医学奖，她的突出贡献是创制新型抗疟药。屠呦呦曾几次被提名参评院士，但均未当选。除了不善交际，屠呦呦还比较直率，讲真话，不会拍马，比如在会议上，或与人个别谈话，她赞同的意见，马上肯定；不赞同的话，就直言相谏。

"须披胸臆亲净友，莫让殷勤翳明眸。"听取谏言和高见，不会有损于能力和尊严，而有助于思考问题，作出正确抉择。要用欣赏的眼光和宽广的胸襟对待各类意见，鼓励人们讲真话、实话、心里话，虚心听群众的"牢骚话"，从别人的角度看问题，透过别人的眼睛看世界，从赞扬之声中增添动力，从谔谔之言中理清思路，从建议之语中举一反三，不出或少出纰漏。"自知者英，自胜者雄。"只要把"检身若不及"当成一种常态，勇于自我批评，不断修枝剪叶、砥砺提高，就能始终做到初心如磐、使命在肩、斗志昂扬、干好事业。

力倡"从谏如流"

综览古今，从谏如流，过而改之，体现一种素质和能力，展示一种胸怀和境界。广开言路、从谏如流，是良政善治的开端；而壅蔽言路、闭目塞听，则是政治衰败的前兆。为政者虚怀纳谏，听取不同意见，才能下情上通，政治清明。《汉书·萧望之传》载："朝无争臣则不知过，国无达士则不闻善。"如果偏听偏信，只爱听赞成的话，不爱听反对的话，就会阻塞言路，造成政治昏暗，必然万马齐喑。夏朝、商朝衰亡，是因为没有记取大禹商汤的儆诫。东周、秦朝颓废，是因为没有审察人民的意愿。

年轻干部应以史为镜，求得训诫；以人为镜，求得贤德；以事为镜，求得明理。

诸葛亮提出了"集思广益""咨取善道、察纳雅言"的思想。他在《纳言》中说："纳言之政，谓之谏净，所以采众下之谋也。"可见纳谏是对为政者的基本要求。诸葛亮告诫下属，不要因为避嫌或怕得罪人而不敢提出相反的意见，那样会给国家带来损失。他专门下达《与参军掾属教》一文，表彰敢于和他反复争辩的董和，号召僚属效法他。

从谏如流，形容接受直言规劝时像水从高处顺流而下那样畅快，也是对为官者官德的由衷褒扬。后人常把李世民的名字同纳谏连在一起，他的虚怀纳谏聚集了大批优秀的臣工，他们共同创造了"贞观之治"，这表明为政者虚心纳谏可以给事业带来发达和兴旺。

2021年，《中共中央关于党的百年奋斗重大成就和历史经验的决议》鲜明宣示："党的伟大不在于不犯错误，而在于从不讳疾忌医，积极开展批评和自我批评，敢于直面问题，勇于自我革命。"作为年轻干部，要秉着对党、对事业、对同志高度负责的精神开展批评，以最真诚的态度开展批评；被批评的年轻干部则要放下包袱、放低姿态，"涵养虚心接受批评的胸怀和气度，胸襟开阔、诚恳接受，有则改之、无则加勉"。

察纳雅言，从善如流，是可堪大用的年轻干部获得组织认可、同事支持、人民认同的重要条件。"一言堂"看上去威风凛凛，实际上是自我孤立。年轻干部工作干得怎样、思想作风如何，身边的同志看得很清楚，是最好的"裁判官"。善于听取不同意见和批评，才能使自己少走弯路、少犯错误，这实在是福分和造化。

习近平总书记强调，"无论批评还是自我批评都是一剂良药，是对同志、对自己的真正爱护"，明确要求"对自己的缺点错误，要敢于正视、主动改正。对别人的缺点错误，要敢于指出、帮助改进。对同志的提醒批评，要闻过则喜、虚心接受"。[①]在中共中央政治局第二十六次集体学习时，习近平总书记明确要求领导干部"从谏如流，自觉接受监督"[②]，为持续开展作风建设提供了重要的方法论。

2013年2月6日，习近平同志与党外人士座谈时指出，"对中国共产党而言，要容得下尖锐批评，做到有则改之、无则加勉；对党外人士而言，要敢于讲真话，敢于讲逆耳之言，真实反映群众心声，做到知无不言、言无不尽"[③]。这一掷地有声的话语，体现了我党光明磊落、善纳群言、广聚群智、闻过则喜、求同存异的胸怀。

做到闻过则喜，就必须自觉拿起批评与自我批评的武器。习惯于听"好话"，沉浸于被"吹捧"，便会逐渐自以为是、忘乎所以，甚至唯我独尊、刚愎自用。应当增强政治鉴别力和政治敏锐性，提防阿谀奉承的"精神贿赂"，从善如流、察纳雅言。敢给你提意见的人，是有事业心、有责任感、有思想的人，是值得敬佩的人，比溜须拍马者不知好多少倍。拙劣的赞美要比高明的批评好听，然而十句赞美不如一句批评的话有价值。他人从不同的角度看问题，得出与你不同的结论，对你提出的意见或批评，有时会让你顿开茅塞、受益匪浅。对你的工作表现有微词，与你的意见相左，不客气地指出你的不足，不是对你有敌意或瞧不起你，大都是关心你、对你负责才这样做的。对这样的净友，一定要有肚量，尊重人家，拿出虚心以待、虚怀若谷的姿态，砥砺闻过则喜、从

---

① 中共中央党史和文献研究院编：《习近平关于全面从严治党论述摘编（2021年版）》，中央文献出版社2021年版，第91、107页。

② 《习近平在中共中央政治局第二十六次集体学习时强调：时时铭记事事坚持处处上心 以严和实的精神做好各项工作》，载《人民日报》2015年9月13日。

③ 习近平：《论坚持人民当家作主》，中央文献出版社2021年版，第12页。

善如流的自觉，虚心地察纳雅言，容得下人家的尖锐批评，有则改之，无则加勉。

应当创造鼓励同事、下属、群众敢提不同意见、敢讲真话的条件和环境。让他们在一种心理安全以至宽容平等的气氛中推心置腹、畅所欲言、议论风生，让大家感到民主的春风在拂面。习仲勋同志任广东省委第二书记时，惠州地区检察分院麦子灿给他写来一封批评信，措辞用语之尖锐、尖刻，非一般人所能承受。习仲勋在会上却自曝来信，他说："这封信写得好，还可以写得重一点。下面干部敢讲话，这是一种好风气，应当受到支持和鼓励。不要怕听刺耳的话，写信的同志相信我不会打击报复他，这是对我们的信任。"这种善于兼听、闻过则喜的境界，体现了习仲勋同志海纳百川的雅量、从善如流的智慧、虚怀若谷的胸襟。

年轻干部兼听大家的意见，保持心明眼亮、耳聪目明，少一点自以为是，多一点自以为非，可以防止偏听偏信，利莫大焉。征求意见，关键是多听不同的意见和反面的意见，掌握真实情况，鼓励人们讲真话、实话、心里话，虚心听群众的"牢骚话"，郑重地考虑大家的意见，诚恳地交换意见，把这些宝贵的意见研究清楚，尽量吸取正确的内容，作为决策的依据，不出或少出纰漏。

从谏如流，集思广益，才能洞察变化，吃透情况，正确决策。邓小平同志说过，"一个革命政党，就怕听不到人民的声音"①。当今时代，不再是单一的舆论场，面对多种舆论、众说纷纭，倘若采取"鸵鸟"政策，对群众的意见和呼声置若罔闻，一味的不听、不改，显然不可取。群众鸦雀无声、一味顺从之时，乃是工作失误、造成损失之时。因此，要防止不爱听直言，应远避阿谀奉承，注意倾听群众的意见，从群众的角度看问题，透过别人的眼睛看世界，尊重多数人的意见，坚持少数服从多

---

① 《邓小平文选》(第2卷)，人民出版社1994年版，第144页。

数，实行民主集中制，将大家的真知灼见融合在工作进程之中。

年轻干部要有民主作风，从谏如流，创造一个平等地开展批评与自我批评的环境。善于集思广益，察纳雅言，形成科学的、正确的主见和决策，直接关系着一个单位、一个地区的治乱与兴衰，不可不深思，不可不重视。切莫听到不客气的、不合口味的或不顺耳的意见和批评，就认为是对自己不尊重，说话有意无意地压人三分；切莫因与提出意见者有过矛盾而摈弃其意见，或一听批评就反感，一股脑儿顶回去，什么事情都由自己做主；更不能无所顾虑，任性妄为。

由于分工不同、精力有限，年轻干部不可能无所不知，看问题的角度、高度和深度不尽相同，加上受客观事物的复杂性和认识的局限性的影响，有时决策会出现偏差，乃至失误。要解决好这个问题，就应当而且必须倾听不同意见，丰富自己的思维，完善决策的思路。如果听不得不同意见，刚愎自用，一触即跳，动不动就训人，让人望而生畏，即使决策在短时间看可能没问题，但经不起时间的检验。

《关于新形势下党内政治生活的若干准则》指出："批评和自我批评必须坚持实事求是，讲党性不讲私情、讲真理不讲面子，坚持'团结——批评——团结'，按照'照镜子、正衣冠、洗洗澡、治治病'的要求，严肃认真提意见，满腔热情帮同志，决不能把自我批评变成自我表扬、把相互批评变成相互吹捧。"

要警觉媚言谗言

古往今来，工于心计、精通逢迎、善于拍马者，都不是忠厚善良之人。他们事之如奴仆，动之以忠情，看似辛劳笨拙，其实是一种极致的机巧和狡黠。不惜玷污自己人格，说拍马之言、做献媚之事，以讨好别人。之所以让人喜欢，在于投其所好，用言语行动恭维别人，带有隐蔽性和欺骗性，为的是换来一点利益或一官半职。正如巴尔扎克所说："在世界上所有的手法里面，奉承是最巧妙、最狡猾的一种。"

《诗经·采苓》告诫人们："人之为言，苟亦无从。舍旃舍旃，苟亦无然。"有的人专爱说假话，千万不要听从他。莫听，莫听，千万不要理睬他。这种精神贿赂，是一种依靠虚荣心和歪风才得以流通的伪币。明代陈继儒说："闻谤而怒者，谗之隙；见誉而喜者，佞之媒。"听到毁谤的言语就会发怒的人，最容易接受谗言；听到恭维的话就沾沾自喜的人，也最容易听进谄媚的话。如何面对他人的恭维，体现了一个人的层次和修养。从政者一旦对"精神行贿"者宠爱有加，他在上司面前也会奴颜婢膝，对下属必定不可一世。长此以往，就会混淆是非，失去公正，就会"亲小人""远贤臣"，贻误事业。

孔子说过："巧言令色，鲜矣仁。"大意是，花言巧语、嬉皮笑脸、面目伪善之人，是缺少仁德的。喜欢别人奉承、拍马，并且同这种人打得火热，也就被别人玷污了。

趋附谄媚现象，常常与某些掌权者有意无意的鼓励、重用听话乖巧的人分不开，他们从中得到一种精神上的优越感、尊荣感和满足感，必然会以投桃报李的方式鼓励趋附谄媚者。据载，朱元璋一次微服外出，路遇彭友信，正好雨过天晴，一道彩虹横跨天际。朱元璋随口吟道："谁把青红线两条，和风甘雨系天腰？"彭友信应声接了两句："玉皇昨夜銮舆出，万里长空架彩桥。"朱元璋听后龙颜大悦。吟诗的第二天早晨，彭友信被封为布政使。

毁掉一个人最好的方法就是无节制地恭维，这句话有点重，却道出了一个人陶醉于他人恭维声中的危害。刘豫是某公司老板，一次他想冒险上马一个项目，但身边的人和公司的几名骨干都反对，这让刘豫很犹豫。一天，他和一个供货商吃饭时聊到了这个项目，并说出了自己的困惑。供货商马上说道："您是我们行业里的前辈，您的很多战略决策，那都是教科书级别的。我每次遇到问题，都会拿您以前的案例作为参考，您怎么做，我就怎么做。到了您这个层次，下面那些人根本就跟不上您的思路。咱们同行公司里的这些老板，有几个眼光和思路能跟您相比？"刘豫听了这番话，决定投资新项目，结果遭遇失败，害得公司差点破产。供货商恭维刘某，是有所图，希望他今后能在供货上多关照。可是刘某没有意识到这一点，反而在供货商的恭维声中虚荣心得到极大的满足，失去了自知之明，导致决策失误。一个真正聪明的人，对他人的恭维话有甄别的能力，不高估自己的水平，不错估自己的优势。

对惯于恭维献媚的人的话，须心中有数，明辨是非，听其言、观其行、鉴其德、察其能，透过现象看本质。还须心存警惕意识，增强自身的免疫力，与这样的人保持距离，不要被他的"芬芳"所陶醉，不能被他牵着鼻子走。如果他确是个无能之辈，而且专擅阿谀奉承，就该让他走人。优秀的领导干部的一个过人之处，就是抛开个人的喜好与志趣，以整体利益为重，舍弃那些奴才、媚才，发掘那些高才。

年轻干部应当不卑不亢，摈弃"爱吹不爱批"的庸俗之气，丢掉看别人的脸色行事、以上级的是非为是非的不良作风，尤其要当心被"捧杀"，喜欢来自各方面的诤言，接近敢于坚持真理、主持正义的同志。有句名言耳熟能详："人不可有傲气，但不可无傲骨。"趋炎附势、溜须拍马的人肯定无傲骨。在人之下，要把自己当人；在人之上，要把别人当人。

要改变阿谀奉承、吹吹拍拍的坏风气，首先要从被拍者做起。有的领导虚荣心太强、好大喜功，喜欢听好话，喜欢别人奉承，当然就会有人常"讲好话"，有意识地讨好，投其所好地"拍马"，从而给抬轿子的人可乘之机。要警惕这种做法，以身作则树新风。

宽容须在事上磨

宽容是一种大智大美，体现了胸怀、度量、涵养。宽容需要用一颗向善的心去修养，须在"事上磨"，得饶人处且饶人，不记人之错，不怨人之癖，不计前嫌，不念旧恶。

《论语》以记言为主，以孔子为中心人物，子贡、子路所占条目最多，形象也最为鲜明。《论语》中孔子和子贡有一段精彩对话，子贡问老师：如果说一个人记住一个字便可终身受益的话，是哪个字？孔子略加思考后说，那大概是"恕"字。可见"宽恕"是多么重要的品格和财富。作为年轻干部，应保持宽容的品格，以宽阔的胸襟容人容事，豁达大度，求同存异，和而不同。

"宽容"连用最早出现于《庄子·天下》："常宽容于物，不削于人，可谓至极。"——如能做到胸襟坦荡，厚道谦和，宽容体谅，而不刻薄地伤及别人，这是一种至高的人生境界。中国语境着重阐发宽容的主体道德修养，即宽容有气量，不计较、不追究。

当年诸葛亮七擒孟获，终以一颗宽容之心打动了他，而且征服了那一方的民心。做到宽容、容忍，离不开修身养性、修心修德。无意去留无媚骨，不惊宠辱不妒人。经常审视解剖自己，剜去灵魂深处的恶浊，培养海纳百川的胸怀，具备"宰相肚里能撑船"的涵养，不要以一己之心度他人之量。要欢迎别人超过自己，多想一想别人在成功路上付出的艰辛，"秋来不在夏尽处"。

宽容是一种大将风度，一种统率三军的气场，既能容亲近之人，也能容异己之士，如此才能履好职，才能把反对力量稀释到最低限度。古人云："好争的人，天将与之相争；谦让的人，天将与之相让。"雅量容人，以德报怨，方可远离无原则的争斗。正如吕坤在《呻吟语》中所言："你在冤屈的时候，心居广大，则无往而不泰然。"

年轻干部要宽容大度，容人、容言、容事。《宋史》记载，有一天，宋太宗在北陪园与孔守正和王荣两位大臣喝酒。两位大臣喝醉了，相互争吵不休，完全忘了在皇帝面前应有的君臣礼节。侍卫在旁边看着实在不像话，便奏请宋太宗，将孔、王两人抓起来送吏部治罪。宋太宗却说："不，派人送他们回家去。"第二天，他俩从沉醉中醒来，想起昨晚酒后失态，连忙进宫请罪。宋太宗看着他们战战兢兢的样子，便轻描淡写："昨晚朕也喝醉了，记不得这件事了。"宋太宗托词说自己也醉了，装装糊涂，体现了豁达大度、宽厚待人之情，又不失尊严，使两位大臣感激涕零。

宽容以独特的人格魅力感染、征服他人，是领导力强弱的表现。一名年轻干部的水平和威望如何，很大程度上取决于他是否具备宽容品质。列宁说得好，"应当把对共产主义思想的无限忠诚同善于进行一切必要的实际的妥协、机动、通融、迂回、退却等等的才干结合起来"①。一般来说，在工作中既容人之短又容人之长的领导，更容易得到别人的拥戴。容人之短不易，容人之长更难。年轻干部要以博大的胸襟宽以待人，具有识才的慧眼、用才的气魄、爱才的感情，聆听到他人真实的想法，在真诚沟通中增进感情、形成良策。与他人以心换心以诚相待，既给自己树立权威，也给他人带来活力。

对人宽容一些，别人就会感激你。人往往容易在高兴和气愤的时候说些绝对的话、做些过火的事，其结果往往是难以收拾，无法从容转身。有的年轻干部比较任性，喜欢随心所欲，想到哪里说到哪里，信口开河，

① 《列宁选集》（第4卷），人民出版社2012年版，第203页。

逞口舌之快，嘴没有把门的，从来不考虑别人会有什么样的感受，无意间伤害了别人。应当而且必须重视别人的心理感受，随时注意对方情感的细微变化，寻找最恰当的方式传递交际信息，确保每次交往的成效，创造和谐的人际环境，促进事业的健康发展。

浇灭心中嫉妒之火

羡慕是看到别人有某种长处、好处或有利条件，希望自己也有。嫉妒是怕别人比自己好，看到别人拥有这些东西便情绪抵触、心生恨意，就想办法使其不好。嫉妒源于不如人，是对别人的快乐、幸福、富有、成功等感到的一种强烈的不快。在同一领域内，人对于远不及己者和远胜于己者不易有嫉妒，因为水平悬殊，亦形不成竞争。

木秀于林，风必摧之；鹤立鸡群，鸡必攻之。如果一棵大树长得很高，比周围的树木都高出一大截，那么它可能会被狂风刮倒。拥有出众才能的人，容易遭到他人的嫉妒和指责。

嫉妒心理是一种卑劣的心理，是虚荣心在作祟，意图寻找别人的缺点进行嘲笑或指责。看到"向阳石榴红似火"，他便"背阴李子酸透心"。有一次上级来检查工作，一位年轻干部当着检查组的面提出了几条合理的建设性意见，得到了上级领导的充分肯定和表扬。这本来是难能可贵的，顶头上司却说他"好逞能""小聪明""往上爬""不好管""不好合作共事"，其结果是"听话"、"会说话"、工作平平庸庸的人相继被提拔重用，而这位年轻干部仍然干着他原来的工作。

唐太宗时代，同中书门下三品宋国公见房玄龄深得唐太宗赏识便心生妒恨，乘机向太宗进谗言："房玄龄与中书门下诸位大臣，朋党不忠，执权顽固，只是未反罢了。"唐太宗说："你说得过分了！我让房玄龄做股肱之臣，就应当以诚待之……我是不聪明，但还不至于不知善恶好坏！"宋国公听了唐太宗的话，非常羞愧。唐太宗念其有功，不忍加罪。

古今中外，有许多名言、谚语都毫不留情地批评、揭露那些嫉妒者，都以嫉妒为可耻。古代有一种说法，"害贤曰嫉，害色曰妒"。"嫉"大概相当于"红眼病"，"妒"大约相当于"吃醋"。屈原曾在《离骚》中，对当时官场倾轧之风、腐败之风深表忧虑，批评丧失官德之人自私、贪婪、嫉妒："羌内恕己以量人兮，各兴心而嫉妒。"嫉贤妒能者，道德不高尚，嫉妒杰出人才，或吹毛求疵，或贬低排挤，对他人不公平，为自己酿苦酒。羡慕—嫉妒—恨，画出了嫉妒的生长轨迹，始于羡慕终于恨。一个有着崇高思想觉悟和真才实学的年轻干部，不会嫉妒他人。

欲无后悔须律己，各有前程莫妒人。应以一颗平常之心善待别人，也善待自己。努力寻找别人的优点，赞扬对方的能力和成绩，既善待别人，也使自己心情舒畅，有益于身心健康。发现别人嫉妒你、排挤你，也不必怒火中烧、形之于色，否则可能使对方的妒火越烧越旺，拉大彼此间的距离。

嫉妒最易发生在水平相当的人之间，他们之间最易较劲，最终丧失友情。因自己有不足的方面而嫉妒别人的才能，产生"瑜亮情结"，只能显示你的浅薄。你也有别人比不上的长处，所以无须嫉妒别人的才干，应将嫉妒化为动力。能看到别人优点，赞美别人长处，既是关爱别人，也是为了自己。韩非子说过："以利之为心，则越人易和；以害之为心，则父子离且怨。"有心使别人得到好处，素不相识的人也容易和睦相处；若是有心加害于人，即使是父子也会离心离德。

对于别人超过自己持什么态度，反映出一个人的思想境界和道德情操。我们要做到胸怀开阔，要有容人的度量。应该认识到嫉妒是一种卑下的品质，对它要感到耻辱，浇灭心中的嫉妒之火。应当调整心态，开阔心胸，与人为善，以诚待人，凡事换位思考，先替别人着想，避免在荣誉和利益面前与人"狭路相逢"，避免在他人的错误或缺点面前求全责备、疾言厉色。当发现有人比自己做得好、比自己能力强时，要心胸开阔，虚心好学，一道合作共事，容人超越自己。一个有着崇高思想觉悟和真才实学的人，凡事都为事业着想，都从大局着眼，是不怕别人超过自己的，你便会成为一个受人欢迎的人。勇者无畏，只有懦夫才怕别人超过自己。

要低调和有策略地对待嫉妒和敌意，可以减少自己不必要的时间支出、精力支出。要坚持"走自己的路，让人们去说吧"！意大利但丁说过："让人家说长道短吧！人家的窃窃私语飞短流长与你何干？要像一座卓然挺立的古塔，决不会因为狂风暴雨而倾斜。"示弱可以是幽默的自嘲，诚恳地亮出自己的缺点、弱点，在公众面前以己之短，示人之长。别人与你争一争时，主动回避、退让，分出一部分名利给弱势的人。

常思《六然训》

明代官员、著名学者崔铣，清正廉洁，操守高雅，刚直不阿，光明磊落。《明史·崔铣传》说他"言动皆有则"。其"言"很多，最有影响的莫过于《六然训》，其训云："自处超然，处人蔼然，有事斩然，无事澄然，得意淡然，失意泰然。"平心而论，无论为官为民，谁要能完全做到这"六然"，那就是圣贤级人物了。虽然这"六然"年轻干部很难条条做到，却可当作努力的方向，自觉要求自己，坚持下去，久久为功，也是大有好处的。

自处超然者，意谓自处之时超然物外，清净自守，淡泊自重。人这一生，有轰轰烈烈众星拱月之时，也有寂寞静谧孑孓独立之时，热闹繁华时容易度过，自处寂寞时较为难挨，这时就需要这种自处超然心态。嘉靖十四年（1535），崔铣因得罪权臣刘瑾赋闲家中，门可罗雀，他却自甘寂寞，不为财利所动，不为物欲所诱，自食其力，清贫度日，足以体现其自处超然的品格。今天，有的年轻干部往往很难遂心如意。这时就要学会自处超然，心底强大，努力工作学习，履行好应尽职责。

处人蔼然者，意谓与人相处和蔼可亲、善良温厚。早在井冈山时期，我军著名的《三大纪律八项注意》就明确规定"说话和气"。和气，这不仅是一种处世态度，也是一种思想理念、一种工作作风。领导对部属、官员对百姓、同事之间，都应说话和气、和蔼可亲，这也是保持上下团结、内部团结、干群团结的重要保证。常以微笑示人，对人和善，自己喜悦也让人高兴，是双赢的好事。但也有个别年轻干部，脾气大，火气冲，对谁都板着脸，威严有余却和善不足，让人敬而远之，既影响团结，也影响工作，不妨多看看《六然训》，败败火，消消气，心平气和为好。

有事斩然者，意谓有事之际斩钉截铁、果断坚决，不优柔寡断。许多工作的特点要求我们遇事当机立断，切忌黏黏糊糊、犹豫不决。当然，有事斩然不是轻率决定、随意定夺，也要有理有利有节。

无事澄然者，意谓无事之时澄清宁静，心如止水。人生在世，要拿得起、看得开、放得下，无事不找事，有事不怕事。真遇上事了，要有兵来将挡、水来土掩的淡定从容，不疾不徐，有条有理；平时无事时，不妨澄明心宇，修身养性，静若处子，稳如泰山，少折腾，不纠缠，以无事之心待有事之急。

得意淡然者，意谓得意之时恬淡冲和，不慕荣利，不沾沾自喜。遇到高兴事，不必喜形于色、显摆，还是淡然视之，低调以待为好。

失意泰然者，意谓失意之时泰然自若、处变不惊。古人说"人生失意十之八九"，失意是人生的寻常之事，往往难以避免，或工作失利，或进步受挫，都要勇于正视、理性看待，处之泰然，不怨天尤人、牢骚满腹，因为既于事无补，也有失尊严，还可能自取其辱。

他山之石可以攻玉。以古鉴今，常温崔铣的《六然训》，对于年轻干部来说，有益于砥砺精神，理性处事，滋养初心，履行使命，始终保持良好的精神状态，养成通透达观的心境，蕴积果敢厚重的心性，走好人生之路。

换位思考　将心比心

换位思考，是人的一种心理体验过程，是心理上的移情、认知角度的转化，是达成理解不可缺少的心理机制。换位思考，是从内心深处站到对方的立场，看对方在想什么、需要什么，然后在情感上与对方沟通，尽可能满足他们的需求，把事情办得顺风顺水。

应把换位思考作为一种思维方式、一种精神境界、一种良好作风。只有在思想上转换角色，站在对方的立场上把即将面对的事情好好想一想，才能了解对方在想什么，才能看透事物的本质，也才能做出正确的抉择，在说话、行动上采取正确的做法，把事情办好。如果我们只站在自己的角度看待人和事，思想就会变得狭隘。换位思考要求我们将自己的思维方式、情感体验置于对方的立场，从他人的角度思考问题，将心比心，设身处地，与对方在情感上得到沟通，为增进理解奠定基础。当我们的角度、位置转移，情况就可能会大相径庭，我们的胸襟就会变得宽阔，取得双赢的效果。

在与别人的交往和沟通中，必须要求自己自觉做到换位思考，从他人的利益和角度出发，而不能要求他人为自己着想。从对方的立场来看事情，以别人的心境来思考问题，考虑到别人的难处，认识到别人的眼界，尊重别人的自尊心，让人知道你的意图，"己所不欲，勿施于人"。应设身处地站在对方立场上思考，以平和之心、善良之心、宽容之心善待对方。正如亚当·斯密所说："为人设想多，为己着想少，压制自私，实施慈爱之念，便构成人性的完美。"

少一些自我，多一些换位，才能被人理解，才能办成事。一个人如果永远只考虑自己、不考虑他人，那他的心胸就不够豁达。古人总结出一个重要的处世秘诀："路径窄处，留一步与人行；滋味浓时，减三分让人食。"话不说绝、情不偏激、理不过头、事不过分，是一个人成熟的标志。苏轼的"不识庐山真面目，只缘身在此山中"，讲的就是常人很难在恰当的时机跳出主观局限，通过换位思考避免片面地看问题。

换位思考能够透过现象看到本质，迅速作出正确判断。有了这种观察问题的新视角，就能增强工作的预见性和主动性。

我们应把握一个原则：对事不对人，不要伤害人的自尊和人格，不要让人觉得无地自容，做事不要做绝。明朝吕坤认为"肯替别人着想"，是人际交往的"第一等学问"。替自己着想很容易，而替别人着想，互相搭台，同频共振，不仅需要技巧，而且需要具备较高的道德修养和关爱之心。换位思考是一种心理体验过程，像感受自己一般地去感受对方的快乐与哀愁，理智解决问题。年轻干部换位思考，能增强与群众的感情，能真心实意为群众办实事。

春风大雅能容物

胸怀宽阔，心底无私，是道德修养的高尚境界，也是一种精神上的成熟、心灵上的丰盈。与人让步、宽容对方，是一种体谅。给人留路是一种风度，能缓和矛盾，和谐人际关系。你怎样对待别人，别人就会怎样对待你。蔺相如以大义为重，几次容让廉颇，终成"将相和"。刘邦坦言自己"三不如"：不如子房、不如萧何、不如韩信，成为历史佳话。刘备求贤若渴，三顾茅庐，终使诸葛亮出山相助。

有一个年轻人抱怨，说他在团队里犯了一个错误，他道歉了，当众反省了，毛病也改了，有的人原谅他了，但有的人还在排斥他，不禁感慨：宽容变得有点儿难。

花儿为什么这样红？因为有肥沃土壤、充足阳光的养育和雨露的滋润。优秀年轻干部茁壮成长，也需要外界给他们营造一个宽松宽容的氛围，培育呵护他们干事创业的激情，多一些加油和鼓励。人们常说"君子坦荡荡，小人长戚戚""将军额上能跑马，宰相肚里能撑船"，海纳百川是多么广阔，无非是告诫我们，作为君子，应当有宽广的胸怀，做人和干事都要豁达大度，容纳不开心的事情，不计较利害得失；有点小小不顺，不算个事。那些小肚鸡肠、竞小争微的人，常常与人为难、与己为难，忧虑不安，哪一个有了出息，哪一个干成了大事呢？

宽容、豁达的人，从不与人争权夺利。他们深知，人生不过百年，能在一起，也是一种缘分。他们把权啊、利啊看得比鸿毛还轻。轻视一种东西就会很容易地抛开它。抛开了权，则可以使自己轻松；避开了利，则可以使人无恨。把权、利看得淡一些，乃是悟彻了人生，便会多些潇洒和自由。学会包容，便拥有了大海般广阔的胸襟，任风浪四起，依然保持着气度与从容。宋代黄庭坚的"出门一笑大江横"有着海阔天空的豪情逸致，凡事要看得达观些，若能敞开胸怀，便不会为一些小事而烦恼挂心了。

苏轼是个大才子，美誉度很高。清代吴绮曾云："怒骂能将嬉笑侔，子瞻千古擅风流。"苏轼一生屡次受到打击、陷害，却能从容自若、无怨无悔。他胸怀大度，总是谅解别人的过错。苏轼与王安石政见不同，曾被贬官，弄得好不凄惨。然而，苏轼没有耿耿于怀。王安石从宰相位置下来后，两人的关系反倒好了起来，或共叙友情、互相勉励，或讨论学问，十分投机，成为知心朋友。元丰七年（1084），苏东坡路过金陵，还骑驴去探望王安石。试问古今官场，试问沧桑故园，有多少人能做到呢？

年轻干部犹如成长中的果树，需要及时修剪，也需要爱护。对于年轻干部，我们应以宽容之心看待，才能让他们更好地成长。许多年轻干部或多或少遇到过吃亏、被误解、受委屈的事，明智选择是宽容：要对现实做出较客观的认识和评价；能主动地适应现实并与之保持良好的接触；乐于与他人沟通和交往；愉快、乐观、满意等积极情绪多于悲、忧、愁、怒等消极情绪。与他人发生矛盾，受到他人错误对待，应该有"单恋"的精神。不因对方对待自己不公平而改变自己初时的热情和真诚，始终不渝地以友好的感情对待对方。随着时间的推移，便能唤起对方的良知。一句领先的问候，一句抢先的道歉，先与对方握手，这样你会比别人多获取友谊，多享受幸福。

一个不会宽容、不会示弱，只知呈现强势、苛求别人的人，其心理往往处于紧张状态，不利于身心健康。学会宽容、适度让步，就等于给自己的心理安上了调节阀，有益于身心健康，体现了一种大将风度和儒雅风范，往往能换来更多的理解和支持。

北京大学秋季开学现场，一名外地新生急于报名，就对迎面走来的一位老人说："您能帮我看一下行李吗？"老人爽快地答应了。一个多小时后，新生办完入学手续回来，看见老人仍站在原地看着他的行李，大为感动，深深谢过，老人就离开了。过了几天，在开学典礼上，新生惊讶地发现，那个给自己看行李的人，竟然是北京大学副校长、当时已73岁高龄的季羡林。季羡林说："构建和谐社会，人的自身也要和谐。"宽容、豁达是实现自我和谐的重要途径。

宽阔的心胸，才有大气度，才能成就大事业。"不悲镜里容颜瘦，且喜心头疆域宽。"宽容、豁达的人，爱心往往多于怨恨和烦恼。我或对他加恩，不求他报答。他或有埋怨、或有误解，我不与他计较，这样就能将烦恼、郁闷、忧愁、委屈和冲突化为五彩乐章。

"水惟善下方成海，山不矜高自极天。"有度，乃能有容，对于别人的成就、功劳、才华、学识、财富、名声，容纳于心，视之为其辛劳之所得，坦然处之而不妒，且有"退而结网"之心。容纳是一种美德，"有容德乃大"。不仅要善于取人之长，还要学会容人之短、容人之言。讲宽容当然不是不讲原则，也不是软弱，做糊涂的东郭先生，更不是向蛇献爱心，做伊索寓言里愚蠢的农夫。当正义不彰、公理泯灭、暴力嚣张、小人横行之际，就要高悬正义之剑，理直气壮地斗争。

做人要"向宽处行"

"晚清三杰"之一的左宗棠，在几经沉浮、奔波半生之后，渐渐变得心态温和、性情宽厚，不再像过去那样锋芒毕露、争强好胜了。他总结自己的人生体会，写下了这样一副对联："发上等愿，结中等缘，享下等福；择高处立，就平处坐，向宽处行。"此联被很多人奉为至理名言、人生指南，笔者也很是欣赏，不时品味反思自励，尤其喜欢最后一句——向宽处行。

人生就是一场无法预料的远足，关山迢递，山高水长。前进路径有很多选项，有宽阔大路，也有崎岖小径；有阳关道，也有独木桥；有八方通衢，也有断头胡同；有鲜花夹道，也有荆棘丛生。千变万化，天地无常，起起落落，风风雨雨，但万变不离其宗，始终要把握一条原则：向宽处行。

避难就易，趋利避害，是人的基本特性。向宽处行，就是不认死理，与时俱进，不能撞了南墙不回头、一条道走到黑。俗话说条条大路通罗马，如果这条路不通了，就再换一条路；如果这条路越走越窄了，那就换条宽点的路走。左宗棠早年参加科举，几次失利，他的学问和兴趣与科举要求的内容格格不入。在反复考量后，他决定不在这条路上瞎耽误功夫，浪费青春，毅然去研究军事、政治、经济等务实可行的学问。结果在这个领域里，他如鱼得水，八面来风，建功立业，大放异彩，成了一代名臣。特别是收复新疆一战，更让他留名千古。

向宽处行，有时要适当退步，做些妥协，退一步则海阔天空、风轻云淡。青年人血气方刚，遇事要强，在这方面要尤其注意，有时要学会退步与妥协。清康熙年间，张英担任文华殿大学士兼礼部尚书，是数一数二的大官。他老家的官邸与吴家为邻，有条巷子相隔。后来吴家建房想占这条路，张家人不同意。双方争执不下打官司，当地县衙难以决断。张家人写信给张英，要他出面解决。张英回信写了四句话："千里来书只为墙，让他三尺又何妨？万里长城今犹在，不见当年秦始皇。"家人阅罢，就主动让出三尺空地。吴家见状，也不好意思了，主动让出三尺房基地，"六尺巷"由此得名。此举不仅实现了两家双赢，而且成为历史美谈。

向宽处行，要有眼光，知道哪里宽、哪里窄，哪里可以畅通无阻，哪里很难走得通。这需要智慧、胆识，也需要阅历、经验。所谓宽处，就是更适合生存、发展，更安全、稳妥，更能发挥才干之处。孔子说："危邦不入，乱邦不居。"列子不受权臣子阳馈赠，不入他的团伙，最后得以保全身家性命；范蠡离开薄情寡义的勾践，改行经商，花开二度，再创辉煌；韩信弃项羽而改投刘邦，从此地广天宽，大显身手。他们都清醒地践行了那句古语："良禽择木而栖，贤臣择主而事。"青年人也要有这样的意识，珠宝要卖与识货者，才华要献给识才者，一定要找到最能发挥自己才能的岗位，力争在赏识认可自己的领导手下工作，这也叫士为知己者用。

向宽处行，心先要宽，雨果说："世界上最宽阔的是海洋，比海洋更宽阔的是天空，比天空更宽阔的是人的心灵。"心胸宽的人，可进可退，能屈能伸，乐观豁达，善于变通。他们能看轻身外之物，能经受住胜败得失的考验，遇事想得开，不钻牛角尖，做人有担当，不怕风雨雷电，很少有事情能难倒他们。

最后，向宽处行，还要不和愚人、小人纠缠，不要让他们影响自己的前进脚步。苏轼被贬黄州时，一日被一个醉汉撞倒，那人还不依不饶地骂骂咧咧。苏轼的朋友很生气，要与醉汉理论。苏轼拦阻说，不和愚人较劲，有理讲不通的。一个智商在线者和愚人较劲，不仅降低了身份，也拉低了智商，堵了自己的路。说实话，别人堵不了你的路，路都是自己堵死了。因而，不和愚人、小人纠缠，不因此绊住脚步，也是人生智慧。毕竟，愚人、小人都难以长久，早晚会"眼看他起高楼，眼看他宴宾客，眼看他楼塌了"。

"择高处立"，就能志向远大，高瞻远瞩；"就平处坐"，追求脚踏实地，积极稳妥；再加上"向宽处行"，做事留有余地，做人进退有方，人生就很圆满了。

宽容失败才能拥抱成功

中国火箭曾发射失误。长征三号乙运载火箭在发射中星9A广播电视直播卫星时，火箭三级工作异常，卫星未能进入预定轨道。不过，比这次发射失误更让人意外的，是广大网友们幽默诙谐的"神回复"："成功次数多了，看见一次失败都奢侈""想给中国航天一个安慰真不容易""对于中国航天，失败才是新闻""比起无数次成功带来的骄傲，失败后的坦诚更能让人感受到真正的自信"……这种宽容失败的达观态度令人感到欣慰，读起来心里热乎乎的。

科技创新，科研成果的研发，基础领域的研究，往往路径不清楚、方法不确定、失败率比较高。对于这样的研究工作，我们要努力推动形成宽容失败、鼓励坐冷板凳的科研环境，对科研人员的支持方式、研究生态，要给予更好的有针对性和适应性的安排。

宽容失败还包括更多方面的内容。譬如年轻干部独立工作，也是初出茅庐，或把控能力不强，或急于求成，不免会出现一些失误等。对这些失败和挫折，都应宽容待之、理性视之，耐心地帮助年轻干部总结经验教训，引领他们成长、成熟、成才，就一定能看到他们走向成功、走向胜利。

宽容失败是尊重客观规律。火箭发射是非常复杂的大规模科研活动，纷繁复杂，精密异常，一枚火箭通常有数万个零部件，电缆的长度达100多公里，其中任何一个小的瑕疵都可能导致发射失败，所以出现失误在所难免，这也是世界各航天大国都有过的共同经历。科研人员自然应精益求精，尽量减少失误，但不允许失误，不正视失误，不宽容失误，则是对客观规律的藐视。科学的态度是，以万无一失的严苛精神来对待火箭发射的每一个细节，力争将失误率降到最低，同时也要有接受失败的充分思想准备。

宽容失败是成熟的表现。胜则狂喜，妄自称大，败则大悲，一蹶不振，都是心智不成熟的幼稚表现。若风气如此，世态如此，在这样的氛围下是不可能干出大成就、大事业的。因为失败是成功之母，不允许失败就是堵死了成功之路。不宽容失败，谁也不敢当第一个吃螃蟹者，就难有前途可言。有资料显示，我国科研创新成功率仅10%左右，企业创业的成功率仅为20%左右，如果没有宽容失败的舆论环境与氛围，科研创新与企业创业势必会寸步难行。此次网友们对火箭发射失败的宽容态度，说明国人心智成熟了，既能理性看待进步而不自满，亦能坦然接受失败而不自卑。

宽容失败才能拥抱成功。孙中山屡败屡战，实现了共和；屠呦呦屡败屡战，推出了青蒿素；爱迪生屡败屡战，发明了电灯泡。这些就是那个古老而永恒的道理"善败者不亡"的写照。他山之石，可以攻玉。如果我们以达观的态度来看待失败，以宽容的态度来接受失败，并在失败的基础上总结提高，就能激励更多的人去大胆地试、大胆地闯，打通创造力的源头活水，科学创新之路就会越走越宽广。有时候，失败带来的不仅仅是沮丧，可能也有惊喜。宽容失败，就是在向成功招手。

每临大事有静气

长沙街头，车水马龙，人声鼎沸，热闹非凡，一名青年学子坐在街边读书。他聚精会神、目不斜视，时不时还发出会意的笑声。这是正在湖南一师求学的青年毛泽东，他专门来到喧闹的大街上读书，以锤炼自己在复杂环境里保持镇静的功夫，让自己能够胸怀静气，心绪不受外界侵扰。不仅如此，他还给自己定下"静坐"的日课，坚持每天静心读书，以培养自己的定力，为日后沉着应对各种复杂情况打下了坚实基础。

静气，是指人的心情自然平和，态度冷静。庄子认为："圣人之静，就是善于固守养静，万物不足以搅扰他的心志，所以能静。"老子说："静胜躁，寒胜热，清静为天下正。"意即静的胜动的，冷的胜热的，清静才是天下的正常之道。一个胸怀静气的人，才能保持头脑清醒，深谋远虑；才能淡泊名利，心态平和；才能胜不骄败不馁；才能不计名利，追求卓越。静气，不惮于在难事、烦事、急事、苦事上多磨炼，就能将内心打磨得成熟豁达，沉稳有定力，不再拘泥于一时一事的得失。

重温党史军史，缅怀先辈业绩，瞻仰其不凡气度、英雄神采，不由让人想起晚清风云人物翁同龢的一副名联："每临大事有静气，不信今时无古贤。"今日之有志青年，也应见贤思齐，学学先贤们的沉着冷静、大将风度。

静气，就是从容不迫，气定神闲，沉着冷静。"泰山崩于前而色不变，麋鹿兴于左而目不瞬"，外界千变万化，我心岿然不动。多经历几番雨疏风骤的洗礼，耐得几回兴衰荣辱的打磨，就能在大事来临之时，"任凭风浪起，稳坐钓鱼船"，抵达"不以物喜，不以己悲"的境界。古人对静气素来看得很重，《大学》里说："定而后能静，静而后能安，安而后能虑，虑而后能得。"

东晋军队在淝水之战中大败前秦，捷报送到时主帅谢安正在与客人下棋。这可是个天大的喜讯，事关东晋生死存亡。但他看完捷报，便放在一旁，不动声色地继续下棋。客人忍不住问他，谢安只是淡淡地说了一句："小儿辈大破贼。"然后静静地下完棋，送别客人。这就叫每临大事有静气，也是古人最推崇的静气范例。

《菜根谭》里有副名联："宠辱不惊，闲看庭前花开花落；去留无意，漫随天外云卷云舒。"如果用两个字来形容这个境界，那就是"静气"，即镇静沉着，不慌不忙，有条不紊。这是一种很难得也很重要的气质。这种静气，不是刻意装出来的，而是性格与作风的自然流露、经验与意志的完美结合。

"每临大事有静气"，要以宽阔胸怀为底蕴，以远大眼光为前提，以胸有成竹的自信为引领。见惯了汪洋大海里的狂风巨浪，自然不会被小河沟里的风风雨雨所吓倒；经历了千难万险、九死一生，遇到小灾小难自然能镇定自若；高屋建瓴、高瞻远瞩者，不会为鼻尖上的蝇头小利所动摇。革命元勋朱德，就有这样光辉的历史。1927年7月31日晚，南昌嘉宾楼大酒店灯火辉煌、觥筹交错，朱德在这里宴请南昌驻军团以上军官。席间，推杯换盏，猜拳行令，赴宴的军官们开怀畅饮，醉态十足。此时，震惊世界的大事——南昌起义即将爆发。朱德沉着冷静，拖住、麻痹了这些军官，为起义军解除这些部队的武装创造了有利条件。

静气，是有信心的表现，是成熟者的姿态，是一切胜利者的必备品质，也应成为每个有志青年的标配之一。静气不是懒惰，而是耐心等待；不是消极，而是厚积薄发；不是迟钝，而是胸有成竹；不是无所作为，而是不留痕迹地秣马厉兵；不是高挂免战牌，而是突然发起进攻前的蛰伏。在这方面老一辈为我们作出了光辉榜样。

1946年6月中旬，蒋介石集结30万精锐部队，重重包围中原解放区，形势万分紧急，大有泰山压顶之势。中原军区司令员李先念临阵不慌，沉着机智，将计就计，以静制动，成功地给敌人造成假象，麻痹了敌人。他一面让主力撤退，一面亲自留下来迷惑敌人，还让中原军区文工团组织"慰问晚会"演出，并大摆宴席，请美蒋代表出席，给他们造成一切如常的错觉。当敌人醒悟发现上当后，我中原部队已成功越过平汉线，把追军远远甩在后边。

今天，世界形势云谲波诡，错综复杂，天地纷纭，瞬息万变。我们在强军强国路上面临的大事多、急事多、要事多，更要静气待之、从容视之，做到有理有利有节，从长计议，冷静清醒。切勿意气用事，轻易被人激怒，逞匹夫之勇，以致乱了方寸、误了大事，给人可乘之机。

"每临大事有静气，不信今时无古贤。"先贤前辈们不辱使命，开创基业，写下辉煌历史篇章，为当代青年树立了光辉榜样；我辈也要见贤思齐，自强不息，干好属于我们的大事，完成历史使命，创造出不亚于先辈的业绩。路正长，景正好，行色匆匆的青年朋友们，不妨再多一些静气，多一些从容，多一些自信。

情绪的控制与调节

受到冷遇，聪明人会坦然地接受它，使心态达到平和，化不利为有利，使自己的精神永远不能被打败。哈佛大学的一项研究显示，成功、成就、升迁等的原因，85％是因为我们的正确情绪，而仅有15％是由于我们的专业技术。可见学会控制情绪、维护心理健康非常重要。

情绪化的人生，是对身心的消耗，只跟愚者如影相随。遇事不能按捺浮躁之心，动辄发火，放纵自己的感情，由着性子妄自行事，会导致别人遭殃，损害队伍的团结，受害最大的是自己，且有害于身体健康。动不动发火还会使精力不能专注，身体的机能得不到正常的发挥，影响学习和工作效率。一个人发火时，往往轻率行事，甚至做出蠢事。

遇事发火，表现了智能之不足，是意志软弱和不成熟的表现。马克思曾在《人生》一诗中写道："心乱气恼，是一切祸患的根苗；惊慌烦扰，意谓'幸福已经遁逃'。"心情不好时，与其一味受情绪驱使，不如学会转弯，自我调节情绪。康德说："生气是拿别人的错误惩罚自己。"德国有一则格言："愤怒始于愚蠢，终于悔恨。"

由于动怒而付出这么大的代价，犹如为了赶走一只聒噪的乌鸦而砍掉枝繁叶茂的大树一样得不偿失。如果不良情绪与行使权力搅拌在一起，就可能干出有悖情理的蠢事。中医有言："喜伤心、怒伤肝、忧伤肺、思伤脾、恐伤肾。"古医书记载："喜怒不节则伤藏（脏），藏伤则病起于阴也。"培根说："愤怒就像地雷，碰到任何东西都一同毁灭。"

人的一生谁能总是处于巅峰期呢？有春风得意之日，也会有失意失落之时。辛弃疾词云："叹人生、不如意事，十常八九。"人生不如意之事，实在太多矣。一旦不受重视，被人冷落，心里很不好受。但是，消沉、抱怨，于自己无补、对事业不利，因此要调整心态，使自己心平气和，保持平衡的心态，不管"好"还是"不好"，都不会受到打扰，能够欢迎所有的感觉，冷静理智地处理各种情况，让快乐始终充盈内心。古人云：能喝三斗醇醋的人，才能做宰相。当对方出言不逊、污辱人格时，"忍一句，息一怒"。自己想一想，我是什么人，他是什么人，如果回应他，那不就成了他那一类人吗？这样来克制自己，气愤之心可以消除。孔子说，君子有九思，第八思是"忿思难"——当你发怒时，应考虑日后有什么后患，这样来抑制愤怒，以免日后带来灾祸。如果没有忍住而发怒了，就要当心不要恶语伤人，不可在盛怒时把事情做绝。

清代丁福保在《少年进德录》中说："急躁的人应该时时刻刻想到和缓两个字；轻佻的人应该时时刻刻想到宁静两个字；浅薄显露的人应该时时刻刻想到缜密两个字；懈怠懒惰的人应该时时刻刻想到勤敏两个字。而且不只是心中时时刻刻想，嘴里也应该时时刻刻念叨。时间长了就成为习惯了，这就是改变气质的功夫。""在怒者岂不知此，无如其量最狭，其气最浊。既不能领取宽和之味，复不能消受平安之福。"遇到挫折时，防止浮躁；收获成功时，不要浅薄；得势之时，也不要忘乎所以。

"每临大事有静气，不信今时无古贤"，出自清朝三代皇帝的老师翁同龢之手，可以解释为，古今圣贤都具大气度，遇重大事件时，沉着淡定，举重若轻，应付裕如。平心静气，是厚积薄发的成功之道，人生进程的美丽风景。正所谓"大将风度均从容"。

每临大事和小事，克制妄动、保持静气，往往和智慧画上等号。换一个角度去重新看一件事，也会平息怒气。把目标转移到别的事情上去，也能助你减轻怒意、焦虑。难过时，就去跑跑步、跳跳绳。汗水冲刷了身体，也扫除了精神上的郁闷。运动的过程中，虽然没人跟你讲话，你却在跟世界交流。听脚下在沙沙作响，看天空在风起云涌，感受风抚过你的身边。也许，困扰你很久的事情，都在大汗淋漓后得以释然。生命的本质是渴望被看见，运动跑步的本质是渴望遇到更好的自己，不断地战胜自我和接纳自我。

心存善良是保持乐观心态的营养素。心存善良，就会以他人之乐为乐，常有欣慰之感；心存善良，就会与人为善，乐于友好相处，心中就常有愉悦之感；心存善良，就会光明磊落，对人敞开心扉，心中常有轻松之感。看人总不顺眼，抱有对立情绪，处处提防别人，是不够善良的表现，应加以克服。

快乐在于寻找，快乐在于选择。坚持每天做些自己最擅长的事，能带来快乐。当心情烦闷时，不妨走到室外，迎着朝霞旭日，对着蓝天白云，张开双臂，做几次深呼吸，或跑跑步、爬爬山、打打球，每次都出一身汗，或游游泳、洗洗澡，或上上网、聊聊天，快乐就在其中了。快乐就这么简单。卡耐基说："正如老罗斯福总统一样，常常去散步和打网球，可能会比在沙发上抽一支烟更能让你精神百倍。"

乐观使生命添彩

学会心理调适，经得起工作的任务压力、生活的经济压力、情感的取舍压力、困难和矛盾的考验。遇有不公正待遇，学会耐心等待；遇有别人晋升，正确对待。切不可轻浮骄躁，像魏延烧绝栈道那样，使毕生功名毁于一念之间。

一个人能否成功，关键取决于他的情绪。成功者始终用积极的思考、乐观的精神和成熟的经验支配和控制自己的人生。在工作生活中，总会遇到这样或那样的矛盾，乐观的人会积极面对现实，以豁达的心态去面对工作生活，秉持一种平和的生存态度。乐观可以让人在浮躁的环境中依然拥有恬静的心态和冷静的头脑，乐观的态度不是放弃追求，而是科学的世界观和进步的人生观的体现。

快乐是一种能力，主要体现在对人要有宽容心、对事要有辩证头脑。宽容者自乐。古希腊哲学家亚里士多德说过："生命的本质在于追求快乐。"乐观的心态能够驱散忧虑、自卑、悲观、抑郁、怨恨、恼怒、压抑的情绪，使人健康长寿。面对同样的情境，乐观者看到积极的一面，因而感到愉快开心；悲观者则只看到消极的一面，因而感到伤心难过。白纸上有一个黑点，乐观者看到的是一张留有很多空白足够利用的纸，悲观者却看到了白纸不再无瑕。

有一天下朝后，苏轼两手抚摸着自己的便便大腹问家人：这里面是什么呢？有的说是满腹文章，有的说是满腹机关，只有他的爱妾王朝云一语破的："一肚子不合时宜。"苏轼长叹一声："知我者，朝云也。"

由于受奸臣诽谤，苏东坡由杭州通判改任密州通判。密州交通闭塞，环境很差，吃的东西十分欠缺。一年后，苏东坡不仅没有郁郁消瘦，还胖了。他说，我很喜欢密州淳厚的风俗，这里的官员和百姓都乐于接受我的管理，于是我有闲情整理花园、清扫庭院、修整房屋。我家园子北面有个旧亭台，稍加修复后，我常去登高望远，放任自己的思绪，无穷遐想……自己摘园子里的菜果，捕池塘里的鱼儿，酿高粱酒，煮糙米饭，真是乐在其中啊。

乐观的心态是成功的源泉，是生命的阳光和温暖。拥有乐观心态的人像太阳，照到哪里哪里亮。世上没有一成不变的事物，要相信事情总会向好的方面发展，乐观面对今天，快乐奔向明天。面带微笑能使人感觉温暖如春，产生共振效应，迅速缩短与交往对象彼此的心理距离，消除一些疑虑，增强团结与合作。人与人之间，相逢开口笑。微笑能消除尴尬，有助于解决分歧，化解矛盾。快乐心态，展现出蓬勃向上的生命活力和富有魅力的精神风貌。快乐是一种情绪保险，快乐来自内心的力量，来自心灵的安静与宁静。快乐的心态可以战胜身体上的不适，能使人产生信心和力量。

心理学研究表明，快乐是人的情绪状态最佳的反映。有了快乐的心态，就会在困难、挫折面前不消极、不放弃、不抛弃，积极进取、勇于奋斗，进而提高能力、赢得成功，拥有充实、美好、无悔的人生。王阳明一生历经坎坷，遭廷杖、下诏狱、贬龙场、巡抚南赣、平定宁藩、功高被忌、被诬谋反，可谓受尽了命运的折磨。放在悲观者那里，估计早就郁闷死了，但是王阳明却在生活中一直保持着积极乐观的情绪。王阳明在人生逆境的体验中，不断向圣贤境界靠拢，思想几近炉火纯青。王阳明自己说：我来龙场两年，也被瘴毒侵害，但是我却安然无恙，这是因为我始终保持积极的情绪、乐观的心态，没有像其他人一样悲悲切切，抑郁哀愁。他的精神状态总是那么乐观，性格洒脱豪爽，"百年日月闲中度，八万尘劳静处消"。

心存善良是保持快乐心态的营养素。快乐的心态是成功的一半。现代科学证明，积极的情绪有助于身体健康。一个人如果快乐，体内就会分泌出一种激素，提升身体状态。法国大仲马提示："乐观是一首优美激昂的进行曲，时时鼓舞着你对事业的进取精神。"1985年7月，来访的特立尼达和多巴哥总理钱伯斯，向邓小平请教长寿"秘诀"。邓小平答道：我的回答是四个字——乐观主义，"我是三下三上的人，没有乐观主义态度，没有相信自己的信念总会实现的思想，不可能活到今天"。①

人的一些快乐和痛苦，往往在比较中产生。正如人们所言，有比较才有鉴别。清代学者金缨编著的《觉觉录》汇集了历代先贤警策身心之语，其中有"将啼饥者比，则得饱自乐；将号寒者比，则得暖自乐；将劳役者比，则悠闲自乐；将疾病者比，则康健自乐；将祸患者比，则平安自乐；将死亡者比，则生存自乐"。

现实生活中并不缺少快乐，而是缺少对快乐的寻找。生活中常有一些猝不及防的烦恼事，有效的办法就是去干自己喜欢的事情。在做自己喜欢做的事情中，烦恼将失去存在的机会。应放弃心中难言的负荷，抛开对金钱的迷恋、对权力的角逐、对虚名的争夺、对失落的痛楚，使整个身心得到解脱，沉浸到轻松而宁静之中，你便能豁达豪爽，保持平和的心态，与快乐和幸福结缘。

快乐和痛苦是颗并蒂莲。学会忘记不愉快乃至痛苦的事情，是一种重要的保持快乐的能力。心理学家柏格森说："脑子的作用不仅仅是帮助我们记忆，而且帮助我们忘却。"其用意就在于提醒我们要不断清理和调整自己不健康的情绪。下决心抛开不好的情绪，才能给好的情绪腾出地方。

---

① 参见中共中央文献研究室编：《邓小平思想年谱（1975—1997）》，中央文献出版社1998年版，第328页。

树立正确的恋爱观

"有情恋曲惊天上，无边春色满人间。"青春的年华最富有浪漫情调，其身心发展的特点决定了爱神总是与青年相伴。爱情是一个古老而又常新的话题。爱情是一种互动的心灵感应和感情的默契。爱情是最真挚的互相倾慕，并渴望对方成为自己终身伴侣的强烈而深沉的感情。如同柏拉图所言："当爱神拍你的肩膀时，就连平日不知诗歌为何物的人，也会在突然之间变成一位诗人。"两人在一起，全部心灵被幸福填满；不在一起时，对方也在你的思想之中，常常出现无法抑制的渴望。

宋代晏殊的儿子晏几道词云："彩袖殷勤捧玉钟，当年拼却醉颜红。舞低杨柳楼心月，歌尽桃花扇底风。从别后，忆相逢。几回魂梦与君同。今宵剩把银钉照，犹恐相逢是梦中。"这首词作写尽了别后重逢的欢喜，打动了多少痴情人。

爱情以互相爱慕作为重要前提，它是由两颗心灵弹拨出的和弦，互相爱慕，由衷热烈，来不得半点勉强凑合、施舍和强求。燕妮出身于名门贵族，聪慧漂亮，才华出众。她不顾家庭的反对，与出身于普通律师家庭的马克思相爱。1843年6月，马克思被德国反动政府迫害，准备流亡国外。燕妮毅然放弃豪华、舒适的生活，同马克思结婚，走进了马克思的生活。马克思颠沛流离，生活极端困难，有时甚至交不起房租，他们最小的一个孩子也因病饿而死，但燕妮没有动摇过对马克思的坚贞爱情，她让马克思更有斗志。她经常自豪地说："我很幸福，因为马克思在身边，他是我生命的支柱！"

许多文学家将无形的文字转化为有形的文字，组合成一部部动人的篇章。《西厢记》否定了封建社会传统的联姻方式，讲述了一个自由恋爱的故事：满腹经纶的张生赴长安赶考，途经山西普济寺时，与相国小姐崔莺莺相遇。两人一见钟情，是一种真挚的心灵上的契合，之后几经波折，经过不懈的努力，又有红娘的帮助撮合，张生到京考中状元后，凤冠霞帔迎娶崔莺莺，二人终成佳偶。爱情在共同思想基础上所产生的精神和谐、心理共鸣让无数人为之倾倒。

梁山伯与祝英台的爱情，被称为"东方的罗密欧与朱丽叶"，美丽而凄婉，哀怨而秀美。今生无缘相守，来世羽化成蝶也要比翼双飞。梁祝的爱情主要表达了在"父母之命，媒妁之言"的传统婚姻制度下，人们对于自主婚姻幸福美满的向往。梁祝志同道合，感情日笃，对爱情的生死不渝、忠贞不贰，感动了一代又一代人。

爱情是"根"，婚姻是"树"。爱情若是相互的、诚挚的、志同道合的，婚姻就必然是美满的。李大钊同志说过，两性相爱，是人生最重要的部分。应该保护它的自由、神圣、崇高，不可强制它、侮辱它、压抑它，使它在人间社会丧失了优美的价值。许多哲学家、心理学家对爱情有自己独特的见解。黑格尔强调了爱情的高尚性和恋爱双方感情的忠贞，指出爱情是一种与动物的性欲有着根本区别的感情，爱情要受人的理智的支配，以社会的道德为准则。苏联教育家苏霍姆林斯基说："爱情意味着对你爱侣的命运承担责任……意味着把自己的精神力量献给爱侣，为他（她）缔造幸福。"邓颖超说："我们认为男女的友情，应该讲忠实坚贞。爱情不应是占有，而应是双方互信互守的专一。只有专一的爱情，才能巩固婚姻，获得幸福和愉快的生活。"由此可见，爱情是婚姻的前提，在婚姻的整个过程中爱情和责任是其支撑因素。

萨日娜演唱的《画你》优美深情、婉转动听："把你的倩影画在家乡的山顶，甜蜜的笑容定格在我心里。深情的歌声描绘你的美丽，只为让你永驻我心里。我用爱画一个温柔可爱的你，让我在梦中无数次见到你。

梦里的夜晚我不愿醒来，只为把你画在我心里……把你的温柔画成那小河，爱情的泉水永流我心里。我用情画一个俊俏可爱的你，用爱的心愿描绘最爱的你，梦你的夜晚我不愿醒来，我用一生守护着你。"

要慎重对待爱情，爱情不是"杯水主义"。"不求天长地久，只求曾经拥有"是不正确的恋爱态度。恋爱的目的就是走向婚姻殿堂，组建一个美满的家庭。对恋爱态度的随意性，会导致恋爱周期的短暂。列宁曾严肃指出："我认为这个出名的'一杯水'主义完全不是马克思主义的，甚至是反社会的。"[①]西班牙塞万提斯说："倘若见到一个美人就神魂颠倒，那就乱了方寸，永无宁日。"

婚姻：爱情的港湾

婚姻是人类社会中最普遍的现象之一。人类经过长期的进化发展，两性之间彼此倾慕，产生爱情，通过婚姻组成家庭。可以说，婚姻是人类文明的计程表，也是有着巨大地域差异的各种文化的显示屏。幸福家庭的建立基于爱情，在爱情的基础上缔结婚姻，在婚姻的家园中发展爱情，创造和实现幸福美满的生活，才是科学的爱情观、婚姻观。只有事业成功、婚姻幸福，才算得上是拥有幸福、圆满的一生。

《诗经·小雅·常棣》说："妻子好合，如鼓琴瑟。"——与妻子情深意浓、形影不离，就像拨弄琴瑟乐器那样和谐动听。在家庭生活上，应处理好自己与伴侣的关系，享受生活乐趣；在疲惫时，有一个让自己休息的宁静的港湾。保持家庭和谐，做到父慈、子孝、兄友、弟恭，

---

① 侯焕闳译：《回忆列宁》（第5卷），人民出版社1982年版，第45页。

住则同宅，食则同案，学则连业，游则有方，使家庭成为幸福的堡垒。家庭是人生征途的温馨港湾，是事业兴旺的坚强后盾。家和方能万事兴。

周恩来和邓颖超的爱情热烈而经久不衰，老而弥坚。他们互相关心，相濡以沫。周恩来有夜间办公的习惯，有时开会，凌晨三四点钟才驱车回到家。为了不影响邓颖超休息，总是与工作人员蹑手蹑脚地从屋后的小道绕行。外交秘书陈浩亲切地称这条小路为"周恩来小道"。

周国平在《成长是一件孤独的事》中说："婚姻有何必要？我的回答是，为爱筑一个好巢。爱情是一只鸟儿在天空飞翔，它自由，但也需要栖息；它空灵，但也需要踏实；它娇弱，因此需要保护；它任性，因此需要训导。婚姻所提供的，正是栖息、踏实、保护和训导。""事实上，许多家庭之所以没有解体，并不是因为从未遭遇浪漫式爱情的诱惑，而恰恰是因为当事人看重含有这种来之不易的信任感的亲情式爱情，从而自觉地规避那种诱惑，或者在陷入诱惑之后仍能做出理智的选择，而受委屈的一方也乐意予以原谅。在我看来，凡是建立在这种亲情式爱情的基础上的婚姻不仅稳固，而且仍是高质量的。"

孔繁森有个幸福的家庭。作为领导干部的孔繁森，自觉恪守家庭美德，不以职位的差异而轻视、淡薄妻子，他十分尊敬、爱护妻子，常常为自己由于工作忙而不曾尽到丈夫的责任而深深自责。为此，他在节假日总是回村帮妻子忙些农活。第二次进藏前，为弥补愧疚，历来崇尚节俭、从不搞特殊的孔繁森，抽时间陪妻子逛北京城。王庆芝理解丈夫："俺总想，人要好到这份上，还能咋好呢？好人在一块搞个全国大赛，他保证能当冠军。"珍惜家、爱妻情，构成孔繁森人格魅力的精彩部分。

王庆芝用女子柔弱的肩膀担起全家的重担，照顾高龄的婆婆，看管子女，还要做农活，从没有怨言，对丈夫热爱事业和人民却难以兼顾家庭表现出了难得的理解。她有一个原则从不忘记："繁森的权，我不能用。"

据民政部门统计，2019年离婚登记人数为470.1万对，其中就有一部分是闪婚的人群。婚姻长久的秘诀，是责任感和相互间友谊般的感情。一纸婚约并不能永远守住一对新人的心。充满吸引力的浪漫总会冷却，唯有平平淡淡的相依相守相伴才是婚姻的真谛。幸福婚姻集中表现为家庭关系的和谐，包括夫妻相互体贴和扶助、相互忠诚和包容。

婚姻幸福的基础在于爱情。因为爱情是在男女人格平等基础上产生的，蕴含着圣洁、崇高的情感，包括深刻、丰富的内涵，因而保证了夫妻关系的和谐、亲子关系的和谐、亲长关系的和谐。俄罗斯有一则谚语："爱情是一首美好的歌，却不容易谱写。"黑格尔曾说："爱情是男女青年共同培育的一朵鲜花，倘若它囿于个人私生活的狭小天地，就会枯萎凋零，只有使它根植于为人类幸福而努力奋斗的无垠沃壤中，才会盛开不衰。"据《上海80后新生代婚恋观调查》显示：近八成被访者认为"爱就是承诺和责任，同甘共苦，不离不弃"；34.1%的人表示"只要相爱，其他条件可以不考虑"，54.9%的人表示"既要相爱，又要对方各方面条件好"；仅有6.7%的"80后"表示会在"谈不上爱情"或"没有爱情"的情况下结婚。

爱情需要培养爱的能力，知道自己喜欢什么、需要什么、适合什么，并做出接受、拒绝或再观察的选择。"男怕入错行，女怕嫁错郎。"婚后的生活是漫长的。青年在选择结婚对象时一定要慎重，应有主见，不要因为一些外界的原因就匆忙地结婚。如果不是属于自己的，分手本身就是幸运。理智地拒绝不希望的求爱，掌握恰当的拒绝方式，尊重真挚的感情，也是对他人的尊重。应当在挫折中奋起，失恋不失志。对于恋爱与婚姻观，邓颖超一贯认为：男女婚姻的基础是爱情，如果爱情熄灭，那种婚姻保持了也没有意义。她更主张女同志要自尊自强，以革命事业为第一生命。如果婚姻发生挫折，女同志应振作起来，以工作为生活的主要依托。她绝不同意"老公要离婚，天就像塌下来"那种依赖丈夫的思想，也不同意靠法律强制性地限制干部的婚姻自由。

爱情是激情的诗篇，婚姻是平淡的散文。婚姻在开始时，就意味着责任的开始，意味着彼此的尊重与理解、关怀与信任。婚姻生活没有谈恋爱时那么多的激情。结婚之前，人们一直在求同，眼里闪烁的总是对方的优点。经过一个阶段后，求同的动力变小，差异就显露出来。当多姿多彩的爱情在现实中褪尽色彩，责任感就显得相当重要。婚姻不仅仅是花前月下、你侬我侬，双方更应担起应尽的责任。

幸福的夫妻在兴趣和价值观上能协调一致。应包容彼此的缺点，尽量看对方的优点。不去"计较"互相间的错误和失误。婚姻不是一种强制契约，但它是夫妻双方的合作体，隐喻相互关爱的责任，是抵御生活风浪的有力保障，更是幸福满足的重要源泉。自从有了夫妻制度，爱情才变得忠贞牢固。

回眸青史

光照华国廊庙才

那是一个好日子，未央宫里祭祀天地的典礼刚刚结束，汉文帝端坐于宣室中央审看贾谊上疏的奏章。他看得入迷，由衷地感慨："写得好！写得好！"竟然没有听见丞相灌婴高颂祝词。

贾谊，西汉著名政治家和文学家，入朝时年仅二十出头。他才华横溢，少年得志，被文帝刘恒召为博士，专门研究学问，同时也是皇帝的顾问，参与国家大政方针的制定。

贾谊生活于汉文帝时代，比屈原晚140余年，但其遭遇在很大程度上与屈原相似。贾谊进入汉廷时，当年跟刘邦打天下的元老大多官居要职。贾谊提出了一系列改革政治、法律的主张，触及了这些开国老臣的既得利益，受到周勃、灌婴等人的嫉妒。他们以开国功臣的身份公开反对改制，极力反对重用贾谊。汉文帝只好疏远贾谊，把他外放为长沙王太傅。

贾谊在其短暂的政治生涯中，非常关心国家的大事要事，反复思考并多次提出治国安民的真知灼见，主要的政论思想和政治主张，集中反映在《治安策》和《过秦论》。在《七绝·贾谊》中，毛泽东赞扬贾谊年少有才、豪爽洒脱，是国家的栋梁之材。

毛泽东指出《治安策》"全文切中当时事理"，其中直陈当时"事势"："可为痛哭者一"，指同性诸侯王割据势力又趋强霸，已呈不祥之兆，如果听任同姓诸侯坐大，则殃祸之变近在眼前。贾谊所担忧的诸侯大规模叛乱，终于在汉景帝时发生。"可为流涕者二，可为长太息者六"，即其他方面存在的种种弊端。

在《治安策》中，贾谊阐述了当时社会的政治经济状况，以事说理，层层剖析，很有说服力；所提改进措施，富有眼光；文笔朴实犀利，感情真挚激扬，很有感染力。毛泽东称赞："《治安策》一文是西汉一代最好的政论。""全文切中当时事理，有一种颇好的气氛，值得一看。"①

古往今来，有许多才干超群的人自恃才高便任性而为，不仅没能立身扬名，反而遭人嫉恨，结果成为舆论讽喻的中心，身陷困境。李康的《命运论》说："木秀于林，风必摧之；堆出于岸，流必湍之；行高于人，众必非之。"

---

① 《毛泽东书信选集》，人民出版社1983年版，第539页。

贾谊才有余而识不足。他应当审时度势，与皇帝、老臣都搞好关系，主动与人合作，为变法减小阻力；尤其是在不利于自己发挥才干的境况下，应尽量少露锋芒，减少对方的嫉恨系数，然后利用年龄优势，有计划、有步骤地向皇帝灌输自己的主张。如此，"不过十年，可以得志"。

藏锋露拙并非要埋没自己的才能，而是为了保护自己，避免祸端。战国末期，韩国贵族韩非子著书立说鼓吹社会变革。他的著作流传到秦国，被秦王嬴政看到，嬴政极为赞赏，便邀他到秦国。但韩非才高招忌，入秦后，还未受到重用就被李斯等人诬陷，屈死狱中。

低调做人，有时比高高在上更有助于问题的解决。舜告诫禹，你应该温雅而不自大。傅说也曾教导高宗，切勿炫耀才能。东汉刘昆治郡有方，皇帝问他施行了何种德政，他说纯属偶然。西汉龚遂也治郡有方，皇帝问他是什么好方法，他用属下王生之言答曰："这是圣明君主德行的感召。"

无论是处于弱势之时，还是春风得意之日，都不可忽视高标做事、低调做人。低调做人是争取主动的不二法门，是最老到的匍匐前进智慧，可以保护自己，与人们和谐相处，在不显山不露水中成就事业。越是居于高处，越是成功之时，越要郑重地修身，不可把风头出尽，把风光占尽。应把姿态放低，对人彬彬有礼、和蔼客气，千万不可有倨傲侮慢的态度，这样会减少别人对你的嫉妒，会有很多受益。

第三章 | 破除"心中之贼",警惕贿随权集
——年轻干部廉洁之道

俊鸟系金难飞高

人的手就那么大，握不住的东西太多了。贪欲是万恶之源，放纵贪欲是多发病灶，能滋生多种"疾病"，是在损害自己，也是在败家、败国。《韩非子·解老》有言："人有欲则计会乱，计会乱而有欲甚，有欲甚则邪心胜，邪心胜则事经绝，事经绝则祸难生。"人一旦有了贪欲，计划就会打乱；计划打乱了，贪欲就会加重；贪欲之心重了，邪心就会占上风；邪心占了上风，办事就不讲原则；办事不讲原则，祸患就会产生。

贪得无厌是不折不扣的万恶之源。在贪欲的驱使下，有权在手就拼命受贿敛财，目中无法纪，心中无良知，其结局是"竹篮打水一场空"。一个人品格堕落、名声败坏的主要原因，在于贪恋钱财。一事想贪，则可能事事想贪；一时想贪，则可能时时想贪。一位网友说："内心的丑陋高居龌龊榜首，道德标准因权和钱而异，人性和尊严面临的考验太让人冷齿，世风何日清兮，有待沧浪之水清兮，濯世人之足。"

一些精致利己主义者不择手段地追求名利、地位和享受，皆源于贪欲膨胀。袁卫华北大毕业后，考入中纪委工作，曾参与查办过慕绥新等大案要案。他从极端的个人私利出发，泄密重要案件的初核方案、审计报告、调查报告等，甚至帮审查对象一起分析情况，出谋划策。袁卫华还曾帮一房地产开发商承揽工程，接受该房产商贿赂共计人民币618万元。2017年1月，中央电视台播出的电视专题片《打铁还需自身硬》，首度披露了中央纪委第六纪检监察室原副处长袁卫华落马细节。2021年11月14日，袁卫华被开除党籍、开除公职。2021年12月30日，袁卫华因犯受贿罪、贪污罪被判处有期徒刑三年两个月。年轻干部当引以为戒。

贪欲与权力结合必然生出腐败这一"私生子"，导致腐败滋生、不义横行。荀悦的《申鉴》认为，统治阶级自身的腐败是国家衰亡的又一致命根源。他把"私""奢"放在"四患"之首，认为"私坏法，法坏则世倾；奢败制，制败则欲肆"。他提出导致国家危亡有九种风气，其中"私政行"是致命的"亡国之风"，要扭转国家日趋衰落的局面，必须惩治腐败。古人说："利令智昏。"其实，权也能使人"智昏"。行使权力的错位，深层原因是私欲的驱使，利益使然。这种权力和金钱的结合、权力和金钱的置换，会导致身体免疫机能全面下降，极易腐败，直至身败名裂，自毁前程时极为痛苦，才后悔莫及。

在一次宴请时，河南某拖拉机制造公司董事长倪某，听一拖集团时任董事长说下一届可能提拔副总经理董某，并赞他"最年轻，最有潜力"，当即记在了心里。后来董某去香港时，倪某一掷10万元港币，让董某"随便买点东西"，董某欣然接受。此后，倪某经常邀请董某吃喝玩乐，想"提前把路铺好，以便将来用得上"。董某自此迈开了走向腐败深渊的步伐。

南京奶业集团公司原总经理金维芝包养了100多个"情人"。他大言不惭地说："像我这样级别的领导干部谁没有几个情人？这不仅是生理的需要，更是身份的象征，否则，别人就会打心眼里瞧不起你……"

功名、金钱、美色乃是身外之物，生不带来，死不带去。正是：金也银也转头空，唯有几度夕阳红。邹韬奋有句名言："一个人光溜溜地到这个世界上来，最后光溜溜地离开这个世界而去，彻底想起来，名利都是身外物。"高飞之鸟，亡于贪食；深潭之鱼，死于香饵。良田万顷，也不过一日三餐；大厦千间，也不过夜卧七尺。因此，应提高自控能力，在种种诱惑面前持有淡泊之心、超脱之怀，永葆高风亮节，以不贪为宝，才能永远立于不败之地。

人生因敬业而精彩，因廉洁而崇高。德是干部防贪的前提，才是干部防庸的要义。年轻干部是青年群体的排头兵，是党和人民事业的生力军，是实现中国梦"梦之队"的核心队员，必须经常盘点自己的思想，扣好廉洁从政的"第一粒扣子"，去嗜欲以养心，寡酒色以清心，诵古训以警心，悟至理以明心，经常打扫头脑中的灰尘，时刻做到警钟长鸣，切不可为一时贪念毁掉自己已经拥有的，让青春之光始终熠熠生辉、不蒙阴影。

俭朴为宝养清廉

节俭，是一种高尚的品格，是民族的精魂。先秦儒、墨、道、法诸家都强调戒奢崇俭，孔子云："奢则不逊，俭则固。"奢侈挥霍会导致人的品格降低，狂妄而不谦逊。《孟子·尽心下》说："养心莫善于寡欲。"事实上，一个人做到"寡欲"，退则可以安贫乐道，视富贵如浮云；进则可以廉洁奉公，勤政爱民。墨子认为："俭节则昌，淫佚则亡。"

古人云："居官之所恃者，在廉；其所以能廉者，在俭。"以俭立德、廉洁从政，我们才能真正收紧自我约束。关于节俭，老子说："我有三宝，持而保之：一曰慈，二曰俭，三曰不敢为天下先。"为了保护这三宝，老子提出："是以圣人去甚去奢去泰。"他认为，为政者如果不俭则奢、欲壑难填，就会对民众过分剥削，势必造成饥寒交迫，最终引起民众的反抗。

元代任仁发有《二马图》，画中一瘦一肥两匹马，分别代表勤政廉明的清官和欲望无度的贪官，耐人寻味的是，瘦马的缰绳套在马颈上，意味自我约束，"瘠一身而肥一国"；而肥马的缰绳是松开的，意味脱缰，"肥一己而瘠万民"。

人的一生，无论在贫穷的时候，还是在宽裕的时候，都应始终保持节俭这种美德，这是自身健康成长的内在要求。石成金在《传家宝》中总结出俭有四益：养德、养寿、养神、养心。一个人节俭会受益多多，节俭之人治家会持之有道，当官会清廉有名，治国会使百姓丰衣足食。节俭不但能使人养成刻苦自励的精神，还可以远离祸灾。

节俭乃充分利用生命之艺术，崇尚节俭乃诸美德之本。清代钱泳说："惟俭可以惜福，惟俭可以养廉。"婆罗门有谚语："俭朴是我们美德的可靠卫士。"法国孟德斯鸠说："奢侈总是跟随着淫乱，淫乱总是跟随着奢侈。"这些好格言，令人深思，令人记取。应大力提倡"一粥一饭，当思来之不易；半丝半缕，恒念物力维艰"。节俭使人养冰操，而冰操亦可养节俭，两者相辅相成。

生活节俭不奢华，是一种德。节俭，就不会过度追求物质享受，就不会沉溺于灯红酒绿、纸醉金迷之中，心灵深处总有一股质朴，进而培养出崇高的品质。节俭不仅是消费观念的问题，而且是善行中的大德，而奢侈是邪恶中的大恶。崇尚俭朴，力戒奢侈，是中华民族的传统美德。荀子认为，俭就是用人的理智、理性来节制过分的感官欲望，节制对物质消费的过分追求。

1936年，美国作家斯诺采访革命根据地延安时，从毛泽东、周恩来、朱德等老一辈革命家俭朴的生活中发现了一种伟大的力量，斯诺称之为"东方魔力"。他断言，这种力量是兴国之兆、胜利之本。党员干部带头发扬勤俭节约的优良作风，以俭养德、以俭戒奢、以俭戒贪、以俭为荣，是抵制享乐主义、拜金主义和奢靡之风的有力武器，是保持共产党人本色的重要保证。我们要发扬艰苦奋斗、勤俭节约的优良作风，牢记两个"务必"，反对行政支出的浪费，反对大兴土木、修建豪华办公楼，反对公款吃喝、公车消费、公费旅游的奢侈花费。

俭与廉，从来都是相互作用、互为因果的。生活俭朴不只是个人的私事、小事，而是关系到党风、政风的公事、大事。在戒奢尚俭问题上，领导干部的行动就是无声的导向，上行就会下效，上不严则下无节制。上面漏下一滴水，下面就可能流出一桶水。作为领导干部，一方面要在节约一滴水、一度电、一张纸上做表率，另一方面用铁的制度管住各种看得见和看不见的浪费，要在工作筹划、工作安排上始终坚持节俭的品德，尚俭戒奢、正风肃纪。这是一场价值观的较量，是一场精神家园保卫战。

好的道德品质都离不开俭。"俭，德之共也；侈，恶之大也。"奢侈是一种恶行。有节制的物质追求和不间断的心灵保养要双管齐下，以俭养德，以俭持身，他的事业与人生就会走向成功。广大年轻干部要以俭养廉，把俭与廉看成一种素质、一种考验、一种责任，从节俭做起，以节俭为荣，以奢侈为耻。在充满诱惑的世界里，保持俭朴，才能没有过多的欲望，不被身外之物所役使和支配，才能依正道做人，将心思用在勤政为民上，永葆廉洁的政治本色。

战胜诱惑葆初心

明代杨士奇在内阁任职，在一年将尽的腊月寒天，为苏州太守况钟寄梅附诗，表达他对这位廉吏的一片深情。这是君子之交，也是对这位廉吏的殷切鼓励："千红万紫发春荣，不及梅花玉骨清。我忆吴门廉太守，一枝遥寄岁寒情。"

对于年轻干部来说，因手中有权力，求情办事者多，诱惑也多，腐败风险也大。"天下没有免费的午餐"，不想付出就想获益，那是不可能的。面对形形色色、五花八门的诱惑，能不能抵挡住？确实是个考验。

古人云"富贵不能淫，贫贱不能移，威武不能屈"，其中"不能淫""不能移""不能屈"都是对内心提出的要求，一个人若能坚守于此，权、钱、色就不会左右你的思想、指挥你的行动，也不会利令智昏、迷乱失态。

世人为何不心安？只因放纵欲望船。私心和贪欲大概是潘多拉盒里两个魔鬼，稍一松懈，就会侵入人的心灵。想要降服这两个魔鬼，需要清醒的理智和坚强的意志。近些年所披露的贪腐案件出现了"低龄化"倾向。一些年轻人参加工作不久，即为利益所诱，成了"蚁贪"或"蝇贪"，仕途戛然而止。贵州省铜仁市社保局会计张艺初入官场就堕落，其贪腐手法不是权力套现，更谈不上期权腐败，而是利用工作跟钱财打交道之便挪用公款，在不到一年的时间内"吃掉"30多万元社保资金。其"官程"起步不稳，罔顾"廉"字，误入歧途，断送了政治生命，自己也身陷囹圄。

许多反面案例警示我们：破一次规矩就会留下一个污点，搞一次特殊就会丧失一分威信，谋一次私利就会失掉一片民心，务必从反面案例中吸取教训，崇尚清廉、守住清廉。在金钱等诱惑面前，对与错只在一瞬间，一定要把好自己的关。有了"识得破"的眼力，更需"忍得过"的定力，倍加珍惜自己的名节。

网络信息更新快、信息量大。一些腐败、不廉洁的现象或无法辨别真伪的事例通过网络平台曝光、炒作，影响着青年的思想观念和"三观"养成。一些居心不良的人，挖空心思来套近乎，把表现优秀的年轻干部当作"潜力股"来投资，不择手段地投其所好、拉人下水。一些年轻干部交友不慎，爱交"哥们"，陷入称兄道弟的江湖义气，出入于低俗场所，沉湎于灯红酒绿，迷恋于声色犬马，热衷于打牌赌博，对抛来的"诱饵"甘之若饴，直至不能自拔，一步步酿成终身恨事。

战胜各种诱惑，要知敬畏、存戒惧，慎初慎微。"功废于贪，行成于廉。"春秋时，鲁国的丞相公仪休特别喜欢吃鱼。有一个客人特地买来几条鱼送给他，公仪休坚决不要。公仪休说："我有微薄俸禄，还吃得到鱼。如果我收了你的鱼，必然要照你的意愿去办事，会影响处理公务的公平、公正，就会受到追究，断了俸禄，我就吃不到鱼了。"公仪休虽然大权在握，但能慎待诱惑、知止不殆，令人钦佩。

习近平总书记指出："讲规矩、守底线，首先要有敬畏心。""没有敬畏之心，就什么乱七八糟的事都干得出来。"并强调："干部一定要知敬畏、存戒惧、守底线，敬畏党、敬畏人民、敬畏法纪，不能在'月黑风高无人见'的自欺欺人中乱了心智，不能在'你知我知天知地知'的花言巧语中迷了方向，不能在'富贵险中求'的侥幸心理中铤而走险，不能在'法不责众'的错误认识中恣意妄为。"①一个官员一旦淡化、矮化、弱化"廉"，势必会丧失廉耻，进而陷入贪腐的泥淖。

慎重对待"第一次"，是安身立命、保持幸福的护身符。年轻干部若不能自已而违背道德，迈出第一步，容易走向堕落。年轻干部必须扣好廉洁从政的"第一粒扣子"，若拒绝第一次诱惑，也往往会拒绝第二次诱惑，这样可以腾出时间和精力去干好事业，最终实现由不敢腐、不能腐到不想腐的转变。《菜根谭》有言："宁守浑噩而黜聪明，留些正气还天地；宁谢纷华而甘淡泊，遗个清名在乾坤。"做人宁可保持纯朴、无邪的本性，摒弃机巧而诈伪的聪明，以便保留一点浩然正气，还给孕育灵气的大自然；宁愿谢绝荣华富贵的诱惑，甘于淡泊恬静的生活，以便留个纯洁高尚的美名，还给孕育本性的天地。

年轻干部身有正气，清廉不贪，是精神上的宝，比物质的宝更为珍贵、更应珍惜。台湾作家林清玄有言："清欢是生命的减法，在我们舍弃了世俗的追逐和欲望的捆绑，回到最单纯的欢喜，是生命里最有滋味的

---

① 习近平：《努力成为可堪大用能担重任的栋梁之才》，载《求是》2022年第3期。

情境。"古希腊哲学家伊壁鸠鲁说过："快乐较多依赖于心理，较少依赖于物质；更多的钱财不会使快乐超过有限钱财已经达到的水平。"其实，物质能带来的快乐终归是有限的，只有精神的快乐才有可能是无限的。外在的引诱再大、别人使用的手段再狡猾，如果你内心不为所动、坚如磐石，那些手段和引诱又能奈你何？英国赖德·哈格德说："男人们只有不为诱惑所动心，才算男子汉大丈夫。"当代年轻干部应当恪守道德修养，勤掸"思想尘"，多思"贪欲害"，常破"心中贼"，视走出方圆外的诱惑为毁灭的向导，练就"百毒不侵"的"金刚身"，免疫"糖衣炮弹"的利诱，突破"魑魅魍魉"的围猎，抵御"颜色革命"的侵蚀，"任你红尘滚滚，我自清风明月"。

常破"心中之贼"

人非圣贤，任何一个人都可能有"心中贼"。"心中贼"就是各种各样的私心杂念，就是各种各样的贪婪的欲望、扭曲的心理等。私心杂念是最可恨的"贼"，贪欲是最可怕的"贼"。心中有贼、形迹可疑，内有妄思、外有妄动。心中想什么、怎么想，往往影响和决定着做什么、怎么做。心中之"贼"不灭，它会到处捣乱，损性伤身，人生之路难安。

破除心中贼，最关键的是有破解之功，最紧要的是守住内心，正心明道、怀德自重。刘邦入关后来到秦皇宫，经不住金银财宝、香车美女的诱惑，在纵情享受中把军中大事置之脑后。大将樊哙忠言劝之："主公你不能住在此处，这是何地？是以前暴君秦王享受的地方，你如果想得天下，就赶快离开这迷人之地！"经多人劝说，刘邦幡然醒悟，立即搬离秦宫，屯军灞上，厉兵秣马，最终打败项羽。

明代思想家、军事家王阳明47岁之后直到去世前的12年时间里,几乎都在践行着"破山中贼"和"破心中贼"两件大事。王阳明说过:"破山中贼易,破心中贼难。"这是说想要打败山里的贼寇比较容易。"山中贼"是有形的,山里的敌人就在对面,双方对垒,阵线分明,只要自己的兵力足够强大,消灭敌人是没问题的。而"心中贼"是无形的,要打败心灵深处各种贪婪的欲望、虚妄的念头、扭曲的心理,则非常困难。因为心里的敌人多种多样,如贪欲、金钱、名利、美色,而且躲在暗处,经常和你绕圈子,不但破坏力大,而且反复发作、持续性强。

有些落马的干部曾经有过骄人的业绩,可后来为何滑入违法犯罪的深渊?表面看是对财权色的贪婪,实为精神上"缺钙";他们不是忍受不了贫穷困苦,而是抵制不住贪婪这个"心中之贼"。习近平总书记说:"一个人能否廉洁自律,最大的诱惑是自己,最难战胜的敌人也是自己。一个人战胜不了自己,制度设计得再缜密,也会'法令滋彰,盗贼多有'。"[1]在"不忘初心、牢记使命"主题教育总结大会上,习近平总书记着重强调"一旦有了'心中贼',自我革命意志就会衰退,就会违背初心、忘记使命,就会突破纪律底线甚至违法犯罪"[2]。察觉"心贼",一方面离不开他人的提醒和帮助,一方面更需要自己有很强的反省能力。

破除"心中贼",必须从"心"做起,去私寡欲,淡泊名利,耐得住诱惑。少一点个人欲望,则多一份超然洒脱;少一点私心杂念,就多一份大公大我。"天下之难持者莫如心,天下之易染者莫如欲。"欲是焚身火,不遏可燎原。欲望太强太大,会让人心烦意乱,直至扭曲变形、堕落变节。思想滑坡是最严重的病变。清初思想家颜元说:"寡欲以清心。"

① 中共中央纪律检查委员会、中共中央文献研究室编:《习近平关于党风廉政建设和反腐败斗争论述摘编》,中国方正出版社、中央文献出版社2015年版,第145页。
② 习近平:《在"不忘初心、牢记使命"主题教育总结大会上的讲话》,载《人民日报》2020年1月9日。

去私心寡欲望，以淡泊之心多思"贪欲害"，是一种境界、一种修炼，是破"心中贼"的重要法宝。面对诱惑，我们要理智地放弃，守住心中的那一片蓝天，不要让诱惑冲破心灵的道德底线，让心灵成为清静自在的乐园，不让心灵成为欲念深重的泥潭。要立身纯正、守拙自乐，保持自警自律，"临之以患难而能不变，邀之以宠利而能不回"。在细微处、在他人所不知处，常怀戒惧之心，不忘初心，锤炼道德操守，不断升华人生境界。

破除"心中之贼"，要自觉用党的科学理论武装头脑，知行合一，笃行不息。要坚持学思用贯通、知信行统一，筑牢理想信念之基、把好信仰追求之舵，旗帜鲜明讲政治、立场坚定强党性。坚持把端正品德作为固"钙"之基，善于从中华民族传统美德中汲取营养，滋养品德，纯粹灵魂，心无旁骛，分清是非对错、善恶美丑，让那些歪点子、坏办法和馊主意没有藏身之地，在千锤百炼中提高思想觉悟、精神境界，保持共产党人崇高的价值追求，以高尚的道德引领社会风尚。

破除"心中之贼"，要经常反躬自省，自我检视。心中有"贼"不可怕，可怕的是任其胡作非为、恣意妄为。破"心中贼"，强调"莫见乎隐，莫显乎微，故君子慎其独也"，在细微处、在他人所不知处检点自己，勇于跟"贼"搏斗，直至把它赶出心里。须以党章党规为"标尺"，以党纪国法为"准绳"，以内无妄思保证外无妄动。这是初心与欲望的斗争，是公与私、是与非、义与利、善与恶的较量，是直击灵魂的拷问。要经常用革命先烈的忠贞情怀来鞭策自己，把个人奋斗目标、人生追求融入自己一生所热爱的事业之中，始终保持初心如磐、使命在肩，把工作当事业干，把职责当使命扛，以"功成不必在我"的境界，锻造新时代建功立业的壮美人生。

摈弃享乐主义

享乐,顾名思义,就是享受快乐。人生不能没有快乐,但享乐主义将人生看成满足人的生理本能需要的过程,认为追求物质生活的享受是人生的唯一目的,让人一味地贪图享受。过分享乐对于人生来说,是危险的东西。

享乐主义在行动中表现为自私自利、唯利是图、损人利己、损公肥私。新时代年轻干部并不反对享乐,反对的是享乐主义。享乐主义人生观是一种追求感官的快感、及时行乐、庸俗的人生观和价值观,乐于追名逐利,崇拜金钱,拈轻怕重,不敢担当。

享乐主义常与奢靡之风为伴,是指用自己的钱进行高标准或者挥霍性的消费。一个只讲享乐、不愿奉献的人,是没有什么道德感的。当他们的享乐主义外化成实际行动,便是金表华服、珍馐佳酿、豪宅别墅、名车美人,是为奢靡之风。当个人利益与他人利益发生矛盾时,他必然会不惜牺牲后者而满足前者,甚至为了满足自己可怜的、自私的享乐心理而不择手段,把自己的快乐建立在别人的痛苦之上。

贪图安逸,奢侈浪费,讲排场、比阔气,会使一些人为了奢侈消费而不择手段,进而危及他人社会。近些年,有的青年淡化了责任心和事业心,甚至沉溺于吃喝玩乐,被享乐主义困住,导致腐化堕落。骄奢淫逸,贪财好色,要么为正义所讨,要么为同伙所嫉,要么在权势之争中遭诛,终究要自食恶果。

年轻干部应树立正确的人生观、价值观,防止铺张浪费,满足于既得,适可而止。谨记"奢靡之始,危亡之渐"的古训,不被物质享受所诱惑，摈弃享乐主义、奢靡之风，分清情趣爱好的雅俗良莠，远离不良嗜好，理性、节制地面对"所好"，杜绝虚荣攀比、盲目消费、铺张浪费，以艰苦奋斗、勤俭朴素为荣，倍加珍惜资源，勤俭办事，坚守正道、弘扬正气，做到"好"而知止、"玩"而有品、"乐"不沉迷。

年轻干部担任什么职务、从事什么工作，是由组织决定的，自己不能掌握。但是做什么人、走什么路、怎样当官，是自己可以做决定的。有些事领导监督不了，家属也监督不了，这就更要靠自身过硬，思想道德防线牢固。什么事能做，什么事不能做，一定不能含糊，千万不能迈出错误的第一步。习近平同志在《之江新语》有言："党员干部如果失去律己之心，随波逐流，趋利媚俗，放纵自己，就会混淆是非，走上邪路，使国家陷入'政怠宦成，人亡政息'的历史周期律。"①

诚实守信、清正廉洁是一种操守和品德，都不是先天就有的，需要后天培育而成，其途径外靠法律约束、内靠自律与修养。诚信、廉洁与自律、修养，二者互为关联，互为因果，相辅相成，共同促进人的道德完善和优秀人格的形成。我们应当恪守诚信守法、廉洁从业的廉洁理念，夙兴夜寐地勤奋工作，让创造物质财富和精神财富的源泉充分涌流，让愚昧、丑恶、腐败现象远离身边。

现在一些因腐败问题倒下去的干部，刚开始都是因为在一些小事情上放松了对自己的道德要求，忽视了自身修养，最终抵挡不住金钱、美色的诱惑，自觉不自觉地逐渐陷落下去，滑向腐化堕落的深渊。

享乐主义和奢靡之风是互为表里的两面。随着经济发展和物质的充裕，有的年轻干部在得到比较优越的生活条件之后放松了对自己的约束，追求豪华、高档的享受，沦为享乐主义的奴隶。甚至有的年轻干部对待工作玩虚招、不务实，利用职权挥霍公家的钱财，把贪污、受贿来的不

---

① 习近平：《之江新语》，浙江人民出版社2007年版，第176页。

义之财进行挥霍，生活上骄奢淫逸，热衷于觥筹交错。

年轻干部应当满足于既得，适可而止。奢靡之风、享乐主义的兴起，究其根源在于有的干部失去了理想信念庇护，法不责微、法不责众的麻痹心态仍有市场，腐败的思想才会乘虚而入。我们要筑牢理想信念的堤坝，燃旺干事创业的激情，接过艰苦奋斗的接力棒，以勤俭朴素为荣，视享乐主义、奢侈挥霍为耻，做到有权不忘责任重、位尊不移公仆心，始终保持清正廉洁的政治本色。

廉洁历来被视为从政基石，节俭历来是对从政者的褒奖。节俭能够使人保持健康向上的精神状态，能够起到砥砺意志、陶冶情操的重要作用。一个"俭"字开太平、兴世风、励后人。崇俭而拒腐，清廉而不贪，清白做人，干净做事，是党员干部的福分，是高尚事业的需求。年轻干部要时刻牢记"三个务必"，带头发扬艰苦奋斗、勤俭节约的精神，带头反对铺张浪费和大手大脚，带头抵制拜金主义、享乐主义和奢靡之风，以骄奢淫逸为耻。在各项工作中都要贯彻勤俭节约原则，把有限的资金和资源用在最需要的地方。树立崇尚勤俭、崇尚艰苦创业的良好社会风气。有了"俭"这个护身符，任何艰难之境都可从容不迫、处之泰然，从而形成凝聚人心、战胜困难的强大力量。

唯有规矩成方圆

红军长征途中，彭德怀担任红三军团的总指挥。红军到达遵义后，红三军团奉命进驻尚稽镇。军团指挥部向别的村子转移的那天，一大清早，老百姓们就看见彭德怀这个"红军里特大的官"扛着块门板沿街喊："这是谁家的门板？"原来，彭德怀是要把用来当床铺的门板送还给它的主人。"上门板",是红军时期《三大纪律六项注意》中的一条规定。

当代年轻干部要时刻把纪律和规矩挺在前面,扣好廉洁的"第一粒扣子","有所为",又要"有所畏",方能言有所戒、行有所止。"有所畏"才能保证"有所为"。这个畏,不是怕担责任、怕吃苦,而是经常用"怕"字来约束自己,怕违纪违法,怕有愧于各级组织。在遇到可能违反纪律规定的时候,要有临深渊、履薄冰的心态,多一份警醒,预防问题的发生。经济犯罪的干部李真,被执行死刑前,对采访的记者说:"今后不要说国外那些旖旎风光,就是白洋淀的芦苇,我可能都很难再见到了。自由,真是别时容易见时难呀……我现在什么都可以不要,只要自由,哪怕是一个月的自由,甚至是两天的自由。"

近年来,违纪违法低龄化程度加重,有的参加工作没几年就开始犯案,权力集中、资金密集的部门和岗位成为"重灾区"。中央电视台播出的《零容忍》第五集中,"95后"干部张雨杰的贪腐情节令人唏嘘。他贪图享乐、爱慕虚荣,花5万多元公款买了一张全球限量的"青眼白龙"游戏卡,成为腐败分子。部分年轻干部定力不足,思想防线就会悄然失守,精神堤坝就会轰然倒塌,行为就没有任何底线,很容易被"围猎"者捕获。

法纪具有强制性、权威性和不可亵渎性。大凡守法度者,为人处事必然讲求规矩方圆,不干违反法度的事,在纪律这个"矩"之内"从心所欲",也就用不着提心吊胆,更用不着担忧东窗事发坐大牢,自然也就活得自由自在,睡觉也踏实。许多事实说明,一些党员干部不廉洁,往往始于不守纪律、破坏规矩。党的纪律是各级组织和全体党员干部必须遵守的行为规范与规则。作为年轻干部,必须在纪律和法律面前如临深渊、如履薄冰,不为私心所扰,不为人情所困,不为利益所惑。有的人觉得纪律规定是给别人制定的,是远离自己的东西;遵守纪律也是别人的事情,"我"不必那么受约束。这实际上是缺少纪律修养的表现。

《中国共产党党内监督条例》提出了运用监督执纪的"四种形态"：经常开展批评和自我批评、约谈函询，让"红红脸、出出汗"成为常态；党纪轻处分、组织调整成为违纪处理的大多数；党纪重处分、重大职务调整的成为少数；严重违纪涉嫌违法立案审查的成为极少数。监督执纪的这"四种形态"是加强纪律建设的重要抓手，是把党的纪律挺在前面的具体路径，释放出了以纪律管党治党的综合效应。这也是党的建设特别是纪律建设的重大创新。

年轻干部要扣好廉洁的"第一粒扣子"，使守纪律成为浸在骨子里、融在血液中的自觉修养。遵守纪律和规矩，是牢记初心、开拓前进、再续辉煌之保证，是工作之所系、大局之所需。必须加强党内法规的学习，心存敬畏，要把遵守纪律和规矩作为增强党性修养的硬指标，把纪律和规矩的外在约束力转化为内在的自制力。经常对照各项纪律准则审视自己，自觉摒弃从众、侥幸、麻痹心理，防止出格越线；始终把党的纪律作为自己言行的标尺，严守政治纪律、组织纪律、群众工作纪律、廉政纪律，在遇到可能违反党纪政纪的时候，要有临深渊、履薄冰的心态，努力预防问题的发生，成为一名"畏法度的快乐者"。

自律：闪光的宝石

自律的人不一定都优秀，但优秀的人都是自律的，能管住自己。让人敬重、带好队伍，必须自律身正。自律包括自我尊重、自我节制、自我约束、自我检查，是灵魂深处的修行。自律有两个方面：做应该做而不愿或不想做的事情；不做不能做、不应做而自己想做的事情。"节"字如同"防"字，都是在强调对于欲望必须自律，必须理智地控制，正人先正己。

自律就是通过自我约束、自我调整，把自己的行为限制在制度法规和伦理道德允许的范围之内。荀悦的《申鉴·政体》有言："善禁者，先禁其身而后人。"晋国流行一种讲排场、摆阔气的坏习气，晋文公便带头用朴实节俭的作风来纠正它，他不穿价格高的丝织品衣服，每次吃饭也不吃两种以上的肉。不久晋国人就都穿起粗布衣服、吃起糙米饭来。

自律就是行为主体根据其内心意识、良心所遵从的道德规范自己的行为，"以责人之心责己，以恕己之心恕人"。当前，有些青年人被网游麻醉、网瘾侵蚀，挥霍宝贵的青春年华。如果一个人不能自律自治，则一切美好的理想，均属奢谈；一切完满的计划与周密的设施，亦将流于形式。自律意味着良好的自我控制和自我管理能力。《认知突围》中有言：所有的懒惰、放纵、自制力不足，根源都在于认知能力受限。越自律，认知能力越强。人不能自律，遇艰难困苦时，会多方设法逃避其责任。严格自律，管好自己，养成一种习惯、一种生活方式，是对青年的最基本的要求，是加强自身修养、提高道德水平的阶梯。

1937年，贺龙在延安开会时旱烟叶用光了，警卫员叫后勤人员买了些烟叶送去。当他得知自己生活费已用光，这些烟叶是用公款购买时沉痛地说："我贺龙犯了挪用公款之罪喽！"此后两个月间，他每餐减盐减油减菜甚至不吃菜，从生活费中省出钱来把烟叶款如数还清。贺龙"知过不讳，改过不惮"的自律令人肃然起敬。

自律的心境，更像"心外无物"，时间长了，便内心强大起来，人生境界便会提升。一个人的自律中，藏着无限的可能，自律的程度，决定着人生的高度。很多时候，不是优秀才自律，而是自律了才会变得优秀。不能进行自我克制，就不是真正的人。千万不要纵容自己，给自己找借口。一个我行我素的人，是难以在某一领域取得突破的。歌德说过："谁不能主宰自己，则永远是奴隶。"人们往往容易在自觉不自觉间追求个人利益的最大化,自制力就会大大降低;思想动摇,心里的天平就会倾斜,接着就是行动上失去自律、约束。但丁说过,测量一个人力量大小,应看他的自制力如何。

柳直荀烈士是毛泽东早年的至交好友。解放初,为了照顾柳直荀的遗孀李淑一的生活,有人请毛泽东推荐李淑一任北京文史馆馆员。毛泽东说:"文史馆资格颇严,我荐了几人,没有录取,未便再荐。拟以我的稿费若干为助,解决这个问题。"[1]在毛泽东看来,由于"文史馆资格颇严",自己"荐了几人,没有录取",是很自然合理的事情。为了遵守有关规章,毛泽东"未便再荐",遂决定拿出些稿费来资助李淑一的生活。另外,杨开慧的哥哥杨开智曾写信给毛泽东,要求其在湖南给自己安排个厅长职务,被婉言拒绝了。[2]

当代年轻干部须加强廉洁自律意识,自重、自省、自警、自励。堕落缘于放纵。自律,是一场自己对自己发动的战争。如果不自律,极易走入歧途。马克思说过,道德的基础是人类精神的自律。只有在自我不断的对照、反省、提示、督促下,精神境界才可能不断提高。内因是主要方面,外因要通过内因起作用。只有廉洁自律,才能在各种诱惑面前稳住心神、守住清白、管住行为、干成事业。廉洁自律的过程,是自我否定、自我调整、自我完善的过程,也是道德修养的重要环节。廉洁自律就是从自己做起,管好自己,自觉地限制自己,深刻地反省自己,不断地激励自己;在无人知道、存在着多种道德行为选择可能的情况下,也能够始终如一地严格按照道德规范行事,有人在和无人在都一样,不做任何违反道德的事。

---

[1] 《毛泽东书信选集》,人民出版社1983年版,第475页。
[2] 《毛泽东书信选集》,人民出版社1983年版,第343页。

君子独处　守正不挠

慎独是一朵美丽的莲花，开在我们每个人的内心深处。独处是人生中的美好时刻和美好体验，虽有些寂寞，寂寞中却又有一种充实。如果我们常常用"自省"给她浇水、"改过"给她施肥，这朵花就会常开不败，并用她的芳香美丽我们的人生。

"慎独"一词，在《礼记·中庸》《大学》等多部先秦儒家著作中多次出现。《礼记·中庸》云："……慎乎其所不睹，恐惧乎其所不闻。莫见乎隐，莫显乎微，故君子慎其独也。"大意是，一个有道德的人，要做到在别人没看见的时候也能够守住本心，不放纵自己，谨慎行事；在别人不能听到的时候能够警惕，不以为隐蔽的和微小的过失就可以去做。

东汉名臣杨震在"慎独"二字上做出了表率。杨震官至太常、太尉，耿直无私、洁身自好的品格未曾有过一丝一毫的改变。他的许多老朋友见他做了多年的官却没有置办一点产业，便婉言劝他给子孙弄些产业。杨震说："让我的后代被人称作清白官吏的子孙，留给他们'清白'两个字，不是一份丰厚的家业吗？"杨震的子孙为缅怀其清正德操，取其堂名为"四知堂"。

唐代白居易崇尚清廉，在杭州任刺史期间，从未收受贿赂或向当地索取过名贵物品。他离任回洛阳时，发现游览天竺山所捡的两片玲珑巧石在行囊之中。他想，山石虽然不值钱，但拿走它就会玷污了自己的名声。想到此，他颇有愧意，怕有伤清名，于是把两片巧石归还给公家，并提笔写下了自省诗："三年为刺史，饮冰复食蘖。唯向天竺山，取得两片石。此抵有千金，无乃伤清白。"他认为几片山石虽不是他人所赠，但理所当然地占为己有，容易滋生贪腐思想，必须警惕。

慎独是一种宝贵的品德。"独"字，按照朱熹的说法，指"人所不知，己所独知之地"，即每个人独有的内心世界，非他人所易知。"慎独"，就是要诚实面对或谨慎对待自己那个人所不知、己所独知的内心世界，即使不在人们的视野范围之内，也能恪守自己的本分，守着天地，径自绽放，默默飘香。

独处是灵魂生长的必要空间。一个有道德的人，在独自一人、无人监督时，仍然小心谨慎，不做任何不道德的事。坚持慎独，即有人监督和无人监督一个样，不允许有任何狂妄念头和邪恶念头萌发，不去做违反道德之事，"任你红尘滚滚，我自清风明月"，展现出高尚的道德品质和人格力量。

慎独是一个人圣洁内心世界的反映，展现出高尚的人格力量和道德品质，自觉遵守道德规范要求。刘少奇在《论共产党员的修养》中将慎独作为共产党员修养的有效形式和最高境界加以提倡。他指出："即使在他个人独立工作、无人监督、有做各种坏事的可能的时候，他能够'慎独'，不做任何坏事。"[1]"慎独"应该成为年轻干部自觉遵守纪律的高尚境界，在任何环境、任何时候都能做到独善其身、临渊履冰，不因无人监督而恣意妄为，自觉按照纪律和道德准则约束自己的思与行。

当代年轻干部在无人监督的"隐处"，仍然是人前人后一个样，明人不做暗事，怕人知道的事就不去做，决不同党团组织"分心眼"，决不越"雷池"半步。隐暗处与明显处在一定条件下是可以转化的。远离组织的监督、群众的目光就不能律己、表里不一，发展下去是很危险的。那种自以为背地里放纵自己，做出违反党的纪律和不符合党的标准的事无人知晓的想法，其实是自欺欺人。富兰克林说得好：如果对这些"没人看

---

① 刘少奇：《论共产党员的修养》，人民出版社2018年版，第63页。

见"的小错假装没看见，那就犯了大错。因为，它已使你的心灵染上了能迅速酿成苦酒的"酵母"。因此，我们要常怀律己之心，保持慎独，经常自省，不能任凭各种欲望无限增长，让不健康的东西没有藏身之地。

与慎独相联系的是慎微。《尚书》有言："不矜细行，终累大德。"对于微恶，不能因为恶小而为之，要做到防微杜渐。康熙曾言："古人所谓防微杜渐者，以事虽小而不防之，则必渐大，渐而不止，必至于不可杜也。""破窗效应"，指人们看见一块窗玻璃是破的，于是扔出第二块石头。防止"破窗效应"就要从维护"第一块玻璃"开始，别让这个从众的长链延展。

慎独是一朵静美的荷花，开在年轻干部的内心。年轻干部当有慎独意识，苦练"慎独功"，用慎独精神自觉加强自身修养。在别人看不到、听不到的情况下，在任何环境、任何时候都能做到独善其身，坚持道德节操，做到"心不动于微利之诱，目不眩于五色之惑"，始终保持清正廉洁的政治本色。

抚心自省月夜时

北宋名相寇准，文武俱长，是一位治国的能臣，但他贪图享乐、为人轻狂，得罪了不少人。天禧年间，寇准被贬为雷州司户参军，弥留之际，他写下了《六悔铭》："官行私曲，失时悔。富不俭用，贫时悔。艺不少学，过时悔。见事不学，用时悔。醉发狂言，醒时悔。安不将息，病时悔。"此文寥寥数语，发人深省。对于当代年轻干部颇有借鉴意义。

年轻干部经常自省其身，是保持灵魂洁净的"防腐剂"，是保持崇高品德的内在要求，也是使自己不犯错误的"抗菌素"。提高自身素养的一个重要途径,就是在同别人的对照中改进自己。一个人唯有学会躬身自省,才能真正了解自己,认清自己。荀子说:"见善,修然必以自存也;见不善,愀然必以自省也。"自省犹如照进混沌心灵的一束光芒。知人者智,自知者明。了解别人叫作聪明,认识自己才是真正的智慧。

看到别人的不足、错误,认真反思自己有没有这样的毛病,提醒自己引以为戒,不要犯类似错误。自省是一种不断使道德完善的重要方法,是治愈错误的良药。王阳明在《寄诸弟》中说:"一念改过,当时即得本心。人孰无过?改之为贵。"大意是,很多错误都是一念之差造成的。只要将一念之过改正了,就可以得到"本心",找回真正纯洁的灵魂。认真改正错误是可贵的。敢于承认错误、改正错误的人,就可称为君子。

每日反省自己,不断修正自己的毛病,始终保持正确的方向,这样才能磨炼灵魂、提升心性。五四时期的革命前辈恽代英制定了"每日自省表",要求自己逐日填写是否做了有利于他人的事情。陈毅回顾自己峥嵘的历程,痛快淋漓地解剖了自己"几次左与右"的错误,发自肺腑地述怀:"中夜尝自省,悔愧难自文。还是鼓勇气,改正再前行。灵魂之深处,自掘才可能。"日本企业家稻盛和夫说:"我们始终不能忘却自省之心,以谦虚的心态检点自己每天的行为。"有的人管不住自己的言行举止,改不掉自己的错误行径,最后贻误了美好前程。

2022年第10期《时代青年》(悦读)有篇文章记载,一位教授带过的两个研究生——A和B进了同一所科研中心,科研实力都非常强,能力背景也几乎毫无两样,但A不到30岁就成了业界新秀,科研成果频频获奖,B则一事无成,现在还在考虑给哪家公司投简历。为何两人的差距如此之大?原来A谨言慎行,尤其是涉及公司科研机密的事情,他一字也不会多问。B则喜欢打听别人的工作内容,还喜欢到处吹嘘自己的职务。有一次和别人喝酒时,B竟把公司的科研进度告诉了别人。部门领导知道后雷霆大怒,把他批评了一顿。他不仅没有反省,以此为戒,反而私下和同事抱怨:"不就开个玩笑吗?领导也太较真儿了吧!"部门领导知道后把他开除了,并且准备以侵犯商业秘密罪起诉他。最后经过这位教授多方周旋,B才免受牢狱之灾,但此后再没有相关科研企业敢用他了。

作为新时代年轻干部,要有一颗自省之心、是非之心,分清是非对错、善恶美丑,处理好公与私、义与利、苦与乐的关系。如果被人轻视、冒犯、侮辱,不必责人,首先要反思自己,迅速从窝火的心态中"跳"出来,以对方的言行为镜子深刻反省自己:是不是自己的过错,比如太爱抱怨、太爱否定、时常消极、从不听别人的、执迷不悟、做没做亏心事等,从多方面找原因,主动做好沟通和解释,消除误会,增进理解,融洽关系。要经常自省吾身,当讲话讲到兴头时,要注意是否有失于度、是否过分;工作有了成绩、众人表彰时,要注意是否忘乎所以、乐以忘忧?发火无节制、嗜好无节制、敛财无节制时,要注意是否能悬崖勒马、改过从善?自我反省、主动改变,才能突破自我界限,遇见更好的自己。看到别人的优点、长处,就认真进行学习,努力赶上和超过对方。

《说苑》中有个寓言故事,让人深思。有一天,斑鸠看到猫头鹰往东飞,就问:"你到哪里去?"猫头鹰回答:"我准备搬到山的东边去,因为西边的人都讨厌我的叫声。"斑鸠劝它说:"你还是改变一下自己的叫声吧,要不搬到哪里都不受欢迎。"

现实生活中,许多不健康的"尘埃"通过耳濡目染、潜移默化侵入我们健康的肌体,需要我们时时"拂拭"。唐代神秀有言:"身是菩提树,心如明镜台;时时勤拂拭,莫使有尘埃!"《红楼梦》等名著引用了这句名言。其大意是,要时时刻刻照顾自己的心灵和心境,抗拒外面的诱惑。有的人时时反省自己的喜怒哀乐,修正自己的情绪,及时改正自己的错误,所以能不断精进,创造了如意的人生。

自省就像一道清泉,将思想里的浅薄、浮躁、消沉、狂傲等污垢涤荡干净,重现清新、昂扬、雄浑和高雅的旋律,让生命重放光彩,生机勃勃。对自己存在的毛病要反省改正，对自己没有的毛病也要过过筛子。如果每天都能进行"心灵盘点"，看看自己有什么过失、哪些需要改进、如何光大长处、有多少资源、能干多少事、该干什么、是否"今日事今日毕"，那将善莫大焉、益莫大焉。那些认真审视自己、时刻反省自己的人，才可能真正觉悟。反省是一棵智慧树，只有深植在思维里，它才能与你的神经互联，为你提供源源不断的智慧，让人生精彩起来。

在新时代，广大年轻干部须在不断反思和修正错误中进步和成长。习近平总书记在2021年春季学期中央党校（国家行政学院）中青年干部培训班开班式上指出，年轻干部要有"检身若不及"的自觉，经常对照党的理论、对照党章党规党纪、对照初心使命、对照党中央部署要求，主动查找、勇于改正自身的缺点和不足。[①]"检身若不及"源自《尚书·商书·伊训》。文中伊尹讲述了商汤始修为人纲纪，有过则改，从谏如流，要求居上则明、居下则忠，对人不求全责备，经常反省自查，对自己严加检束，感叹如此方能拥有天下万邦。"检身若不及"这句话鲜明体现了中华优秀传统文化中的律己和担当。在人生高歌猛进之际，依然谨慎勤勉；在外界喧嚣纷扰之时，依然不忘最美初心，经常躬身自省，保持内心的清澈和纯粹，不戚戚于功名，不汲汲于私利。在修身进德中检查自己的行为，如言行是否有不妥之处、履行公务有无偏差，尽可能把错误克服在萌芽之中，使小过不至于发展成大过，就像生活中经常洗澡一样，时常冲洗心灵的灰尘，以防久积成垢。

懂得自省是大智，敢于自省则是大勇。当人处在无人管束的时候，往往会产生放松甚至是放纵心理。王阳明有言："破山中贼易，破心中贼难。""自胜"的关键便在于"胜寸心"，正因为不易做到，才更加需要修

---

① 《习近平在中央党校（国家行政学院）中青年干部培训班开班式上发表重要讲话强调：立志做党光荣传统和优良作风的忠实传人　在新时代新征程中奋勇争先建功立业》，载《人民日报》2021年3月2日。

炼。当有人对你提出批评时，要先察纳雅言，从自己身上找问题，花点时间反省自己的问题。"自省"好比盾牌，能帮助我们及时改正错误，使我们内心清爽、外形昂然，健康成长。错误失意时自省，能找准失误之处，引以为戒，激发斗志；志得意满时更加要自省，能戒骄戒躁、约束自我，避免因一时的喜悦冲昏头脑而放飞自我。要对照党组织的要求，不断反省、解剖自己的言行，毫不掩饰地"揭短"，坦荡无私地"挑刺"，未雨绸缪地"补漏"，才能不断校正自己，确保始终走在正道上。应当时刻怀有律己之心，注重从思想上固本培元，不断提高自身修养，守住本心，抵御诱惑，不断增强意志力、坚忍力、自制力，把握正确的人生航向，努力创造无愧于时代的业绩。

苹果里面出精神

1948年10月，东北野战军进驻辽西锦州地区，正值深秋时节，苹果挂满枝头。罗荣桓政委召开战前政工会议，指着院子里结着累累果实的苹果树说："要教育部队，保证不吃老百姓一个苹果，无论是挂在树上的，收获在家里的，掉在地上的，都不能吃，这是一条纪律，要坚决做到。"因为部队严格执行纪律，做到秋毫无犯，感动了当地人民群众，他们给部队送来"仁义之师"的锦旗。毛泽东听到这个消息后，非常重视，曾先后三次谈到"苹果里面出精神"的故事："锦州那个地方出苹果，辽西战役的时候，正是秋天，老百姓家里很多苹果，我们战士一个都不去拿。我看了那个消息很感动。在这个问题上，战士们自觉地认为：不吃是很高尚的，而吃了是很卑鄙的，因为这是人民的苹果。我们的纪律就建筑在这个自觉性上边。这是我们党的领导和教育的结果。人是要有一点精神的，无产阶级的革命精神就是由这里头出来的。"①锦西这个苹果，出的是人民军队为人民、严守纪律靠自觉的精神。

1953年，朝鲜上甘岭前线一个防炮洞里，一三五团七连连长张计发带领七名战士坚守在这里。他们已经断水几天了，嗓子干得直冒烟。这时，接到运输员带来的一个小苹果，八个人传来传去谁都不肯吃，最后连长命令一人吃一口，传了一圈也没吃完。上甘岭这个苹果，出的是团结友爱、官兵一致、患难与共、同甘共苦的精神。

拉萨有个将军果园，是谭冠三将军创立的。他在20世纪50年代初带兵进入西藏时条件异常艰苦，因没有水果青菜，战士和藏民们因缺乏维生素经常生病。他就在工作之余，想方设法把苹果引进西藏，经过多次试验，也失败过很多次，终于培育出适宜西藏气候的苹果树。大家管它叫"将军苹果""将军红""谭苹果"。后来又大面积试种，获得圆满成功，结束了西藏没苹果的历史，大大造福了西藏军民。谭将军去世后，按他的遗愿就埋葬在果园里。谭将军这个苹果，出的是艰苦奋斗、改天换地的精神。

1961年，陈毅元帅去看望班禅大师，了解他的生活工作情况。大师热情招待，请吃苹果。津津有味吃完一个苹果后，陈毅一脸满足的神情，十分感慨："好久没尝过苹果味道了。"班禅听到陈毅的话露出惊讶神情，没想到，身居外交部部长高位的陈毅平时居然连一个苹果都吃不上。其实不是吃不上，陈毅常接待外宾，有很多吃苹果的机会。可是，当时国家困难，陈毅和其他国家领导人一样带头节衣缩食，与人民共度时艰，有盐同咸，无盐同淡。这个苹果，出的是克己奉公、严以自律的精神。

这几个苹果都很平凡但又极不平凡，小中可见大，伟大出自平凡。苹果虽小，里边蕴藏的精神格局却很大；苹果虽轻，里边凝聚的深刻寓

---

① 《毛泽东文集》（第7卷），人民出版社1999年版，第162页。

意却很重；一个苹果不值几个钱，里边体现的风范却价值千金。一滴水可映出太阳的光辉，一个苹果能表现出伟大精神。这几个苹果里凝结的可贵精神，我们应努力继承发扬，永远忠于人民，永远艰苦奋斗，始终严以律己，始终团结一致，就能无往而不胜。令人欣慰的是，这些苹果里出的精神在今天正在被继承发扬光大，支持着我们在强军强国道路上迅速奔跑。

2022年8月，习近平总书记来到锦州辽沈战役纪念馆，驻足在当年百姓送的那面"仁义之师"锦旗前，语重心长地指出："毛主席说'不吃是很高尚的，而吃了是很卑鄙的，因为这是人民的苹果'。这样的苹果，我们现在也不能吃。"①不仅现在不能吃，将来也不能吃，永远都不能吃。每个年轻干部都要做一个高尚的人，不做卑鄙的人，始终牢记"人民就是江山，江山就是人民"的伟大真理，全心全意为人民谋福利，努力多为人民培育"苹果树"，多为人民采摘"苹果"，保卫人民的"苹果"，让人民的生活像苹果那样甜美，更上一层楼，越来越好。

知足方能天地宽

鱼和熊掌以及其他好多东西都想同时得到，是不可能的。当不良欲望得不到满足时，就会产生烦恼或痛苦，甚至铤而走险，就没有幸福可言。降低欲望，保持一颗平常心，才能克制不良欲望的干扰，不被欲望牵着走，庄重地走好人生之路，提高幸福指数。

---

① 《"我们对东北振兴充满信心"——习近平总书记考察辽宁纪实》，载新华网2022年8月19日。

司马光一生以俭素为美。在日常生活中省吃俭用，"平生衣取蔽寒，食取充腹"，"不喜华靡"，以至于终身清贫，除俸禄外从不谋取外财。司马光的陋室低矮，瓦檐以草压顶，夏天闷热难挡。用什么办法来减轻这热浪灼人的暑气呢？他找来铁锹、镢头等工具，在室内深挖几米，用砖石砌成一间地下室，用以纳凉。

心清则浊气不侵，寡欲则市井不争。隋代王通说："廉者常乐无求，贪者常忧不足。"明朝开国皇帝朱元璋给他的官吏们算过一笔账：老老实实地当官，守着自己的俸禄过日子，就好像守着"一口井"，井水虽不满，却天天有水，享用不尽。我们的心灵就像枝蔓，上面挂着各种欲望的幼果，如果任其自由生长，每一个都想满足，最终很可能一个都满足不了。

明代刘元卿写的寓言《王婆酿酒》，十分耐人寻味。王婆以卖酒为生，有个道士常到她家借宿，喝了几百壶酒也没给钱。一天，道士说："我喝了你那么多酒也没付钱，就给你挖一口井吧。"井挖好后，涌出的全是好酒，王婆自然发财了。后来道士问王婆酒好不好，王婆说："酒倒是好，就是没有用来喂猪的酒糟。"道士听后在墙上题了一首打油诗："天高不算高，人心第一高。井水做酒卖，还道无酒糟。"写完之后，这口井再也不出酒了。

对自己拥有的感到满足，没有奢望，就能保持精神上的愉快和情绪上的稳定。花看半开时，月观未满中，才有意味。杭州灵隐寺门口有副对联，语言朴实，却蕴含哲理："人生哪能多如意，万事只求半称心。"倘若一个人处处以"足"为目标，并不懈追求，那么他所得到的结果将是永远的不足，正是"知足天地宽，贪得宇宙隘"。过于贪婪，就会失去清明的心境和睿智的眼光，成为物欲的奴隶。贪欲太多，就可能走上腐败的不归之路，导致"为贪天边月，失却手中珠"。

欲海难填，过多的欲望使人的心性紊乱，损害健康，失去纯朴，任意妄为，恶念丛生，追逐名利财富，德行败坏。宋代宿州太守陈璠因贪赃枉法被处以极刑，他回忆自己从高官到死囚的经历，索笔写下《临刑诗》："积玉堆金官又崇，祸来倏忽变成空。五年荣贵今何在？不异南柯一梦中。"

元载早年家境贫寒，后来在妻子王韫秀的鼓励下追求功名，数年后进士及第，并在李辅国的帮助下登上宰相之位。元载排除异己，独揽大权，趋炎附势的小人围绕在他周围，乌烟瘴气。他的妻子写了一首《喻夫阻客》，但元载没有悔悟，终因贪污被赐死、抄家。

有的人之所以不愿放弃一些东西，就是因为过于贪婪。良田再多，一天吃不了一斗；广厦再多，睡觉只占得了八尺。高飞的鸟，往往死于贪食；深潭的鱼，往往死于香饵。钱财是身外的，美色是有害的，权位是暂时的。应想清楚这些根本问题，学会控制"欲望之魔"，消灭那些过分、不正当的欲望，使自己的欲望现实一点、合理一点，勇于舍弃不属于自己的东西。知足，需要学会舍弃。老子说过："祸莫大于不知足，咎莫大于欲得。"人一旦私欲太盛，就会给自己套上精神枷锁，正常的欲望就会变为贪欲，有权者就会以权谋私、贪赃枉法，搞权钱交易、权色交易。有的年轻干部之所以违法犯罪，一个重要原因就是放纵了欲望，被欲望所奴役。

做人、做事要放弃私欲，牢记"见可欲，则思知足以自戒"的箴言。比物质享乐更重要的是精神上的愉悦，这是更为高尚的道德追求。"斯是陋室，惟吾德馨。"要从"细节""小节"上严格自律，决不能谋取不正当的利益，坚决杜绝讲排场、比阔气、挥霍浪费。年轻干部要严格要求自己，自觉践行《中国共产党廉洁自律准则》中的"四个必须""四个坚持"和"四个自觉"。要扣好廉洁的"第一粒扣子"，自觉消除私心杂念，在工作圈、交际圈、生活圈中提高自控能力，抵御金钱、名利、美色的诱惑，筑牢思想防火墙，自觉维护人民的根本利益，面对大是大非敢于亮剑,面对矛盾敢于迎难而上,面对危机敢于挺身而出,面对失误敢于承担责任,面对歪风邪气敢于坚决斗争。

舍与得的辩证法

人生在世,面临太多得失,得到的同时往往也在失去,失去的同时也在得到,需保持"我心不动"的淡然心态,不因一时成功而骄慢,也不因一时失败而自卑。纵观历史,无数人的成功,一个重要因素是他们做人、做事拿得起放得下。树立正确的得失观,应是每个年轻干部始终的底线。焦裕禄、郭明义、廖俊波等先进楷模、为了人民的利益,牺牲了很多个人利益,却都赢得了人民群众由衷的信赖与称颂,成就了自己崭新的人生高度。

舍弃是深层面的进取,是为了更好地拥有。学会舍弃是为了抓住别人往往忽视的机遇,从而为自己拓宽施展宏图的舞台,以充实自己和升华人生。勇于放弃是精明的人,乐于放弃是聪明的人,善于放弃是高明的人。面对"误落尘网中"的惆怅,陶渊明毅然放弃了仕途,归隐田园,失去了五斗米,却挺直了脊梁,得到了"悠然"的田园之乐,成为田园派诗歌的开山鼻祖。陶渊明不肯趋炎附势、不愿丧失骨气的高尚气节,对后世影响深远,"不为五斗米折腰"被广为传颂。鲁迅先生说:"陶潜正因为并非'浑身是静穆',所以他伟大。"

唐朝有位叫德诚的高僧,他出去钓鱼,直到深夜也没有钓到一条鱼。高僧回去的路上,月色朗朗,夜风荡漾,小船上清辉一片,有这样美好的月光相伴,心中的喜悦油然而生,他在滔滔江水之上放声一笑,随口吟出:"夜静水寒鱼不食,满船空载月明归。"钓一船皎洁的月光回家,多么有诗意，不也是很愉悦的吗?

失去与得到看似矛盾对立，但又和谐统一。失去未必不好，得到可能得益于失去。舍弃有时让人难以接受，从感情上、理智上给人的感觉是灰色的、消极的。过度的欲望、不良的行为应该舍弃。当嗜取者取得不义之财的同时，就失去了不应失去的廉正。有时不愿意放弃，"剪不断，理还乱"，会导致患得患失。因此，与其背负着可望而不可即的东西走完人生，不如放弃一些利益和烦恼。

对于利与义必须做出正确的抉择与合理的取舍。在国家生死存亡的关头，为了个人的恩怨，为了一己之私，秦桧谗言献媚，一句"莫须有"，断送了祖国的大好河山。是的，他得到了满足，却留下了千古骂名。"饥餐胡虏悲歌壮，未报君仇怒发冲。墓木至今无北向，铁石羞铸佞臣容。"连铁面都因为奸臣秦桧铸像而感到羞耻，极言奸佞之无耻。

有的人过于精明，总怕自己吃亏，生怕人家占了便宜，时而占据上风;有的人对别人耿耿于怀，动辄贬斥别人，不愿走出心理误区。我们要豁达一些，用平淡之心剖析自己，正确处理得与失。不要把得失看得太重，有时得到了，以后怎样，是好是坏，还不知道哩。塞翁失马，谁能晓得是福是祸呢? 一只狐狸被猎人套住了一只爪子，它咬断了那条小腿，然后逃命。放弃了一条腿，而保住了一条命。有时候抓住想要的东西不放，却什么也没得到。舍弃也不一定是失，而可能是另一种更宽阔的拥有。

有些失败者的致命弱点，是渴望占有，忽视了放弃。由于客观环境限制，人无论如何努力，总会有追求不到的东西。若不能适时舍弃对外物的妄求，精神上就可能受打击、遭痛苦，甚至走入歧途丧失已经拥有的。近些年来，走向不归之路的贪官，个人贪欲横流，生活腐化堕落，看似得到许多，实则失去了民心，为党和人民所不齿，为历史所唾弃。

得到与失去一直在同步，是相辅相成的两方面，它们都真实、客观地存在着。很多事情都是失之东隅，收之桑榆。舍弃并不意味着全盘皆输。"三十六计"中的"走为上计"，列宁的"退一步，进两步"，以及日常的俗语"退一步海阔天空"，都说明放弃并不意味着失败，不是遁世无为。该放弃时不放弃，就会转化为固执、冥顽不化，因而不值得提倡。人生就是一个不断获得又不断失去的过程。

善于放弃，是理想人生的正确选择，是一种美好情操的锤炼过程。学会舍弃就会豁然开朗，生命会出现"柳暗花明又一村"。《菜根谭》有言："宠辱不惊，闲看庭前花开花落；去留无意，漫随天外云卷云舒。"寥寥数语，道出了一个人对事、对物、对名、对利的应有态度：得之不喜，失之不忧，荣辱不惊，去留无意。鱼和熊掌都有诱惑力，但不可兼得。能得到其中一个，就足够幸福了。为了熊掌，可以放弃鱼；为了赢得广阔的生存和发展空间，可以放弃稳定、舒适的环境；为了伸张公平、正义，为了坚持真理、原则，为了实现理想、信念，可以放弃金钱、地位、美色乃至生命。放下，让自己拥有一颗平淡、平静、平定的心，以平常的心态看待得失、荣辱，才能摆脱世间纷扰，才是善待自己、善待人生。从平静从容中能找到生活的快乐、最美的自己。罗素说："平静从容的生活才是快乐的源泉。"这样的生活，看似波澜不惊，实则在滋养我们的心灵，获得一种长久的幸福。

"以欲忘道"与"以道制欲"

抵御诱惑，是一个历久弥新的话题。《荀子》有云："君子乐得其道，小人乐得其欲。以道制欲，则乐而不乱；以欲忘道，则惑而不乐。"道，即道德、道义、道理。如果我们能学会并坚持"以道制欲"，即以高尚道德与正确理论开展积极的思想斗争，以正驱邪，以美驱丑，以真驱假，以善驱恶，那么，诱惑的力度再大、花样再多又奈我何？

七情六欲，人皆有之。人生在世，必然会有各种各样的欲，这很正常，欲的意思就是想得到某种东西或想达到某种目的和要求。林则徐曾言："海纳百川，有容乃大；壁立千仞，无欲则刚。"此处说的"无欲"，并非真的没有一点欲望，心如古井，波澜不兴，对任何事情都没有兴趣与追求。而是说一个正直高尚的人，会自觉把欲望控制在合理范围，不会"以欲忘道"，亦不存非分之想，不去触犯道德与法律底线，无愧无怍，因而才能像大山那样刚正不阿，挺立世间。

"以道制欲"，就是自觉克制那些不合理的欲望，不让那些欲望燃烧得不能自已。这也想得，那也想要，这也伸手，那也张口，要名要利，要官要钱，要美色要享受，欲壑难填，攫求无已，结果是"以欲忘道"，被财欲、物欲、色欲、权势欲等迷住心窍，成为欲望的奴隶，陷入欲望的泥淖。

"以道制欲"，贵在坚定。一些人嘴上也讲道德、道理、道义，可是定力不足、意志不坚、底气不够，诱惑一来就轻易被击倒，"以欲忘道"，被牵着鼻子走。因而，"以道制欲"一定要有"咬定青山不放松""我心匪石，不可转也；我心匪席，不可卷也"的坚定性。通过积极的思想斗争与精神交锋，顶住诱惑，站稳脚跟，赢得考验。这里的关键是对共产主义理想信念要做到思想上坚信不疑、实践上笃行不移，"八风吹不动，端坐紫金莲"。这才是共产党人最重要的人间正道，最须坚守的天下大道。

"以道制欲"，重在自觉。古人把面对金钱美色能控制欲望不受诱惑的廉者分为三等："见理明而不妄取者为上，尚名节而不苟取者次之，畏法律、保禄位而不敢取者再次之。"在节制不当欲望问题上，我们也应做"见理明而不妄取者"，明理清心，自觉自愿，用正确思想和理念去克制不正当的欲望、脱离实际的欲望、与自己的贡献不成比例的欲望、有违道德法律的欲望。

"以道制欲",难在坚持。一般来说,当我们刚起步、职务低、成绩小、能力弱的时候,较有自知之明,不会过分放纵那些不合理欲望;而当我们的成绩、水平、资历、位置都有了一定发展的时候,那些不合理欲望就有了膨胀的空间,有些人就开始"以欲忘道"了。在这个关键的时候,坚持"以道制欲",不忘初心、牢记使命,就尤为重要、尤具意义,也尤见操守风节。

"以道制欲",才能做到"拒腐蚀,永不沾",常在河边走就是不湿鞋。古往今来,那些能轻生死为理想信仰牺牲者,把名节道德看得重于一切者,能淡看身外之物者,视操守气节如生命者,胸有大道,心怀正义,矢志不渝,坚定不移,自然不会为金钱、美色、官位、虚名所动摇。古有苏武、文天祥、包拯、海瑞、于谦,今有焦裕禄、孔繁森、牛玉儒、丁晓兵、李润虎。因为胸有浩然正气、光明大道,他们真正做到了"富贵不能淫,贫贱不能移,威武不能屈",是顶天立地的大丈夫,令人高山仰止。

"人事有代谢,往来成古今。"天下虽纷扰多彩,其实万变不离其宗:警惕"以欲忘道",坚持"以道制欲",才能战胜自己,顶住诱惑,走好人生之路。

好之高雅　爱之得当

许多志士仁人和革命先辈积极追求健康、向上、高雅脱俗的情趣,体现了对人生真善美的追求和感悟。屈原的《离骚》中有"制芰荷以为衣兮，集芙蓉以为裳"之句。孔子有赏兰之雅好，曾赞美"芝兰生于深林，不以无人而不芳"。李白也爱兰，赞道："兰秋香风远，松寒不改容。"郑板桥为人犹如翠竹清风，坚贞而高洁，他画竹、吟竹、赞美竹子的气质和秉性。陶铸赞颂松树的风格，也是他人格的写照。

北宋书画家米芾有弄石嗜好，达到痴迷的程度。他在涟水做官期间审理一桩命案，由于罪犯是他顶头上司的亲戚，批文迟迟未下，这使他愤愤不已。一天，有人带着几块奇石求见。石头小巧玲珑，巧夺天工，世间少见。来人请米芾在命案上高抬贵手。米芾正色说："我爱石，但更爱百姓。客人不必多说，请回吧。"

生活情趣是一个人的志趣与爱好，是内在情感和心理需要的一种表现。当代年轻干部应将兴趣爱好与个人修养联系起来，一定要爱之得当、好之高雅，爱之有道、好之有度，使其有利于陶冶情操、完善人格。否则，只会给别有用心的人以可乘之机，最终为他人所"围猎"，乃至折腰、失节、丧志、掉队。

当代年轻干部的生活情趣，反映着精神境界和追求，往往影响着事业发展和人生轨迹。年轻干部要自觉加强主观世界改造，常修为政之德，常思贪欲之害，常怀律己之心，珍重自己的人格、珍爱自己的声誉、珍惜自己的形象，注重保持严肃的生活作风、培养健康的生活情趣、追求高尚的道德品质和情操。对有些兴趣爱好必须约束，做到有节有度、好而不贪，否则，过度沉迷不健康的兴趣爱好，容易"玩物丧志"，甚至会成为别有用心之人"围猎"的突破口。在道德情操上打开了缺口，出现了滑坡，那就很难做到清正廉洁。如果不加节制，兴趣爱好就成为被人利用、"攻击"的软肋和命门，最终必将酿成祸端，东窗事发。

情趣爱好是"双刃剑"，关键看你如何对待它。清代汪辉祖说："近利以利来，近色以色至，事事投其性之所近，阴窃其柄。后虽悔悟，已受牵持。"一些年轻干部"流连"于各种感官娱乐、物质享受之中，忽视了对社会道德的基本遵循，丧失了对历史和优秀文化传统的敬重，与积极生活态度、高雅审美情趣、主流价值取向渐行渐远。要正确选择自己的爱好，分清哪些是健康的生活情趣、哪些是低下的生活情趣，明辨是非、坚守底线，克己慎行，谨防不健康的生活情趣腐蚀人、毒害人。

自我约束不严、理想信念动摇，低级情趣、享乐主义便乘虚而入。道德大坝一旦打开了缺口，就一发不可收拾。可见，生活情趣是健康、高雅，还是放纵、低俗，往往决定了做什么样的人、干什么样的事，崇尚什么、摒弃什么，对不良现象、不良风气有无免疫力，所产生的影响是很大的。培养健康生活情趣，要守住贪欲之门，金钱面前不伸手，美色面前不动心。要切实把高尚的精神追求内化为自己的生活态度和生活方式，摆脱低级趣味，防止玩物丧志，防止个人的爱好成为不法商人攻击的缺口。党团组织要积极对健康娱乐进行正向引导，以消除不良思想影响，使年轻干部成长为担当民族复兴大任的时代新人。

毛泽东酷爱读书，还喜欢赋诗、书法、游泳、登山、赏雪、观海等。周恩来住所的西府海棠，是他观赏怡情的心爱之物。方志敏喜爱奇书、骏马、山水和青松、翠竹、白梅兰。高雅的生活情趣可以弱化物欲膨胀，催人奋进，如登山、打球、游泳、读名著、听音乐、练书法等，要比消磨斗志的灯红酒绿、骄奢淫逸、无聊应酬好得多。

应将兴趣爱好与个人修养联系起来，爱之有道、好之有度，保持高尚的精神追求，努力做一个高尚的人，一个纯粹的人，一个有道德的人，一个脱离了低级趣味的人，一个有益于人民的人。

一生成败看交友

生活犹如七彩音符，缺了哪个音符都奏不出美妙的乐章。择善交友、珍惜友谊，是美好生活和崇高事业的需要，是当代年轻干部修养的重要环节。结交真正的朋友，就等于拥有了精神财富，是人生的一大幸运，也是一生的福分。

交什么样的友，乃是人生一大重要课题。交友不是"交易"，交友必须"精选"。与凤凰齐飞，必是俊鸟；与虎狼同行，必是猛兽；与智者同行，会不同凡响；与高人为伍，能登上巅峰。按照亚里士多德的看法，友爱"是一种德性，或者是包含着德性"，是一种伦理的品质，它不仅是必要的，而且还是高尚的。年轻干部交友不仅是个人行为，更是一个导向。与谁交往，反映出政治品质和道德底线，切莫结交虚情假意的朋友。曾国藩有一句箴言："一生成败，皆关乎朋友之贤否，不可不慎也。"从某种意义上说，选择什么样的朋友，便选择了什么样的人生。应慎重地选择那些真诚宽厚的益友、净友、挚友，善交这样的友人，互相帮助，共同提高。诚如古人所说："砥砺岂必多，一璧胜万珉。"意为交朋友不在多，贵在交净友，会使你少走弯路，多出成果，事业发达。

"益者三友，损者三友。友直，友谅，友多闻，益矣。友便辟，友善柔，友便佞，损矣。"有益的朋友有三种，有害的朋友也有三种。同正直的人交友，同厚道的人交友，同见识广博的人交友，颇有益处。结交脾气暴躁的人，结交优柔寡断的人，结交谄媚逢迎的人，会受到损害。

多与贤能之友交往，犹如进入芝兰芬芳的房室，时间久了反而闻不到其香味，这是因为自己与花香融为一体了，可谓同室芝兰日自芳。天长日久,友人的一言一笑、一举一动,就有了潜移默化、耳濡目染的效应。多交贤能之友,就会受到良好的道德熏陶和知识启迪。《墨子》一书中说:"染于苍则苍,染于黄则黄,所入者变,其色亦变。"

如果经常与品行恶劣的人接触,就会受到感染,意志便开始消沉,生活便开始堕落。正如《颜氏家训》所言,交了好友,"久而自芳";交了坏友,"久而自臭"。

慎重地交友,择善交友、以德交友,多交穷朋友、专家学者朋友,择善言而听,择善行而从,这里面体现了一种高尚的修养。那些与自己志向相投、道义相同、肝胆相照、敢于直言、善提意见、知识渊博的人,是值得交往、可以信赖的朋友!如同陈毅所说:"难得是净友,当面敢批评。"①他们有思想、有正气、道德高尚,真心对你好,能指出你的缺点错误而决不粉饰。他们有好消息总是在第一时间告诉你,时常激励你、提醒你、维护你,在别人面前赞扬你,在关键时刻举荐你。他们什么时候都不会坏你的事,更不会背后当叛徒、放暗箭。即使你落魄、下野、没权时,他们仍然会与你交往,以真心真情待你,与你心心相通,有苦恼可找他们倾诉,有快乐可找他们分享,这时你会深深体会到"世间最美是真情"。一生中能交这样的朋友,那真是万分幸运。

心里要有一杆秤,净化自己的社交圈、朋友圈,谨交酒友,少交"权友""钱友",不交"损友""色友"。网上有段妙语:"山前梅鹿山后狼,狼鹿结拜在山岗。狼有难来鹿相救,鹿有难来狼躲藏。箭射乌鸦冲天起,箭头落在狼身上。劝君交友需谨慎,千万莫交无意郎。"不能把人际交往异化为酒肉关系、交换关系和金钱关系,"筛"掉那些以某种功利为目的的人,如以权势相交、以利益相交的人。如果在一起饮酒吃饭,就视为好朋友、小兄弟,那就错了,这样的"朋友"往往靠不住。

---

① 中共中央文献研究室编:《陈毅诗词集》,中央文献出版社2012年版,第638页。

公安部原副部长李纪周说："过多地与老板特别是那些怀着不可告人目的的不法商人搅在一起，一不小心就会掉进泥坑。"那种"没有永远的朋友，只有永远的利益"的说法，是错误的、有害的。这句话否认了良知，让人走向极端的自私自利，为不讲信用、不讲道义、唯利是图提供了借口。

交往一定要讲原则，把握交友的分寸，保持自己的人格尊严。交友不要讲哥们义气，哥们义气害处多。如果与朋友有了隔阂，应当主动地、真诚地消除。切莫蝇营狗苟、汲汲名利，不给别人一点送礼送钱的由头。要与这四种人保持距离：牢骚满腹、常放负能量的人，搬弄是非、恶语伤人的人，崇洋媚外、数典忘祖的人，酒囊饭袋、满嘴跑火车的人。

回眸青史

吴隐之笑酌贪泉

《晋书》中记载了一则关于贪泉的故事。晋朝时有一位美誉度很高的廉吏吴隐之，人品极佳，得到人们的推崇。吴隐之十岁丧父，勤奋好学，博涉文史，兼以仪表堂堂、善于言谈，因此，很早就获得"儒雅之士"的名声。

吴隐之曾受韩康伯推荐担任辅国功曹。当时哥哥吴坦之被桓温俘虏即将被处死，于是他去拜见桓温，表示愿意代替哥哥去死，请求桓温饶哥哥一命。桓温觉得他是难得的忠义之士，就释放了他的哥哥，并且向朝廷推荐吴隐之为尚书郎。

东晋太元年间，吴隐之官居卫将军。他的女儿出嫁的时候，他让仆人把自家的狗牵到集市上卖了，用筹得的钱置办嫁妆。尚书令谢石知道后，派人来帮忙操办婚事。来人看到的却是一个宾客也没有请，冷冷清清的，全无官宦人家办喜事的气氛，只好回去把这件事告诉了谢石。谢石对吴隐之的清廉赞叹不已，只好尊重他的决定。

吴隐之曾任广州刺史，持符节，兼领平越中郎将。当时的广州乃是人烟稠密、物产丰饶之地，珍宝玉器、名贵药材、山珍海味、丝绸锦缎、从海外运来的象牙和夜明珠等，应有尽有。若得一箱珠宝，一家人几代吃用不尽。因此，广州刺史是个难得的肥缺，前几任刺史卸任时一个个满载而归。

吴隐之赴任途中，在广州城西北的石门过夜。石门有一条泉，名字很怪，叫作"贪泉"。傍晚，他带领妻子和随从去游览贪泉。当地人告诉他，贪泉水喝不得，喝了它就会丧失廉洁之性，变得贪得无厌，故而得名。还说朝廷派往广州的几任官员都因误饮贪泉水犯了贪污罪，被朝廷革职查办。因此，大凡经石门而过的官吏，为了标榜自己的清白，宁可忍着口渴，也不稍沾一下贪泉。

吴隐之不相信传言，特意来到贪泉边，对随从们说："若心中没有贪念，便不会乱了分寸。越过五岭丧失廉洁，我知道其中的原因了。"说毕，他拿起勺子盛了些清凉的泉水，酌而饮之，细细品味，并赋《酌贪泉》诗以明心志："古人云此水，一歃怀千金。试使夷齐饮，终当不易心。"此诗用语朴素而雅致，全诗似以口语而成，朴素自然，语言风格是朴中见雅、雅俗相兼，这使诗歌增强了传播力。唐代王勃在《滕王阁序》中表达自己高洁志向时用了这个故事。"酌贪泉而觉爽，处涸辙以犹欢。"大意是说，喝了贪泉的水也会觉得爽快，置身于干涸的车道仍能感到欢乐。

在吴隐之看来，就算贪泉水酌之确使人变贪，那也只对"见可欲，心则乱"的人起作用。假如让品行高尚、不贪恋君主权位的伯夷、叔齐来饮这贪泉水如何？他们绝不会改变初衷，一定不会生出贪念来。贪泉水并没有致人贪婪之功效，它只是贪婪之人借以掩饰的道具而已；真正贪婪的是人的心，无法抑制的是人的欲望，如果人心贪欲无度，那么恐怕不喝贪泉水亦照贪不误吧。

吴隐之到任后，以古代贤人伯夷、叔齐的高风亮节自励，崇尚廉洁的品行有增无减，以清廉之风刷新吏治，改变广州官场贪赃恶习。他到广州任刺史、龙骧将军多年，昼夜操劳政务，严明法纪，对馈赠、贿赂分文不受，一切收入均缴入公库。他在生活上极为简朴，平日只以蔬菜、干鱼下饭，无山珍海味之享，不沾酒肉，宴请别人也没有什么美味佳肴。他做官做到太常（主管国家祭祀礼乐的官员），但家里的摆设极为简陋，拿竹篷做屏风，炕上竟没有像样一点的毡席。关于他廉洁的事迹，简直是多得不可胜数。当时有人说长道短，说他矫揉造作、博取虚荣，但吴隐之仍然坚持革奢务俭，始终不为流言所动。

有一次，吴隐之手下的小吏给他做去骨的鱼吃，他说："我已喝了贪泉水，看来你是让我非贪不可喽！"小吏说这是惯例。吴隐之说"这惯例非改不行"，处罚了献鱼者。他任职期间没有变得贪婪，反而愈加廉洁奉公，南疆面貌有很大改观。

他离开"珍宝遍地"的广州时，依然是两袖清风、行李萧然、囊空如洗。其夫人节衣缩食，买了一斤名贵药材沉香想带回家，乘船时被吴隐之发现，他立刻拿来沉香抛入湖中。

贪泉的故事之所以流传千古，是基于人们对廉洁风骨的赞赏。饮贪泉之水而不贪，说明人自身的操守内持对于为官清廉甚为重要。吴隐之先后担任过太守等十余种显要官职，都清廉自持，从不贪图任何非分之物。他家里连一床像样的被子也没有，洗衣服时常常身裹被絮，等衣服晾干了再穿，用的柴薪也经常是他妻子刘氏自己搬运。他在任期间，"清操愈厉"，治贪除弊，声名远播。他回到建康（今南京），家里照样清贫，一家人挤住在六间茅屋里，遇到来人，妻子、女儿连个避客之处也没有。他的清廉，受到宋武帝刘裕高度赞许，给他许多赏赐，他都一一谢绝。吴隐之"酌贪泉而觉爽"，达到了"不想腐"的高度自觉。

第四章 | 攀登成才之梯，潜心掌握本领

——年轻干部治学之道

把学习当作终生追求

勤奋学习是心灵的美容剂，能使丑陋变为美丽，能改变气质、去掉俗气。书籍是知识的载体，更是精神的凝聚和灵魂的启示，因而读书便是一种圣洁的精神洗礼，一种崇高的生命追求，一种艰苦的思想修炼，一种真诚的灵魂反省，一种庄严的自我实现。

有人说，不读诸葛亮的《出师表》，不知何为忠；不读李密的《陈情表》，不知何为孝；不读司马迁的《报任安书》，不知何为义；不读文天祥的《正气歌》，不知何为节；不读范仲淹的《岳阳楼记》，不知何为胸怀。

王安石特别聪明，读过的书终生不忘，写文章时下笔如飞。然而他非常重视后天学习，一生手不释卷，知识非常渊博。王安石写的《伤仲永》，讲了一个神童终成平庸的故事，说明了后天学习的重要性。

读书、学习不一定非要做官，但做了官必须多读书、多学习，这是官员成长进步的必由之路。年轻干部的成长，一方面需要组织培养，但更多需要自身努力。作为年轻干部，要把握事物发展规律，在学习过程中要研究解决问题，把自己摆进去、把职责摆进去、把工作摆进去，决不能坐而论道、凌空蹈虚；要走向田间地头，深入群众，以基层为学堂，拜人民为师，不断增强解决实际问题的能力和水平。

要把学习当作终生的任务——学习工作化、工作学习化。工作有突出业绩者首先得益于学习。年轻干部必须坚持学习，坚定共产党员的理想信念，提高思想政治素质。放弃学习，丢掉应有的理想信念，精神支柱就会倒塌，在前进中落伍。

习近平同志在中央党校进修班暨专题研讨班开学典礼上指出，在新的时代条件下，领导干部要不断提高自己、完善自己，经受住各种考验，就要坚持在读书学习中坚定理想信念、提高政治素养、锤炼道德操守、提升思想境界，坚持在读书学习中把握人生道理、领悟人生真谛、体会人生价值、实践人生追求。①领导干部如果不加强读书学习，知识就会老化，思想就会僵化，能力就会退化。爱学习、勤读书，通过读书学习来增长知识、增加智慧、增强本领，这是领导干部胜任领导工作的内在要求和必经之路。

年轻干部一定要克服心浮气躁，沉下心来钻研理论。有些同志说工作太忙没有时间学习。关键是思想认识问题，看把学习放在什么位置上，如果真正充分认识到它的重要性，总能挤出时间来学。毛主席对马列著作、二十四史、古典名著能通读数遍，而且作了批注。当然，我们不能要求所有的年轻干部都读那么多的书。问题的关键在于有没有高度的政治责任感、强烈的求知欲望和进取精神。

毛泽东同志多次说过："以其昏昏，使人昭昭，是不行的。"②邓小平同志也说过："不注意学习，忙于事务，思想就容易庸俗化。如果说要变质，那末思想的庸俗化就是一个危险的起点。"③作为年轻干部，放松了学习，思想落后于形势，就会丧失先进性，使精神世界陷于低级趣味，就难以抵挡利欲诱惑。学习是前提，不学习，政治上就不可能成熟，就不可能自觉改造自己的主观世界。

加强学习，对年轻干部而言太重要了，"是天大的事情"，关系工作的全局，关系改革和事业的长远发展。自觉地刻苦地学习，不断吸取新

---

① 习近平：《领导干部要爱读书读好书善读书——在中央党校2009年春季学期第二批进修班暨专题研讨班开学典礼上的讲话》，载《学习时报》2009年5月18日。

② 逄先知、金冲及编：《毛泽东传（1949—1976）》，中央文献出版社2003年版，第1389页。

③ 《邓小平文选》（第1卷），人民出版社1994年版，第316页。

知识新经验，也是年轻干部保持好的思想、好的作风的前提条件。当今时代，是要求人们必须终生学习的时代。年轻干部如果不努力用科学的理论武装自己的头脑，不努力掌握先进的科学技术知识，不善于实现知识的不断更新，就必定要落后，就不可能肩负起党和人民交给自己的历史任务。学习应该成为每个年轻干部非常清醒和自觉的认识。

善于学习是加强党性修养的重要途径。我们要学习的东西多得很。不论是谁，只要停顿下来，不学习新东西，肯定是要落伍的。习近平总书记强调，"坚持在干中学、学中干是领导干部成长成才的必由之路"①。我们应当牢记习近平总书记的嘱托，把学习作为一种使命、一种境界、一种追求，融入人生和事业之中，做到生活学习化、工作学习化。

年轻干部最重要的是学习把握马克思主义基本理论和马克思主义中国化最新成果。马克思主义理论是管总的东西，不学习理论，势必思想空虚、精神贫乏、是非不辨、方向不明。一些干部出问题，同不学习马克思主义理论是密切相关的。不仅要学会用马克思主义立场观点方法观察和处理问题，还要学习历史、经济、科技、法律，要掌握做好工作、履行职责所必备的各种知识技能，增强工作的科学性、主动性、预见性，努力成为可堪大用、能担重任的栋梁之才。

读书是成才之梯

人的相貌是遗传的，而修养、气质是后天培养的，读书是提高修养和气质最好的土壤。走上工作岗位之后，本领的大小、能力的强弱，从

---

① 习近平：《努力成为可堪大用能担重任的栋梁之才》，载《求是》2022年第3期。

根本上说也是由学习拉开的。学习可以提升人的能力素质，知识能转化成能力。

从中华历史中，我们能看到这样一种带规律性的现象：事有所成必是学有所成。多读书、读好书是基础中的基础。古代的士大夫们十分珍惜读书的时间，勤于利用针头线脑般的零星时间多读些书。有"三上"（枕上、马上和厕上）、"三余"（冬者岁之余，夜者日之余，阴雨者时之余）之说。岁月荏苒又一春，一寸光阴不可轻。诸葛攻读多韬略，苏秦发愤终成功。

"我的读书习惯，是家庭培养的，我父母很支持我读书。"习近平说，自幼时起，父亲习仲勋对他的要求就一直很严格。习近平每天都要将阅读感想写成读书笔记，交给父亲批阅。父亲把写得不好的地方圈出来，让他反复修改。有时为了把一个词语用得准确、用得精当，习近平会翻着字典反复查阅琢磨，一改就是一天。①

青年习近平到陕北插队时只带了两个行李箱，里面装的全是书；"白天劳动、晚上看书"成为知青岁月的生活常态，而且一直坚持，广泛涉猎了历史、政治、哲学、文学、外交、传统文化等领域的书籍。有一次，习近平听说一个知青有《浮士德》，就走了30里路去借。2013年5月4日，在同各界优秀青年代表座谈时，习近平讲述了这个故事。"我那儿有一套歌德的《浮士德》，韦编三绝，就是不想还。那个人（书主人）讨书讨了三次，我请他吃了三顿炒鸡蛋，把他打发走了，再继续看。"②用梁家河老乡的话说，"近平读书有'书瘾'"，已经到了痴迷的程度。

学习只有进行时，没有完成时。由于知识更新速度加快，知识总量呈几何级数增长，当代年轻干部应当带着饥饿感去读书，弥补自己的不

---

① 《习总书记问我们"为什么要学习马克思主义"——习近平与大学生朋友们（二十三）》，载《中国青年报》2020年7月23日。

② 《读书，习近平的一种生活方式》，载新华网2022年4月23日。

足。曾国藩有言："学问之道无穷，而总以有恒为主。"要养成学习的习惯，保持学习的"持续力"，切实把外在的要求转化为内在的自觉，成为一种兴趣、一种精神需要、一种生活方式，可以影响一生，终身受益。毛泽东写过一副对联："贵有恒，何必三更眠五更起；最无益，只怕一日曝十日寒。"在习近平看来，读书可以让人保持思想活力，让人得到智慧启发，让人滋养浩然之气。

读书学习是国家兴盛之要、青年成长之梯。我们面临的问题复杂、困难很多，打的"铁"比较坚硬，需要年轻干部成为行家里手，同时兼顾一些综合的知识结构，这就必须坚持读书、不断学习，武装头脑，提升能力。通过多读书来获取信息、增长知识、明白事理、增加智慧、认识世界、提高人文素养、提升精神品质和塑造高尚人格。

我们每一次进步无不是踩着读书学习的台阶前进的。当代年轻干部要全面发展，提高道德修养，提升自身价值，实现人生价值，就应当而且必须终生学习。若想在竞争中不落后、竞上游，就必须多读书、善读书、读好书。读书学习要珍惜时间，有"汩余若将不及兮，恐年岁之不吾与"的紧迫感，需要沉下心来，贵在持之以恒，重在学懂弄通，不能心浮气躁、浅尝辄止、不求甚解。如饥似渴地学习，哪怕一天挤出半小时，即使读几页书，只要坚持下去，必定会积少成多、聚沙成塔、积跬步以至千里。

当代年轻干部的读书原则和读书范围就是，坚持干什么学什么、缺什么补什么的原则，重点研读当代中国马克思主义理论著作、做好本职工作必需的各种知识书籍、古今中外优秀传统文化书籍。通过读书学习，对现实问题进行深入思考、领悟、感悟，融会贯通，把看到、学到的东西吸收进来，由此及彼，由表及里，力求把孤立的东西变为相互联系的、粗浅的东西变为精深的、零散的东西变为系统的、感性的东西变为理性的，从而形成正确的工作理念。只有坚持读书学习，才能用丰富的知识充实自己，用科学的理论武装自己，用先进的文化陶冶自己，开阔视野，陶冶性情，提升思维能力，努力成为"杂家"，成为复合型人才。只有借助读书学习这个阶梯，我们才能站得更高、看得更远、想得更深、悟得更透、做得更好。

读书不觉已春深

读书是个历久弥新的话题，永不过时，对年轻干部尤其如此。为何要读书？简而言之，读书可治愚、益智，长见识、广思路，学技能、增本事。读书把人引向智慧之路，为我们打开知识之门，使我们收获成功之果。一书在手，可与古今大师交流，可站在巨人肩膀上远望，可神游八极、心骛宇宙，一言以蔽之——开卷有益。

对个人来说，读书能提高素质，改变命运；对民族而言，读书可传承文明，播撒科学。所以，孔子一辈子手不释卷，七十多岁还"读《易》，韦编三绝"。郑成功慨然有感，"养心莫若寡欲，至乐无如读书"；季羡林由衷赞叹"天下第一好事还是读书"；高尔基说"扑在书上，就像饥饿的人扑在面包上一样"。他们都自觉把读书变成了一种生活方式，乐此不疲，甘之如饴，因而大有裨益，受益终生。

"读书不觉已春深"，因为专心读书，不知不觉中春天快过完了，生活紧张而充实。五代十国诗人王贞白的《白鹿洞二首·其一》云："读书不觉已春深，一寸光阴一寸金。不是道人来引笑，周情孔思正追寻。"读书可以是一种主观爱好，因为有兴趣，读书会使人感到愉悦，如饮佳酿，如沐春风，同时又能陶冶情操、开启心智、提高觉悟、广博见识。读书也是一种客观需要，可以获取知识、学习技能、增长才干、拓宽思路，从而胜任工作、跟上形势，从容迎接挑战，在激烈竞争中立于不败之地。把读书变成一种生活方式，既是理性的自觉选择，也是适应客观形势的需要。

周敦颐，是"上承孔孟、下启程朱"的理学鼻祖和湖湘文化的奠基人。他从小喜爱读书，在家乡道州营道地方颇有名气，人们都说他"志趣高远，博学力行，有古人之风"。周敦颐二十岁时，舅父向皇帝保奏，为他谋到了一个监主簿的职位。任职期间，周敦颐尽心竭力，深得民心。

"一寸光阴一寸金"，人人都知读书重要，但要读书读出成效，关键在有效保证读书时间。习近平总书记日理万机，夙夜在公，仍挤出时间读书学习。在谈到自己的爱好时，他说："现在，我经常能做到的是读书，读书已成了我的一种生活方式。"① 通过长期孜孜不倦地读书学习，不仅积累了丰富的知识，还培养了非凡的领导才能和卓越的政治智慧。再说时间问题，鲁迅有言"时间就像海绵里的水，只要愿挤，总还是有的"。倘若我们真的把读书内化成如同吃饭、睡觉、娱乐等生活方式，日日不可或缺，就一定能合理安排、精心筹划，挤出读书时间，把读书落到实处。

读书是场马拉松，贵在坚持，久久为功。毛泽东从少年开始就好学不倦，博览群书，爱读书的习惯保持了一生，临终前几个小时还在读书。马克思终生勤奋读书，视读书为生命，无论生活再贫苦困顿，都始终不忘读书，常废寝忘食、夜以继日，最后长眠于书桌上。他们都是坚持读书的楷模，令人高山仰止。遗憾的是，我们有些人读书三天打鱼两天晒网，高兴时读几页，郁闷时束之高阁；闲暇时翻几篇，工作一忙就忘到脑后。这样的读书态度，心猿意马，一曝十寒，很难有所收获进益。有

---

① 《习近平接受俄罗斯电视台专访》，载《人民日报》2014年2月9日。

鉴于此，读书也要持之以恒，长流水不断线，日积月累，水滴石穿，方可读出收益、读出效果。

有的年轻干部说，我虽不读书，但每天都花很长时间看手机、看网络、看抖音，杂七杂八读了许多信息，也挺热闹的。平心而论，碎片化阅读固然也有一些收获，但毕竟零零碎碎，没有逻辑，不成体系，对我们帮助不大。年轻干部要想成长进步、发展提高，还是要正儿八经地多读书、读好书，努力养成勤读书的习惯，把读书作为自己的生活方式。

人类学家和历史学家艾伦·麦克法兰应邀来华访问。旅程中，在飞机上、火车上，他见到了太多的"低头族"，无论男女老少，几乎人人都在低头看手机。当他走进深圳图书馆时，却十分惊喜地发现，居然有那么多的孩子在认真地低头读书，不由得发出感叹"这是高贵的低头"。麦克法兰在"低头"前面加上形容词"高贵的"，既是对记载人类文明书籍的赞誉，更是对读书这一高雅行为的褒奖。

学者杨绛曾在信中回复一个青年人关于有很多困惑的问题说："你的问题在于读书太少，想得太多。"的确，读书可以解决我们的很多问题，包括观念的、精神的、思想的，这就叫开卷有益！

学习与思考融合

学习与思考是互为条件、相互促进的。许多理论家、思想家很重视在学习中精心思考，认为学习与思考密不可分。要把书本知识和别人的经验变成自己的东西，必须经过思考这个"再加工"的过程。向深层思考，亦即用概念、判断、推理，按照唯物辩证法进行思维，而且把这种思维方法融会贯通到学习的全过程，才能达到"举一而反三，闻一而知十，用功之深，究理之熟"的境界。工作、生活在新时代，新知识、新经验、新情况、新问题层出不穷，需要我们不断地学习、不断地思考，才能提高学习效果。

善于读书表现在许多方面，善于思考是关键，它贯穿于读书学习的全过程。习近平同志在中央党校2012年秋季学期开学典礼讲话中说："'学而不思则罔，思而不学则殆。'孔子这句话讲得好。学习与思考、勤学与善思是相互联系和相辅相成的，不可把二者割裂开来。在学习过程中，要结合自己的工作实际，脑子里经常装几个问题，反复思考。这对于培养和提高自己的理论思维和战略思维能力很有好处。"①

只学习不思考，则迷乱不明；只思考不学习，则疑惑不解。孔子说："君子有九思：视思明，听思聪，色思温，貌思恭，言思忠，事思敬，疑思问，忿思难，见得思义。"即是说，学与思二者有机地结合起来，多动脑子去"悟"，就比较容易理解所学东西的精神实质，记得比较牢。苏轼认为读书须在熟读、深思上下苦功："故书不厌百回读，熟读深思子自知。"学习与思考，犹如吃饭用牙齿咀嚼和胃肠道消化一样，须臾不可分开。朱熹说："读书譬如饮食，从容咀嚼，其味必长。"英国作家波尔克指出："读书而不思考，等于吃饭而不消化。"为了掌握知识和本领，就必须不断地在学习中思考、在思考中学习。

潜心思考可以避免读死书、死读书，避免许多无谓的阅读，"变成书橱"。死记硬背容易导致思想死板、僵化、迂腐，"抱着西瓜只说圆，捧着桂花只赞香"，把书当教条，拿现成的结论去生搬硬套。在学习中独立思考，才能学得深刻，触类旁通，启迪灵感，转化智慧，触发创造。

一个人学习成果大小与思考程度深浅成正比。现实生活中，常常可以看到，一些人同样读一本书，有的能系统地谈出体会，并有独到见解；

---

① 人民日报评论部：《习近平讲故事》，人民出版社2017年版，第114页。

有的则只记住片言只语，过些日子都淡忘了。其重要原因在于是否动脑深入思考。"读书心细丝抽茧，练句功深石补天。"南宋哲学家、教育家朱熹一生勤于学习，有个经验之谈："读书有三到，谓心到、眼到、口到。"他曾强调心到最重要。"心到"，是指读书时必须集中注意力，专心致志，用脑子来想、来思考，边读边做分析研究。他说："读而未晓则思，思而未晓则读，反复玩味，久之，必自有得矣。"清朝学者焦循说："学贵善思，吾生平最得力于'好学深思，心知其意'八字。"

读书之道，贵在深思熟虑、独立思考，重在辩证思维，不思考无以得精华，不思索无以得真谛，更难以深入透彻。苏轼诗云："旧书不厌百回读，熟读深思子自知。"朱熹所著的《楚辞集注》《楚辞辩证》《楚辞音考》和《楚辞后语》四部经典，是他用40余年攻读《楚辞》、精于思考的心得。

应当使头脑成为一个加工厂。当代年轻干部应当养成勤思考的习惯，对所学习的每部分内容、每个问题，找出它们之间的联系，总结出规律性的东西。陈毅提倡"读书要用脑子"。他说："光读不行，要用思想，读了书，听了报告，脑子里想，这段说的什么？内容在哪里？都必须确实地把握到。"[1]陈毅在回忆第一次读《共产党宣言》的感想时说"这本书里面有许多深刻的分析，新鲜的提法，引起了我很久的思索和讨论"，思想上产生了"大震动"。[2]

思考是一种艰苦的劳动。有些书本上的知识或实践中的东西，难免真伪俱存，或者有用没用的同在，需要我们在学习时思考加工，吸取精华，发现问题，得出独到见解。清代程国彭说："思贵专一，不容浅尝者问津；学贵沉潜，不容浮躁者涉猎。"在学习中会遇到不少概念、观点、事例等，包括一时没弄懂或理解不深的东西，在学习中还会产生丰富的

---

① 黄丽镛编：《共和国元帅读古书实录》，人民出版社2016年版，第105页。

② 刘宝东：《"学习要有傻子的精神"——陈毅的"三要"读书法》，载《学习时报》2009年10月19日。

联想。我们应当抓住这些线索深入地想一想，从过去、现在、未来和正面、侧面、反面，联系起来进行周密的思考——像虫子爬行那样，边走边用触角去触，这边走不通走那边，那边走不通又走另一边，最终还是可以找出要走的路。《文心雕龙·神思》说："相如含笔而腐毫，扬雄辍翰而惊梦。"司马相如含笔思索，真是含到毫毛都要腐烂了；扬雄停笔苦思，竟因此而做了噩梦。

在学习中下功夫进行思考，主体始终处于积极状态，就可以把抽象的材料形象化、散乱的材料系统化，将无意义的材料赋予一定的意义，这样就不必呆读死记，而是能学有所悟，融会贯通，举一反三，取得好的学习效果，又促进了思维能力的发展。

思考能力是理解力、分析力、综合力、概括力、判断力组成的综合能力。学习和思考是人们获取知识不可或缺的两个环节，因而既要善于学习，又要善于思考。马克思对所读过的书并非全盘接受。他选出有价值的图书，接着便握笔重读，"顺便把自己的思考记在纸上"。思考所读过的书和"顺手"写批注，成为马克思与书打交道的一种习惯和必要的准则。这些批注汇集成的笔记，对马克思来说，是通往科学发现的可靠桥梁。马克思在学习、写作劳累时，开始了独特的休息——在书房里走来走去，一边走，一边思考。年长日久，在门与窗之间的地毯上留下一道被马克思的脚踩出来的痕迹，恰似一条穿过草地的小路。

学习孔夫子"每事问"

现在的年轻干部大都受过高等教育，但也不可能做到"事事心中有数"。在这种情况下，不妨学学先贤，多来些"为之奈何"，放下身段

"每事问"。《论语·八佾》有言:"子入太庙,每事问。"——孔子进周公庙的时候问这问那,每一件事都要问个明白,表明他对周公、周礼的尊敬和谨慎态度,体现了孔子重视多见多闻、遇到不懂的事就向别人虚心请教的品格。"每事问"就这样被后人沿用下来,许多人从中受益匪浅。

"每事问"用得最好的当数"草根"出身的刘邦。刘邦每每遇到不懂的问题,都要来一句"为之奈何",征求别人的意见,综合考虑问到的主意,然后做出正确决策。经过五年楚汉战争,刘邦最终打败了军事家项羽,这与刘邦遇事能向别人请教,察纳雅言、善于调动部属的积极性,吸引一大批人才为其所用分不开。

毛泽东同志曾倡导"每事问",强调"凡事尽量搞明白"之后,才能解决问题。1930年5月,他在《反对本本主义》中有段精彩的论述:"迈开你的两脚,到你的工作范围的各部分各地方去走走,学个孔夫子的'每事问',任凭什么才力小也能解决问题,因为你未出门时脑子是空的,归来时脑子已经不是空的了,已经载来了解决问题的各种必要材料,问题就是这样子解决了。"①

毛泽东同志在中国革命的一些重大问题上提出过许多好办法,这与他长期深入群众作调查、虚心向群众学习是分不开的。在著名的《寻乌调查》中,毛泽东同志谈到为其提供城市材料的两位先生时说:"多谢两位先生的指点,使我像小学生发蒙一样开始懂得一点城市商业情况,真是不胜欢喜。"②

毛泽东同志说:"中国人民中间,实在有成千成万的'诸葛亮',每个乡村,每个市镇,都有那里的'诸葛亮'。我们应该走到群众中间去,向群众学习",并表示要"和全党同志共同一起向群众学习,继续当一个

---

① 《毛泽东选集》(第1卷),人民出版社1991年版,第110页。
② 《毛泽东文集》(第1卷),人民出版社1993年版,第131页。

小学生"。①向群众学习，是一项长期的必修课，必须做到持之以恒，不应"毕其功于一役"。

如今电脑进入大多数的办公室、家庭，了解信息很方便，地球成了"小小寰球"。那么，遇到问题还需要像孔夫子"每事问"吗？勤问，贵在一个"勤"字。作出决策和检查日常工作，必须了解很多情况，要多问，问到底，追根求源，问个明明白白，不留半点疑问。这是求真务实的学习态度和学习品质。

学问，就是又"学"又"问"。在现实工作中，不少"术业有专攻"的专家、资历深厚的领导，不光听汇报、看简报、查报表，言谈举止很谦虚，真正和一线工人、农民交朋友，带着真情和诚意去问，常常不耻下问、请教别人，以"海不辞水、山不辞土石"的精神吸纳百姓建议，博采众长"取真经"。巴尔扎克说："打开一切科学的钥匙无疑是问号。"爱因斯坦也有一句名言："提出一个问题，往往比解决一个问题更重要。"教育家陶行知认为，天地是个闷葫芦，里面有很多妙理；无论对于什么事情都要心存疑问。为此他写过《每事问》《问到底》两首诗。他说："发明千千万，起点是一问……人力胜天工，只在每事问。"

深入群众了解社情民意，不要轻视"臭皮匠"，一定要摈弃官僚主义、不懂装懂的坏作风，不妨学学中华圣贤，降低身段、俯下身子，以小学生的姿态，多来些"每事问"，变"模糊泛问"为"针对性问"，变"无根由问"为"指向性问"，虚怀若谷、真心实意地向群众学习请教，倾听群众呼声，态度真诚，开诚布公，推心置腹，不断总结人民群众创造的新做法、新经验。要积极探索向群众学习的新路子。例如，可以凭借网络广开言路，既听"精英"建言，也听"草根"之声。

---

① 《毛泽东选集》（第3卷），人民出版社1991年版，第933、791页。

且以积学储宝

学习书本知识和向实践学习，要像蜜蜂那样"采百花以酿蜜"。据资料载，蜜蜂要飞向花儿8万多次，才能采集到酿1公斤蜜的花粉。同理，知识也是博览广识中积累而来。正如荀子所言：不积跬步，无以至千里；不积小流，无以成江海。

学识渊博的马克思在数十年学习中坚持搜集积累资料，被誉为"工人阶级圣经"的《资本论》，是从"堆积如山的实际材料"中概括出科学的思想来的。正因为这样，"他作出一切概括，都是言之凿凿，铮铮作金石声；他的一切结论，都是坚如磐石，巍巍乎如山岳"。

有人问发明家爱迪生，搞发明有什么"秘诀"，爱迪生从口袋里掏出笔记本给人看，原来上面全是断断续续的字句，是他在发明前的一些零星想法。这种思想有时一天内积有20条，以致每星期就得换一个新本。他一生130多项发明中，许多就是这么来的。

资料，包括信息、情报、材料，是我们产生一切想法和采取任何行动的基础。刘勰在《文心雕龙》中说："狐腋非一皮能温，鸡跖必数十而饱矣。是以综学在博，取事贵约，校练务精，捃理须核，众美辐辏，表里发挥。"狐腋不是一张就能保暖，鸡爪要几十只才能吃饱。积累学识在于广博，应用典故贵在简约，考核选择务求精审，搜集材料必须翔实，才能使才力和学识的作用得到充分发挥。有些人很有学问，思维敏捷，谈吐深刻，有独到之处。他们成功的重要原因，是善于学习、勤于搜集和积累资料，久久为功。许多高水平的领导者、学问家、专家在学习时，大都善于杂取博收，逐渐把"宝物"汇集起来，也就是"积学以储宝"，在研究前人或他人成果的基础上，结合新的情况和条件进行综合与创造。

搜集和占有丰富的资料，有人主张"竭泽而渔"——不是像垂钓那样，只要钓上几条鱼就满足了，也不是像撒网那样，只要捕到几网鱼就行了，而是要掏干"泽"水，把所有的鱼捕尽。列宁和毛泽东都强调占有全面详尽材料的意义。材料掌握得少，用时就会有捉襟见肘、不深不透的感觉，甚至扭曲了客观的真面目。因此，搜集、占有材料，不厌其多，多多益善，以十当一；使用材料，反复筛选，选择那些最新颖生动、最有特点的典型材料，达到以一当十。原材料多了，头脑这个"加工厂"才能"制造"出有价值的高质量的成品。

"鹅毛亦可积华裘。"重视有关资料的穷搜冥索和日积月累，这是解决"书到用时方恨少"的一个很实用的途径。列宁在研究帝国主义时，曾用20多年的时间阅读、收存大量资料：先后从148本书和49种期刊的232篇文章中做摘录、札记、提纲、图表、评论，共达60多万字。有了丰厚的积累，灵感也会随之而来，"活水源流随处满，东风花柳逐时新"。我们要做学习和工作的有心人，留心大事要事新事，随时搜集材料。收存资料时最好科学分类，以便能迅速查找到。这样坚持数年，积攒成"百宝箱"，用时得心应手、游刃有余，益莫大焉。

读书笔记是积累资料、材料的重要方法。"不动笔墨不读书。"记读书笔记就像"燕子垒窝"。好记性不如勤笔头。因此，在日常工作和学习中，应随时记下有用的东西。耐着性子读完整本书，摘录书中的名言、优美的段落，汲取书中的养分，融入自己"血液"中。许多人都钦佩邓拓博学多才。邓拓读报、读杂志时，总是准备一个小本，把有用的东西随手记下来。

卡片是学习领域的雷达，监视捕捉来自各方面的资料信息。每张卡片只摘记一项内容为好，把同类内容放在一起。记卡片要求内容准确，可摘录原文，也可只记题目、出处，也可将自己的读书体会记下来。

张羽同志曾任鞍钢公司党委书记，当时笔者在鞍钢党委办公室工作。有一次笔者汇报工作后，谈起学习《资本论》的话题，张羽书记兴致很高，随手从办公桌抽屉里拿出一些学习卡片，将卡片上记的马克思的原话信手拈来，讲起了资本生出金蛋、资本家怎样剥削工人的剩余价值理论，可见读书记卡片很有益处。

利用电脑查找各种资料，放进自己的邮箱或U盘。电脑搜索范围不受限制，可以随时查阅所需的文献，而且速度快。通过百度可以搜索一些资料。通过中国知网、万方数据、全国图书馆参考咨询联盟等多家网站都可以搜索大量资料。将电子版资料存入邮箱，当为首选——便捷而安全。邮箱存的资料如果太多，可以将一些资料转入电脑"本地磁盘"或网盘。将资料存在U盘也可行，但要防止U盘丢失和中病毒。到一些图书馆借阅图书、阅览报刊，搜集内部网站电子版资料，也是搜集和积累资料的有效方法。一些图书馆有中国知网等大型数据库的资料，可以免费搜集，比较实用，应予以高度重视。每次搜集的电子版资料，可以将各个标题记在笔记本上，便于快速查找。

绝知此事要躬行

陆放翁诗云："纸上得来终觉浅，绝知此事要躬行。"世上各类书籍浩如烟海，数不胜数，读书最重要的目的就是指导实践，离开这一条，就失去了读书的意义。古人推崇"于无字处读经典，于无声处听惊雷"，就是强调读死书要与读活书相结合，理论要与实际相结合，夸夸其谈要与埋头苦干相结合。这样，于有字书学习知识、增加学养，于无字书认识世界、增加才干，读书的目的就达到了。

青年周恩来在天津南开学校读书时，曾写过一副自勉联："与有肝胆人共事，从无字句处读书。"[①]他告诫自己也劝诫青年朋友们：交友要有选择，要选良友、净友、益友；读书要注重实践，会读有字书，也要学会读无字书。

马克思在晚年给女儿劳拉讲过一则寓言：一个船夫摆渡一位哲学家过河，哲学家问船夫懂不懂得历史，船夫说不懂。哲学家说："那你就失去了一半的生命。"他又问："你研究过数学吗？"船夫说没有，哲学家说："那你又失去了一半的生命。"话音刚落，一阵大风把船吹翻了，两人都落入水中。船夫喊道："你会游泳吗？"哲学家回答说不会。船夫说："糟了，那你将失去了整个生命！"

单凭书本知识还远远不够，纸上得来的东西毕竟根系不深，必须经过亲身的践行，才能加深认识，化为自己的东西。只会读有字书、不会读无字书，就好比是一条腿走路，所行不速，更行不远，还容易摔跤；就像只会纸上谈兵的赵括，虽尽读兵书，夸夸其谈，连父亲名将赵奢都说不过他，却导致长平之战全军覆没，赵国一蹶不振；像把马列主义经典背得滚瓜烂熟却不了解中国革命实践的"左"倾主义者王明，让白区革命力量损失百分之百，红区革命力量损失百分之九十。

会读无字书，才能增强本事，是一个成熟者的标志。古往今来，那些事业成功者都是既善于读有字书，又善于读无字书，而且从无字书中获益更大。

多经事，是读无字书的一个方面。刀要在石上磨，人要在事上练。王阳明曾说过："人须在事上磨炼，做功夫，乃有益。若只好静，遇事便乱，终无长进。"玉不琢不成器，人只有在逆境的磨炼中才能有所成就，

---

① 周恩来思想生平研究会、天津南开中学编著：《周恩来南开中学故事》，人民出版社2019年版，第177页。

这就是在事上磨炼的含义。"不经一事，不长一智"，事实上有很多书本上没讲到的地方。一个人经的事多了，就成熟了、老练了，就会遇事不慌、做事有道、成事有方，就会想干事、会干事，还能干成事，那就成了杰出人物。

社会是一所没有围墙的大学，也是一部无字大书。人分三教九流，士农工商；事有千奇百怪，上天入地。读书人只有主动从象牙塔里走出来，拥抱生活，认识社会，才能做到"世事洞明皆学问，人情练达即文章"，成为社会的主角而不是看客，驾驭社会大潮而不是被其裹挟。毛泽东每到一处，必进行社会调查，开座谈会，了解各方面情况，以便做出正确决策，他有句名言"没有调查研究就没有发言权"，这其实就是在读社会这本无字书。

交到一个好友，会在学识见地上带来进步，会在风格节操方面受到裨益，还有朋友间的相互促进和切磋琢磨，这些都是书本上学不到的东西。如古人里的管鲍之交、高山流水、桃园结义等，都使当事人受益匪浅；现代人里的鲁迅与瞿秋白、陈寅恪与王国维、冰心与巴金、梅兰芳与齐如山、齐白石与徐悲鸿、周恩来与陈毅等，也是惺惺相惜、情同手足，不仅收获了友谊，事业上也实现了双赢。

善游历，即所谓行万里路。如果只坐在屋里读书，读得再多，也是死读书、读死书，不会消化，更难吸收，所以才有"百无一用是书生"之说。只有走遍天下，广接地气，亲自参与实践，做到理论联系实际，把有字书与无字书结合起来，这书才读活了。王阳明是读书人，可他年轻时就遍走四方，留心地势地貌，了解民风民情，后来成了一名文武全才的儒将，屡立战功，所向披靡，学问也是一等一的水准，还是心学创始人。注重理论联系实际，善于用书本知识指导社会实践。这样，我们就能做到读万卷书、行万里路、经万般事、驶万年船，事业有成，人生无悔。

读有字书，更要读无字书，游览锦绣江山，调研底层社会，成为毛泽东修身齐家治国平天下的必修课。1917年8月23日，毛泽东给远在北京的老师黎锦熙写了一封长信，对游学所见所闻所想所感进行总结，与老师进行探讨："今年暑假回家一省，来城略住，漫游宁乡、安化、益阳、沅江诸县，稍为变动空气，锻炼筋骨……乘暇作此信，将胸中所见，陈求指答，幸垂察焉。"① 黎先生收到信后，在日记中感慨："下午得润之书，大有见地，非庸碌者……"

业精于勤而荒于嬉

"业精于勤荒于嬉，行成于思毁于随"，这是唐代文学家韩愈《进学解》开头的两句话，意思是一个人的学业由于勤奋而精进，因为嬉玩而荒废；做人行事因为考虑周详而取得成功，由于随意任性而最终毁败。一勤一嬉，一思一随，正反对比，因果各异，含义鲜明，言简意赅。阐述的道理在于，一个人学问和品行的精疏成败，关键在于"勤"还是"嬉"，是"思"还是"随"。

一个人的才干、本领不是天生就有的，而是从后天的学习和实践中得来的。人的智商差别并不大，即使是天资聪明的人，他呱呱落地的第一声啼哭，也绝不是一首动听美妙的歌。从人的一生来看，即使是天才，也不可能事无巨细地通晓古今，不可能万无一失地预测未来。天才者不再勤奋学习，也会变得平庸。子路说："在南山生长的竹子，不必处理自然根根挺直，砍下来当箭射，可以贯穿犀牛皮，像这样的天生丽质，又

何必要学呢？"孔子说："如果在后面装上羽毛，前头装上箭头，不是能射得更直、更远吗？"孔子教育子路不要满足于天赋，而是要通过不断学习来提高自己。

读书习文必须勤奋刻苦、心无旁骛，始终精力充沛、专心致志。天下无难事，只怕勤奋人。万事开头难，难在有懒惰之心，难在怕麻烦而不去开这个头，久而久之，便真觉得事情太难而自己无能了。为了使自己成才，须控制自身的惰性，遇事不要拖拉。晚唐诗人杜荀鹤在《题弟侄书堂》中有言："少年辛苦终身事，莫向光阴惰寸功。"年轻时勤奋努力必将终身受益，切莫懒惰懈怠、虚度光阴。没有勤奋，以懒惰开始，以怯懦告终，何来天才？勤奋出本领，勤奋出成果。天才出自勤奋。一切有真才实学的人，盖出于勤奋。勤奋在历代都是弥足珍贵的。

司马光缺乏王安石那种过目不忘的聪敏和才气，但他具有惊人的刻苦精神。他编撰《资治通鉴》，不辞劳苦，阅读、考证了前人几百种"杂史"，经常翻阅、编写到深夜，有时通宵达旦。他用圆木为自己做了一个"警枕"，睡在上面稍微动一下，圆木枕头就会滚动，他便被惊醒，醒来就继续工作，绝不会因睡得太死而耽误时间。寒来暑往，历时19年，司马光终于完成了《资治通鉴》这部历史巨著，该书按年代编成294卷，共300多万字。

要想取得学业上的精进和成功，就必须做到勤和思。如果付出的比别人少，常懒散，常玩手机，就别奢望比别人得到的多，而且以后会加倍痛苦。因此，应当有"盛年不重来，一日难再晨"的危机意识，保持"三更灯火五更鸡，正是男儿读书时"的奋发精神，及时清除"明日复明日，明日何其多"的散漫拖延思想，养成"今日事今日毕"的良好习惯。如果人生只是沉湎于嬉戏玩耍，那么学业、事业就要荒废，"少壮不努力，老大徒伤悲"。人一旦没了勤勉追求，就会浑浑噩噩、随波逐流，人生也便失去光彩。我们都要给青春留下奋斗的注脚，当过了若干年回首往事的时候，不会因虚度年华而悔恨，也不会因碌碌无为而羞愧。

学林探路贵涉远，无人迹处有奇观。许多名言和无数事实说明，学精于勤，广识多才在于勤；"笨鸟"只要先飞，也可能先期到达目的地。有些先天素质并不优越甚至"先天不足"的人，荡起勤奋的双桨，获得了卓越的成就。马克思有句名言："搬运夫和哲学家之间的原始差别要比家犬和猎犬之间的差别小得多。"[1]不受天资愚笨与才干平庸的限制而努力学习不知疲倦的人，是自求上进的人。1953年6月30日，毛泽东接见中国新民主主义青年团第二次全国代表大会主席团时发表了关于青年团工作和青年成长的重要谈话。毛泽东指出："青年比成年人更需要学习，要学会成年人已经学会了的许多东西。"[2]青年缺乏生活阅历和工作经验，需要学习知识、掌握技术、提高本领，完成党和国家交代的任务。

只有不畏劳苦攀登的采药者，才能登上高峰采得仙草；只有不怕巨浪的弄潮儿，才能深入水底寻得骊珠。曾被恩格斯称赞"富于创造性的天才""学识渊博"的德国唯心主义哲学家黑格尔，中学时被人称为"平庸少年"，31岁当讲师，讲课却不受欢迎。但他经过刻苦钻研，40岁左右终于取得显著成就，对辩证法做出了杰出贡献。俄国拉吉舍夫说："在知识的山峰上登得越高，眼前展现的景色就越壮阔。"

"磨刀不误砍柴工。"越是工作繁忙，越不能放松学习。习近平总书记强调，年轻干部要发扬"挤"和"钻"的精神，多读书、读好书，并提出"三个不能"的明确要求："不能自我感觉良好、不屑学习，不能借口工作太忙、放松学习，不能为了装点门面、应付学习。"[3]许多年轻干部平时很忙，很少有大块时间学习，常常是"起趁鸡声舞一回"，用饭前、

---

① 《马克思恩格斯全集》（第4卷），人民出版社1958年版，第160页。

② 中共中央文献研究室编：《毛泽东年谱（1949—1976）》（第2卷），中央文献出版社2013年版，第124页。

③ 习近平：《努力成为可堪大用能担重任的栋梁之才》，载《求是》2022年第3期。

睡前、外出旅行时学习，哪怕只有半小时或十几分钟的空闲。这样坚持把零散时间用来学习，既简单易行，少花"成本"，又能学到不少东西，扩大自己的知识面。

启迪思维的金钥匙

科学思维是大脑中最珍贵的资源。有的时候，我们可能无法改变外在环境，但是我们可以改变自己的思维，换一种眼光和思维看问题，就有可能化问题为机遇，开辟出一条别样的成功之路。正是：一扇门关上了，另一扇窗会打开。

拉法格在回忆马克思时说过一段精彩的话："思考是他无上的乐事……他的头脑就像停在军港里升火待发的一艘军舰，准备一接到通知就开向任何思想的海洋。"[①]培养优秀的思维品质，是年轻干部开创新局的迫切要求。

思维的深刻性，集中表现在遵循形式逻辑思维和辩证逻辑思维的规律，全面、深入地思考问题，揭示事物的本质和规律，预见事物的发展进程。毛泽东说："要完全地反映整个的事物，反映事物的本质，反映事物的内部规律性，就必须经过思考作用，将丰富的感觉材料加以去粗取精、去伪存真、由此及彼、由表及里的改造制作工夫，造成概念和理论的系统，就必须从感性认识跃进到理性认识。"[②]"去粗取精、去伪存真、

---

① 苏共中央马克思列宁主义研究院编：《回忆马克思恩格斯》，人民出版社1957年版，第73—75页。

② 《毛泽东选集》（第1卷），人民出版社1991年版，第291页。

由此及彼、由表及里"这16个字，概括了"从生动的直观到抽象的思维"的过程，即从感性认识到理性认识的思考过程。

去粗取精，就是将大量感性材料进行分析比较，剔除无关紧要的、偶然的、琐碎的、陈旧的材料，保留精粹的、典型的、主流的、反映本质的、新颖的东西，找出各个方面、各个因素、各个事例的本质特征。

去伪存真，即剥掉虚假的、虚妄的东西，发现事物的真相，不要认假为真、以假乱真，被假象所迷惑。列宁有句名言："闪光的东西不一定都是金子。"[1]

由此及彼，即把孤立的零碎的感性材料联结起来，找出事物之间的相互联系，不仅知其一，而且知其二。由此及彼体现了逻辑推理中概念和判断之间的联系，也是辩证思维的要求。

由表及里，即根据事物的表里层次，用严密的逻辑、见微知著的机敏、反复的比较和多层次多角度的剖析，透过表面现象的迷惑和干扰，发掘、展示事物的深刻原因或内部本质，而不是浮光掠影、不求甚解、浅尝辄止。

思维的广阔性，表现在思路宽广、善于联想，能举一反三、触类旁通，运用日常积累的知识、经验，通过推测、想象，沿着各种不同的方向，或从不同角度进行有效的思维，不限于"每个问题有一个正确答案"。习惯于只求一个所谓唯一正确答案的人，常常与鲜为人知的创造性答案擦肩而过。

要扩展思维的空间范围，进行全方位的观察与思考，进行三百六十度的"扫描"，形成立体思维网络，全面考虑问题又不忽略事实的重要细节。要考虑事物的发展趋势，重视多种渠道的信息与信息反馈，全面权衡各种利弊，排除成见和杂念，制订和实施最佳的工作计划和方案。要

---

[1] 《列宁选集》（第2卷），人民出版社1972年版，第490页。

勇于突破一般思维常规，从新的角度思考别人认为完美无缺的结论，找出其缺点和不足，加以补充或扬弃；勇于跳出旧俗，冲破束缚，另辟蹊径，去想别人所未想、求别人所未求、做别人所未做的事情。

思维的灵活性表现为及时进行思维拐弯，随机应变，进行新的构思。即能在事物发展中审时度势，根据变化了的情况对问题作出及时而恰当的处理，而不是把别人的经验当成金科玉律，只知生搬硬套，用到不适用的地方。思维的灵活性，就是指一个人在进行思维这种脑力工作的过程中善于随机应变，不为成见所禁锢，善于迅速地从一个系统跳到另一个系统，不固定在一处去设想的能力。

思维的敏锐性指能够克服僵化的思维走势，不刻舟求剑，不落窠臼。能够对变化的情况作出敏捷的反应和抉择，能从细微的迹象看出形势的变化，由现象或部分推知本质或全体，如同"绿叶忽低知鸟立，青萍微动觉鱼行"。

想象力是思维的组成部分，是指在感性认识的基础之上，在自己头脑中创造出新形象的心理过程。想象力超过了最先进的计算机。想象力是科学家创造与发明的源泉，是政治家驾驭风云际会的航标，是军事家驰骋疆场的骏马。如果没有这种想象力，创造性的思维是不可能发展的。

具有丰富知识和经验的人，产生新的联想和独到见解的概率，要比知识和经验少的人多。"捉襟见肘难为舞，点水涓泽何来波。"提高想象力的重要方法是捕捉某一事物的有关特征，抓住这个特征的某一点生发开去，找到维系其他事物的中介，从而产生创造性思维。鲁班进山砍伐木料，因茅草划破手而发明了锯子。莱特兄弟制造发明的带内燃机的飞机，是从鸟类的飞翔中、从玩具直升机螺旋桨那里受到启发而成功的。德国气象学家魏格纳由于对一幅世界地图的联想，创造了"大陆漂移说"。

培养战略思维能力

年轻干部要全面提高素质，其中就包括培养战略思维能力，习近平总书记指出："战略问题是一个政党、一个国家的根本性问题。战略上判断得准确，战略上谋划得科学，战略上赢得主动，党和人民事业就大有希望。"①中国共产党在百年奋斗历程中，坚持以马克思主义为指导，深入研究中国的现实国情和时代的发展变化，从战略高度谋划中国革命、建设、改革，谋划社会主义现代化事业，制定了一系列符合中国实际和时代特征的路线、方针、政策，成功指引中国革命、建设、改革不断从胜利走向新的胜利，引领中华民族迎来从站起来、富起来到强起来的伟大飞跃。青年是祖国的未来和民族的希望，将来是要挑大梁担重任的，战略思维不可或缺。新时代年轻干部，在时代潮流中需挺身在前、冲在一线，尤其需要着力培养战略思维能力，亦即高瞻远瞩、统揽全局，善于把握事物发展总体趋势和方向的能力。

战略思维能力具有长远性、前瞻性。年轻干部首先要培养站得高、看得远的战略眼光。"欲穷千里目，更上一层楼。"只有站得高才能看得远，才能"观大势、谋大事"，才有对大势的把握能力和远见卓识，以及高瞻远瞩、谋划全局的高超智慧。一方面站位要高，高屋建瓴。站位决定眼界，站位决定眼光。没有远虑必有近忧，年轻干部要有长远思路，长远规划。另一方面要善于见微知著，观一叶而知秋，窥一斑而知全豹，在无数小事件中看到历史发展方向的大趋势，在许多偶然性事物中看到

---

① 《习近平著作选读》（第2卷），人民出版社2023年版，第582页。

规律的必然性。企业家李书福34岁时就看到了中国汽车工业的大趋势，怀揣着"做老百姓买得起的好车"的理想，毅然改行进入汽车行业，创办了我国第一家民营汽车企业，带领吉利成功完成了一系列国际化战略布局，积极推动中国汽车工业"走出去"。经过20多年蓬勃发展，吉利集团连续7年位列世界500强，在全球拥有10万余名员工。他自己也荣获"浙江省非公有制经济人士新时代优秀中国特色社会主义事业建设者"称号。

战略思维能力具有全局性、整体性。年轻干部要培养开阔、宏大的全局意识。提高战略思维能力，基础在于全局意识。"不谋万世者，不足谋一时；不谋全局者，不足谋一域。"年轻干部要主动关注党和国家的大事要事，主动融入时代发展的浪潮，善于站在时代前沿和战略全局的高度观察、思考和处理问题，培养"胸怀大局、把握大势、着眼大事"的意识。年轻干部要善于把解决具体问题与解决深层次问题结合起来，不能头痛医头、脚痛医脚；要善于把局部利益放在全局利益中去把握，不能只见树木、不见森林；善于把眼前需要与长远谋划统一起来，不能急功近利、投机取巧，不能一叶障目、不见泰山。

战略思维能力具有重点性、关键性，年轻干部要培养善于抓主要矛盾的意识。那些眉毛胡子一把抓、事无巨细齐头并进的做法，都是错误的思维方式和工作方法。只有找准突出问题，抓住事物的主要矛盾和矛盾的主要方面，创造性地进行谋划，才能提纲挈领、纲举目张，从而实现战略突破和完成战略目标。

战略思维能力具有开放性、创造性，年轻干部要培养善于创新的意识。青年最富有朝气、最富有梦想、最少保守思想，要勇于创新，敢于第一个吃螃蟹。要在学习前人做法和汲取前人智慧的基础上，创造性地思考问题、提出有创意的方案。习近平同志在福建工作时，主持制定了《1985年—2000年厦门经济社会发展战略》，组织100多人围绕三个基本问题进行了21个专题的研究，其中有4个是在全国首次提出，对厦门的发展起到了重要作用。①习近平同志的精准谋划、战略思考，既尊重规律、因地制宜，又富含开拓精神、首创精神，充分体现出超强的战略谋划能力，为广大年轻干部树立了光辉榜样。

战略问题是一个政党、一个国家的根本性问题，是从全局、长远、大势上作出判断和决策。重视战略，长于战略。年轻干部要眼光远大，胸怀全局，勇于担当负责，善于审时度势，经受风高浪急甚至惊涛骇浪的重大考验，使自己成长为中国特色社会主义建设的栋梁之材。

要有点"长板思维"

前些年，木桶理论曾风靡一时，即木桶能装多少水取决于短板，也叫短板思维。如今已渐被长板思维所取代，也叫"新木桶理论"。如果有一块足够长的长板，把桶向长板方向倾斜后就会发现，能装下的最大水量取决于长板。因为人们越来越认识到，在社会分工日渐细化的大环境里，那些面面俱到、没有明显短板也没有突出长板的人，往往平庸稀松，难堪大任。

在这个世界上，人人都有短板，而未必人人都有长板。人生苦短，精力时间有限，与其花很多力气去补齐短板，不如把主要精力放在长板上，把长板越做越长。那些成功人士，不是没有短板，而是长板特别长，弥补了短板的缺陷。

---

① 《"制定发展战略是习近平同志对厦门的一个全局性贡献"——习近平在厦门（四）》，载《学习时报》2019年7月22日。

数学家陈景润的长板是善于研究，短板是拙于表达。他就把全部精力都投入数学研究上，苦心孤诣；不会说话那就少说，沉默是金。结果他成了世界上大名鼎鼎的数学家，而不善言辞的那块短板也变得可以忽略不计。

小说家张恨水的长板是文笔出色、善于想象，短板是不善应酬、不会来事。他索性拒绝一切应酬，免得尴尬，而全力以赴扑在小说写作上。结果是越写越熟、越写越精，就靠写小说、爬格子，居然养活了全家老小近百口人，而且日子还过得很不错。在那个战乱频仍的年代，这确实是个奇迹。长篇小说《金粉世家》《啼笑因缘》的问世让张恨水的声望达到顶峰。

再如作家沈从文，他的短板是文凭低，只有小学文化，长板是深厚的文学修养，因此被聘请为大学教授。舞蹈家杨丽萍的短板是不会做家务，长板是舞蹈天赋，深耕长板让她成为著名的舞蹈家。学者钱钟书的短板是数学，高考时得了零分，长板是文史研究，他就在文史方面深入挖潜、做大做强，成了名噪一时的文史学者。

反之，那些试图补齐短板，在短板上大费周章的人，往往会心劳力拙、铩羽而归。不擅长商业模式运营，是杨澜的短板，她偏不信邪，想去试试。辛辛苦苦创办阳光卫视，却惨淡经营，入不敷出，最后以失败告终。她回过头来，继续做主持人，在长板上发力，又重回事业高峰。

还有大文豪马克·吐温，看见人家经商发财，也放弃自己的写作长板，想在不擅长的经商短板上发展。因为不具备经商技巧，破产后债台高筑。后来他重操旧业，继续回到长板上，成为世界级文学大师。

松下幸之助曾说："人生成功的诀窍在于经营自己的个性长处，经营长处能使自己的人生增值，否则，必将使自己的人生贬值。"长板思维的本质就是，一个人若想在某个领域取得成就，一定要找对方向、发挥长处，在这个领域里持续深耕。决定一个人上限的，不是短板，而是长板，真正厉害的人都具有长板思维。从这个意义上来说，世界上没有蠢材，只有还没找到自己长板的天才。

每个青年都渴望干成一番事业，但能否心想事成，取决于有没有长板思维、长板意识，把长板尽量做长。至于人生短板，能补长固然好，不能补长也无碍大局——如果长板足够长，一两块短板就无法阻止你前进的步伐。李白的短板是饮酒无度，误了不少事，孩子都跟着受牵连，但因为他写诗的长板特别的长，天下无双，成了人共景仰的诗仙，就连贪杯也变为美谈，"斗酒诗百篇"成了他的标配。当然，不是谁都能当李白，要想获得李白的待遇，你的长板要长到无人企及，否则免谈。

提升人际沟通能力

沟通，是人们在互动过程中进行信息、知识与情报等交流、传递、交换和分享，并寻求反馈以达到相互理解的过程。"工欲善其事，必先利其器。"只有拥有了理论、知识、文化、技能，提升内在素质，才能使自己成为一个有能力且懂沟通的干部，才能全方位思考问题，提高出谋献策的层次和能力，才能不做出格的事，不说出规的话，履行好职责。年轻干部首先要学习理论，拓展自己的知识面，多了解各方面的新知识、新信息，使自己在沟通中掌握话语权。

年轻干部提升人际沟通能力，要具备良好的沟通心态。心态好坏都是由自己决定的。要出以公心，襟怀坦白，不感情用事，不抱有个人恩怨；要将心比心，推己及人，不口是心非，不虚情假意，有话讲在当面；要相互尊重、以诚相见，严于律己、宽以待人，胸怀坦荡，不斤斤计较，不制造矛盾，不说长道短，不搞小团体，不拉帮结派；要充满自信，展示自我优势，显示个人实力，以诚恳的态度打动对方，让对方感觉到自己的态度和能力，从而取得对方的信任，达到沟通的目的。

年轻干部提升人际沟通能力，要选择好时机。"事之难易，不在大小，务在知时。"沟通要因人、因事、因时而异，考虑到沟通对象的具体情况。如果条件不成熟就匆匆沟通，往往欲速则不达；如果条件成熟了不及时沟通，就错失良机。对方情绪不好或正在气头上时，尽量不要沟通重要事项，避免对方失去理智，甚至做出冲动性的"决定"。

年轻干部提升人际沟通能力，要灵活应对不同的沟通对象。正职与副职沟通时，应该授权、放权，不越权；支持、依靠，不撒手；关心、揽过，不诿过。副职与正职沟通协调时，应甘当绿叶，当好参谋、助手。平级之间沟通时，要尊重对方，心平气和，坦诚相待，互相支持，以理服人，求同存异，和谐相处。与上级沟通协调时，尊重而不奉迎，不卑不亢，服从而不盲从，要有大局意识。与下级沟通时，要有民主作风，对下属一视同仁，"一碗水端平"，内不分亲疏，外不分彼此；多些宽容，大事讲原则；要放下架子，打掉官气，不应自视高人一等，把自己凌驾于下属之上，而应视下属为同志，把自己放在与下属一般平的位置，以平等为基点去待人、处事。

年轻干部要走出办公室，深入实践，深入群众之中，与群众加强情感上的沟通和交流，拉近与群众的距离，这样才能听到真话和实话，实现心贴心的沟通。要学会多使用群众语言，多用通俗易懂、生动活泼的语言，只有用群众的语言引起群众的共鸣，才能得到群众的充分理解和支持。

年轻干部与群众沟通的关键是解决好对群众的感情问题。干部和群众只是分工不同，无高低贵贱之别。你把群众当亲人，群众才会把你当亲人。开诚布公、虚怀若谷，群众自然愿"掏心窝子"、实话实说。与群众沟通，不要带权力色彩，不以强硬口吻说教，切莫颐指气使。打官腔、拿架子、讲空话、绕圈子，只会增加对方的反感。不能一味地讲深奥难懂的大道理，应时刻以人民群众为主体，话语体现民主性，可以达到相互之间的理解，才能真正为群众所接受和信服。要善于同群众交流，积极回应群众的所盼，多做一些"顺气""解结""纳言""化怨"之类的工作。

年轻干部提升人际沟通能力，要善于倾听。倾听是听到并能理解对方的意思。倾听是得到准确信息的手段，是拉近与对方情感距离的法宝，又是沟通出现难产时神奇的助产士。倾听是一个过程，以谦虚、诚恳、耐心的态度静下心来听，通过判断和推理获得正确的解释和理解，懂得"闻弦歌而知雅意"。有些年轻干部注重滔滔不绝地"说"，而忽略了"听"的重要性，导致沟通和交流不畅。"听"是说的基础。善于倾听，能够帮助年轻干部及时地获取未知信息，增进彼此的信任。要花较多的时间，和上级、和同事、和下级、和群众作面对面的沟通。只有认真倾听，才能找出别人的想法，避免局面变得尴尬，然后对症下药地去解决问题。

在倾听中保持冷静，把对方的话听完，包括自己不想听或不愿意听的东西。不宜经常打断别人的谈话，也不要与对方争论或妄加评论。松下幸之助经常问下属管理人员："说说看，你对这件事是怎么考虑的。""要是你干的话，你会怎么办？"一些年轻的管理人员开始还不太愿意说，但当他们发现董事长很尊重自己、认真倾听自己的讲话、常常拿笔记下自己的建议时，就开始发表自己的见解了。

年轻干部提升人际沟通能力，要换位思考，将心比心。即使我们的出发点是好的，如果不注意对方的感受，说话的口气很强势，就难以让人接受。要站在对方的立场上来想问题，常用"我觉得……你看这样可不可以、行不行""我赞同你的观点，同时我认为……"等交心式的语言表明自己的态度，则容易让人接受。

提升人际沟通能力，要求同存异。沟通中，由于人们的智慧、才能、性格不同，看问题的出发点、角度不同，沟通的结果常常不能一致，这就需要辩证思考，学会适时调整、适当妥协，求大同、存小异。沟通贵在换位思考，不强人所难，遇事好商量，主要的着眼点应该是寻找双方相同的地方，扩大相同的地方，逐步解决"不同"的认识和问题。适时调整是一种深层次的积极进取。沟通就是一个不断调整的过程。只有适时地调整，才能抵达沟通的彼岸。沟通中，求同存异，减少争执和分歧，找到双方的平衡点，找到双方都能够接受的好办法，达成共识，解决问题、推动工作。"两弊相衡取其轻，两利相权取其重。"适当妥协是沟通中的润滑剂，追求的是整体利益的最大化。

提升语言表达能力

有时，一句简短的话足以撞响时空的回音壁，余音不绝。有一次，在一些文人墨客聚会的场合，林语堂故作高深地说："大家都知道我是作家，但不知道我对演讲也有一些研究。"正当大家凝神静听他的高见时，林语堂说："其实也没有什么高深的，好的演讲越短越好。"

"说话"对年轻干部履职尽责尤为重要，是体现工作能力的重要方面。在许多情况下，他们的说在一定程度上就是做。宣讲党的政策、引导激励干部、如何解决难题，首先通过言简意赅、恰到好处的说话来提高认识、统一思想。有的同志说话时有见解、有深度，又生动活泼，让人难以忘怀，这与他的修养、见识、谋略、境界密切相关。

说短话是成熟的思想与精练的语言有机结合的产物。苏轼有言："凡文字，少小时须令气象峥嵘，彩色绚烂。渐老渐熟，乃造平淡。其实不是平淡，乃绚烂之极也。"成功人士成功的重要原因，是在说话时把握分寸，把话说得恰到好处。周恩来多次在外交场合，以他那高雅潇洒的气质、和蔼可亲的魅力、不卑不亢的风度、语言分寸的掌握、击中"要害"的技巧，赢得世人的赞誉。应关注讲话水平高的领导，他们怎样出题、怎样开局、怎样阐发思想、怎样结尾、怎样运用肢体语言。事后好好分析，从中得到启示。

邓小平的讲话总能"片言以居要"，就如他平易质朴的性格一样，给人们留下深刻的印象。毛泽东同志曾说："看邓小平的报告好像吃冰糖葫芦。"①如"学马列要精，要管用""坚持两手抓，两手都要硬""基本路线要管一百年"等，这些话蕴含深刻的道理。

邓小平晚年，女儿毛毛采访他："长征的时候你都干了些什么工作？"邓小平回答："跟着走。""在太行山时期都做了些什么事？"邓小平回答："吃苦。"1973年，邓小平从江西下放地回到北京，毛泽东第一次见他开口就问："你在江西这么多年做什么？"邓小平只用两个字回答："等待。"加拿大总理特鲁多问他三落三起、终重返政坛的秘诀是什么，他的回答是："忍耐。"谈精简军队的问题，他用"肿、散、骄、奢、惰"五个字。邓小平说话简洁明了，这并不是说他不能讲长话，而是说简洁的比例远远超过长篇大论。邓小平经常用自己起草1975年四届人大5000字的政府工作报告的经历，告诫同志们用语要简洁。

开口说话前，要先确定中心，围绕中心说下去。与中心无关的话，绝不提及。一次成功的讲话和发言，应开门见山，直奔主题，阐发思想，注意角色，准确掌握时间，给人以思想启发，有几句话能让人记住、让人愉悦。邓小平说："会上讲短话，话不离题。议这个问题，你就对这个问题发表意见，赞成或反对，讲理由，扼要一点；没有话就把

_____

① 欧阳辉：《向毛泽东学习写文章》，人民出版社2023年版，第121页。

嘴巴一闭。"①

多做事少说话（尤其在人多的场合少说话），不逞口舌之快，是为政者的成功经验。在一些场合，话多不如话少，话少不如话好。对待同级、下属，不要空话大话连篇。

参加会议，与朋友聚会，都得思考说些什么，了解谁会参加这次活动、活动的主题是什么。把要说的几个要点先排练一下，试着估计别人对此的评价以及他们的提问，为对方的反应做好准备。觉得胸有成竹的地方，也要对自己的言行抱着戒惧、审慎的态度，名副金口玉言之实，尽量少说，把话说得体，言简意赅，留有余地，让人接受。

莱特兄弟发明飞机之后一时成了大明星，经常参与各种盛大场面，往往还要登台演讲。可讲什么呢？讲制造飞机的原理，不仅枯燥，而且绝大多数人也听不懂；讲制造飞机的艰难过程，大家也不见得有兴趣。莱特兄弟知道，他们之所以获邀，不过是大家想一睹二人的真容而已。

莱特兄弟独特的演讲开始了。只见哥哥箭步走上台，对台下听众说："很高兴能和大家见面，不过，我们兄弟有分工，演讲的事情由我弟弟负责。"说完，弟弟兴致勃勃走上演讲台说："大家已经听了我哥哥的演讲，我宣布演讲完毕。"大家见到莱特兄弟如此简短睿智的处理方法，现场顿时爆发出一阵掌声。

兴趣与成才畅想

"青年兴则国家兴，青年强则国家强。"青年人无不渴望成才成功，

---

① 《邓小平文选》（第2卷），人民出版社1994年版，第283页。

有的人心想事成，有的人却铩羽而归，这其中有很多因素在起作用，哲学上说即多因一果，兴趣就是能否成才成功的一个重要因素。

兴趣是成才的杠杆。做自己有兴趣的事，愿意真心实意去做的事，做起来就是一种享受，就会两眼放光，再苦再累也甘之如饴，加班加点也乐此不疲。把工作与兴趣结合起来，上班就是一种享受；把兴趣与饭碗结合起来，既有收入又有幸福，可以实现双赢。而且因为兴趣使然，会更自觉投入、更积极进取，事半功倍，效果显著，因而也更容易成功成才。马克思的兴趣是理论研究，如痴如醉，一辈子殚精竭虑、废寝忘食，最后逝世在书桌前。牛顿的兴趣是物理学世界，常全神贯注、乐而忘返，忙到没时间恋爱、没精力结婚。达尔文原本可以做律师、神父、商人，都是既来钱又吃香的职业，可他最有兴趣的是花花草草、猫猫狗狗，终于发现了物种起源的秘密，用进化论回答了我们从哪里来的悬案。兴趣，使他们走上了成才之路，帮他们打开了成功大门。

科学家李政道年轻时就对物理学有浓厚兴趣，数十年如一日，每天都在进行演算试验。他的方式是"随时工作"，累了睡上两三个小时，然后起来接着做，他的口头禅是："累则小睡，醒则大干！"有时甚至拔掉家里的电话，专心于物理推演。天道酬勤，他终于一步一个阶梯，走上了诺贝尔物理学奖的领奖台，成了物理学界的大师级人物。而且他的兴趣保持了一生，直到现在，他每天仍要"生产"几十页手稿，徜徉在神奇的物理世界里，不知老之将至。

兴趣是成才的动力。古今中外，那些在事业上获得巨大成功者，无不得益于长年累月的坚持不懈、水滴石穿。而这些人又分为两类，一类是出于功利之心，为了成名成家，把获取成功当成动力，所以能够卧薪尝胆、苦苦坚持；另一类则是出于兴趣和爱好，把辛勤劳作当成自己生活不可或缺的一部分，并不以长年累月的辛勤工作为苦，反而甘之如饴，把每天的劳作当成兴致勃勃的娱乐，对于他们来说，工作着是美丽的。兴趣是最大的动力,大画家齐白石就是典型一例。他毕生画笔不辍,一日不作画就浑身难受,觉得少了点什么似的,一拿起画笔就精神百倍、两眼放光。他曾在85岁的一天上午写了四个条幅,并在上面题字:"昨日大风,心绪不安,不曾作画。今朝特此补之,不教一日闲过也。"

把兴趣与成才结合起来,把工作当成兴趣,对辛苦、劳累都能坦然接受,就会觉得奋斗是一种幸福,坚持不懈就不再是对毅力的考验。于是,就能在心平气和中积累成功,就能自然而然走向辉煌,或许会有那么一天也跻身于成功者的行列,届时可能同样会有人问:"您奋斗了那么多年,是不是很辛苦啊?"我们也会像李政道、齐白石那样坦然回答:"没觉得苦啊,这就是我的兴趣。"

成功的背后,永远是艰辛努力。要把艰苦环境作为磨炼自己的机遇,把小事当作大事干,一步一个脚印往前走。滴水可以穿石。只要坚韧不拔、百折不挠,成功就一定在前方等你。我们要把兴趣与成才结合起来,把工作当成兴趣,真心热爱,真情投入。这样,即便我们的成就并不昭著,也可问心无愧,活得有声有色、有滋有味,实现自己的人生价值,不白来人世走一趟。

本事都是逼出来的

王阳明曾语:"天下事有所激有所逼而成者,居其半。"所谓"本事都是逼出来的",不是说人一逼就有本事了,而是说被逼着去学本事、长才干、挖潜能,学着学着本事就到手了、才干就长进了、潜能就出来了。

曾国藩说:"本事都是逼出来的。"这既是其心得体会,也是其经验之谈。他资质平平,读书迟迟不开窍,背书居然还背不过在屋外偷听的窃贼。科举也不顺畅，考了七次才拿到秀才"文凭"，远不如同期的左宗棠、李鸿章、胡林翼等。父亲一提起来就叹气摇头，说他不是读书的料。可是他却下死力、出狠劲，悬梁刺股，硬是把自己逼成了举人、进士，成为同时代最会读书的人之一。

他本是文官，写诗填词尚可，打仗则完全是外行，连刀枪都没摸过，被逼着"鸭子上架"后，打仗的本事就在一次次失败的基础上学到了。一开始他屡战屡败，因兵败投河自杀就有两次，但他屡败屡战，不断总结提高，生生把自己逼成一个力挽狂澜的军事家。

逼出来本事，最重要的是自己逼自己。红军时期，有个20岁的"娃娃师长"李天佑，还有个23岁的少共国际师师长吴高群、17岁的师政委萧华。他们都没上过军校，也无名师指点，肩负重担后，为了增长打胜仗的本事，就逼着自己向兵书学、向前辈学、向士兵学、向群众学，甚至向敌人学，在战争中学习战争，逼出一身打仗本事，指挥千军万马，锐不可当，屡立战功。

逼出来本事，还包括形势之逼。新中国成立伊始，亟须向一些建交国家派大使，形势喜人又逼人。没有现成的外交人才，就从一批身经百战的老红军里选拔，有伍修权、耿飚、姬鹏飞、黄镇、韩念龙等数十人，他们都是赫赫有名的战将，在战场上叱咤风云，却对外交一窍不通。为适应形势的逼迫，他们从头学起，逼着自己学习吃西餐、穿西服、说外语、熟悉外交礼仪，很短时间就"出师"了，外交工作搞得有声有色，后来都成了我国外交界的风云人物和重要领导。

逼出来的本事，也包括他人之逼。1959年，苏联撕毁协议、撤走专家，并扬言"没有他们帮助，中国永远造不出原子弹"。他们这一逼，逼出了中国人自力更生的志气和决心，逼出了中国人的智慧和创造精神，逼出了中国人的能耐和本事。不到十年工夫，我们就造出了原子弹、氢弹、核潜艇。后来，毛泽东曾幽默地说，为了感谢这一逼，要奖励他一枚一吨重的奖章。①

当前，某些国家对我们从不消停的封锁、禁运、制裁、垄断，也都是在逼我们长本事。近些年来，制造大型计算机、程控交换机、盾构机、航母、大客机、预警机、高铁、芯片的本事，都是这样逼出来的。

"不逼自己一把，就不知自己有多优秀"，这是时下青年群体里很给力的一句励志金句，还可以换句话说，"不逼自己一把，就不知自己能学多少本事"。谁的本事都不是生下来就有，都是后天学到的。人的潜能是无限的，逼自己一把，才发现自己原来可以干很多的事，可以学会很多能耐。

习近平总书记指出："年轻干部要提高解决实际问题能力，想干事能干事干成事。"②强国伟业，实现中国梦，需要一大批有本事能干事的人。决策者要有运筹帷幄决胜千里的本事，执行者要有能完成任务的本事，这些本事也都是逼出来的。当代有志青年一定要牢记这样三句话：自己逼自己长本事，贵在自觉，牢记使命责任；形势逼自己长本事，贵在创新，要与时俱进；他人逼自己长本事，贵在争气，狭路相逢勇者胜。

当然，逼自己长本事，肯定不是轻松愉悦的事，而是给自己找不痛快，自加压力，自添麻烦，需要有"衣带渐宽终不悔"的毅力，经受住"劳其筋骨，饿其体肤"的磨炼，进行"卧薪尝胆，三千越甲可吞吴"般的拼搏。不这么干就难长本事、难有出息、难建功业，这也就是《红楼梦》里袭人那句话："成人不自在，自在不成人。"

---

① 中共中央组织部、中共中央文献研究室编：《知识分子问题文献选编》，人民出版社1983年版，第231页。

② 《习近平在中央党校（国家行政学院）中青年干部培训班开班式上发表重要讲话强调：年轻干部要提高解决实际问题能力 想干事能干事干成事》，载《人民日报》2020年10月11日。

不哭几回就不会长大

一个年轻干部因缺乏经验，加上粗心大意，出现严重工作失误，险些酿成大事故，因而受到处分。他在大会上做检讨时痛心疾首、泣不成声，听者无不动情。主持会议的领导却没心软，语重心长地说："哭吧，青年人不碰几次钉子，不哭几回就不会长大。"

在长征以来的第一大战役湘江战役中，红军被国民党军队层层包围，损失惨重，将士们看着一个个阵亡的战友心如刀绞、泪如雨下。这泪水既有对牺牲战友的追忆怀念，也有对错误路线的怀疑反思。后来的遵义会议纠正了错误路线，产生了新的领导，使红军转危为安，重回正确轨道，取得了长征胜利。

甲午战争后，清政府割地赔款，国势日颓，爱国志士谭嗣同写下："四万万人齐下泪，天涯何处是神州？"诗人丘逢甲哀号："四万万人同一哭，去年今日割台湾。"外交家黄遵宪痛呼："苍天苍天泪如雨，倭人竟割台湾去！"国人在哭声中觉醒奋起，用泪水血水冲刷国耻，历经几十年浴血奋战，终于彻底实现民族解放。

可见，不管是一个人、一个组织，还是一个民族，不哭几回，是不可能进步的。这种哭，自然不同于无知孩童的放声大哭、失意男女的号啕大哭，而是痛定思痛的深刻反思，悔恨交加的心理斗争，浴火重生的精神洗礼，知耻后勇的公开宣言。这样的哭，促人反省，激人进取，助人提升，是进步的铺垫，成长的代价，成功的阶梯。

反之，如果平时不哭几回，没有及时的反思与警醒，看不到自己的弱点与短板，等各种矛盾和问题积累到最后来一个总爆发，那就积重难返，悔之晚矣。南唐皇帝李后主，生于后宫，长于妇人之手，平日只知吟诗弄词、寻欢作乐，百姓受灾他不哭，朝政混乱他不哭，大军压境他不哭，从不知忧愁为何物。直到做了赵匡胤的俘虏后，才深感亡国之恨、兵败之辱，终日以泪掩面、愁肠百结，"恰似一江春水向东流"。

人生在世，没有一帆风顺的，总免不了要摔跤、碰壁、走弯路、受挫折，此时此刻郁闷痛苦无法排遣。如果实在憋得难受，那就哭吧，用泪水磨砺意志，用哭声告别旧我，然后弃旧图新，发奋努力，卧薪尝胆，埋头苦干，使得人生迈上新台阶、事业更上一层楼。从这个意义上来说，哭，就是在为成长交作业，为进步付学费，为成功打基础。

"男儿有泪不轻弹，只因未到伤心处。"哭，狭义的理解，是人类生理情绪的宣泄，如泪流满面、悲声阵阵、掩面而泣、伤心欲绝等。哭，还有一层意思，是人类心理活动的表现，如对错误的痛悔、对失败的反思、对教训的总结、对未来的期许。这样的哭，无异于一次激烈的思想斗争，一次对错误根源的彻底清算，可触动灵魂、强化精神、砥砺意志，哭一次就会成长一大步、进步一大截。电视剧《士兵突击》里的许三多，每哭一次，就进步一点、提升一步，从一个懵懵懂懂的新兵蛋子成长为八面威风的"兵王"。而现实生活中的"兵王"何祥美，精通各种步兵武器和特种爆破、深海潜水、悬崖攀登、伞降机降等作战本领，人称"三栖精兵"。为了这些成绩的取得，他冬练三九、夏练三伏，不知流了多少汗水与泪水，终于成了"艰难困苦，玉汝于成"的又一范例。

"不哭几回，是不会长大的。"这种"哭"一定要发自内心，真情流露，要痛哭不已，有撕心裂肺之感，要哭一回就记上一辈子，有凤凰涅槃之感，这样的哭才能真正成为进步的阶梯。这种"哭"绝不是表面作秀，看起来一把鼻涕一把泪，哭得凄凄惨惨戚戚，其实是小和尚念经——有口无心，雨打地皮湿，过后又旧态复萌，想咋干还咋干，这种人要想继续进步成长，就像牵骆驼过针眼一样难。

提升表达须勤讲多练

表达能力，指一个人把自己的思想、情感、想法和意图等用语言、文字等清晰明确地表达出来，并让他人理解、体会和掌握。作为一个年轻干部，怎样才能精进表达能力，让自己成为一个表达高手呢？

积累学识，是表达能力的基本功。古人云："巧妇难为无米之炊。"学识积累不够，表达就是无源之水、无本之木。要想提高表达能力，平时就要多学习、多积累。无论是书本知识，还是经验常识，无论是政治、经济、文化，还是法律、道德，都要勤于学习、努力积累，以掌握丰富的学识，这样在表达的时候才能有更多的素材和论据支撑你的观点。譬如，作为一名律师，具备丰富的法律知识、法学素养，掌握大量的经典案例，具有较高的专业水准，充分了解相关的信息，才可以在必要时刻有理有据成功完成辩护任务。

敢于开口，就成功了一半。好口才的第一个拦路虎就是不敢说，怕出丑。因此，提升表达能力首先要锻炼胆量，敢张嘴。抓住每一次公开表达的机会，大胆发言，不要怕羞、怕出丑，当你说出来的时候就会发现，其实并没有想象得那么难。英国戏剧大师萧伯纳年轻时胆小木讷，拜访朋友都不敢敲门，常"在门口徘徊20多分钟"，怯于开口。后来，他鼓起勇气参加辩论学会，不放过一切机会和对手争辩。他练胆量，练语言，练机智，终于成为一代演讲大师。他的演说、妙对传诵至今。有人问他是怎么练习口才的，他说："我固执地、一味地让自己出丑，直到我习以为常。"

反复练习，必定会熟能生巧。著名演讲家马相伯认为，演讲成功的秘诀就在于"勤讲多练"，人人都是这样走过来的。古代希腊演说家德谟斯蒂尼斯从小口吃，讲话讲不清楚，也非常害怕当众讲话，但他立志成为一名演说家。为矫正口吃，使口齿清楚，他将小石头含在嘴里不断地练习说话。他曾经把自己关在一个黑屋子里练习，为了避免别人打搅，竟把头发剃去一半，成了阴阳头，硬逼着自己专心致志地练习口才。经过12年刻苦磨炼，终于成了著名演说家。

革命先驱萧楚女在重庆国立第二女子师范教书时，除了认真备课外，每天天刚亮就跑到学校后面的山上，找一处僻静的地方，把一面镜子挂在树枝上，对着镜子练演讲，从镜子中观察自己的表情和动作。经过这样的刻苦训练，他掌握了高超的演讲艺术，他的教学水平也很快提高了。后来，他成了大革命时期最著名的演说家，许多人就是听了他的演说走上了革命之路。

充分准备，不打无把握之仗。不是逮着什么说什么，乱说一气。想要说得精彩，必须有充分的准备。而准备过程，其实也是提升自信的过程。假如你要参加一个演讲，你很紧张，担心讲不好，那就好好准备：调整好心态，想好要达成的目的和采用的表达方式，把稿子背得滚瓜烂熟，再请人指导，那表达效果一定很好。

著名诗人、演讲家闻一多，在清华大学读书时，为参加一次演讲，不仅反复修改讲演稿、收集相关资料，而且曾一天到钟台下练习演讲8遍；第二天又"夜外出练习演说12遍"；五天以后，他又在天寒地冻的深夜，对着一片湖水，迎着呼啸北风练习演说。回到宿舍仍不罢休，又"温习演说5遍"。最后，他的演讲大获成功，好评如潮。

表达能力的提高，对于一个人的建功立业很重要，有人认为不过是耍嘴皮子，雕虫小技，那就大错特错了。苏秦、张仪靠三寸不烂之舌，成了左右春秋战国大局的重要人物；毛遂自荐，以雄辩之才说动楚国出兵，解了邯郸之危；诸葛亮舌战群儒，促成了孙刘联合抗曹的大局；毛泽东在张思德追悼会上的演讲《为人民服务》，明确阐述了党和军队的宗旨，成为基本遵循；马丁·路德·金的演讲《我有一个梦想》，掀起了反对种族歧视的高潮……

当老师、办企业、做主持、搞采访、做中介等，哪一行离得开表达与交流？优异的表达能力必定会让有志者如虎添翼，给自己的工作加分增效，叩开事业成功的大门。

保持关注是成功之钥

人生在世，谁都不愿碌碌无为、一事无成。渴望成功是每个青年的共同愿望，想取得事业成功有很多诀窍，其中很重要的一条就是保持关注。青年人兴趣很广，这是优点，但也容易见异思迁，这山望着那山高，缺乏必要的持续关注，往往是东一榔头西一棒槌。因为注意力不集中，可能会蹉跎岁月，一事无成。因而保持关注、聚精会神，应该成为青年人的良好习惯。

关注，顾名思义，即关心加注意。一般的关注，无非多看几眼、多说几句而已；而投身事业的关注就要复杂和严格多了，需要全力投入，倾注心血，聚精会神，心无旁骛。

绝大多数成功者都是一辈子只干一件事，把这一件事干到极致。齐白石一辈子就关注画画，九十多岁还每天都要作画，他的座右铭是"不教一日闲过"，成了国画大师；巴金一辈子就关注写小说，对别的都没兴趣，成了文学巨匠；袁隆平一辈子就关注杂交水稻，全力以赴，奋斗一生，成了世界著名水稻专家；梅兰芳一辈子就关注唱戏，殚精竭虑，苦心孤诣，成了京剧大师；顾景舟一辈子就关注做壶，精雕细刻，反复钻研，成了宜兴紫砂壶大师；谢晋一辈子就关注电影，呕心沥血，倾情投入，成了大师级电影导演……

梁实秋一生专攻文学，高度专注。最终，他的小品随笔成大气候，《雅舍小品》风靡一时，再版数十次，凡有井水处，皆有梁文。他的译作也成就斐然，领先一时，他花40年时间完成了《莎士比亚全集》的翻译，一举奠定了自己著名散文家、文学批评家、翻译家的历史地位。

可见，要想取得事业成功，一般的保持关注还不行，还必须保持密切关注、高度关注、长期关注，才能心想事成，好梦变为现实。具体来说，要有"路漫漫其修远兮，吾将上下而求索"的远大志向，有"衣带渐宽终不悔，为伊消得人憔悴"的拼搏精神，有"咬定青山不放松，立根原在破岩中"的坚韧品格，有"黄沙百战穿金甲，不破楼兰终不还"的坚定决心。这几条都具备了，才称得上是始终保持密切关注，成功也就水到渠成了。

坊间有一句经验之谈：简单的事做熟练了就是行家，复杂的事能掌握了就是专家，难做的事拿下了就是牛人，人人能做的事做到极致就是巨擘。想当行家、专家、牛人、巨擘，固然需要才能、悟性、心灵手巧，最重要的还是始终保持专注。作家二月河在谈到"成功秘诀"时说过一段话："我没什么才气，但运气还算不错，我写小说基本上是个力气活，不信你试试，一天写上十几个小时，一写20年，怎么着也得弄点东西出来。"一天十几个小时写上20年，就是保持关注的生动写照。

保持关注，对年轻干部而言，就是要牢记习近平总书记在省部级主要领导干部专题研讨班上发表的重要讲话："全党必须增强忧患意识，坚持底线思维，坚定斗争意志，增强斗争本领，以正确的战略策略应变局、育新机、开新局，依靠顽强斗争打开事业发展新天地，最根本的是要把我们自己的事情做好。"①年轻干部的保持关注，就是要把主要精力放在履行使命上，为官一任造福一方，努力打开局面，带领群众开创一片新天地。

话说"眼高手低"

眼高手低，志大才疏，是时下很多人尤其是年轻人的通病，即眼光、眼界过高，手法、手艺过低；要求他人或社会的标准很高，甚至不切实际，其实自己也做不到。

几年前，加拿大德斯塔德公司一项全球民意调查显示，有将近一半加拿大人感觉自己大材小用，英雄无用武之地。而觉得大材小用的人比例最高的国家是中国，高达84%，排名第二、第三的是土耳其以及希腊，分别有78%和69%。这就是眼高手低的典型表现，其实哪有那么多"大材"？若真把那些人放到"大材"的位置上，恐怕绝大多数都难以胜任。

但笔者并不认为眼高手低是多大的缺点，"手低"固然是不如人意之处，是人生短板；"眼高"却未必就不好，若用得好，当是人生优势。一个人有眼光，眼力高，眼界开阔，肯定是个难得的长处。刘备为何与诸葛亮一拍即合，首先是折服于他的眼光与眼界。林则徐的难能可贵，则在于他是第一个"放眼看世界"的贤者。鲁迅的眼光如炬，高屋建瓴，使他成为对国情研究最透的思想家。马化腾的独具慧眼，使他开创了腾讯的新领域，便捷了即时通信，造福了亿万网民，家喻户晓。

---

① 《习近平在省部级主要领导干部"学习习近平总书记重要讲话精神，迎接党的二十大"专题研讨班上发表重要讲话强调：高举中国特色社会主义伟大旗帜 奋力谱写全面建设社会主义现代化国家崭新篇章》，载《人民日报》2022年7月28日。

古今中外，就眼与手结合的类型上，大致有四种不同的组合模式：一是眼高手低，这是较为常见的现象，初出茅庐的青年人，自认怀才不遇的人才，言过其实的赵括、马谡等，多是这种人；二是眼低手高，要做到这个很难，因为眼光高低也能影响一个人的手法、手艺、手段，眼低寡闻者终难成大器，或许有极个别能工巧匠能臻此境界；三是眼低手低，这是最没悬念、没争议的搭配，也最合乎一般逻辑，他们既无多高追求，也无多少技艺，得过且过，难干出什么名堂；四是眼高手高，这种人也不多，特别是其中的出类拔萃者更少如凤毛麟角，但一旦炼成，那就非同凡响，犹如鹤立鸡群，不是大师鸿儒，就是领袖巨匠。

一般来说，大学教育主要解决学生"眼高"的问题，通过几年系统的理论学习、各路名师的指点、经典著作的熏陶、严格科学的训练，培养学生高度的审美眼力、高超的专业眼光、高深的文化眼界、高强的科技视野，知道什么是最好的，什么是尖端前沿，什么是奋斗方向，如果能做到这一步，学校就算基本完成任务。所以，大学生、研究生、博士生出现眼高手低的现象是再正常不过的事，因为他在学校里主要是纸上谈兵，少有动手实操的机会，而手艺、手法、手段是需要在工作实践中反复练习才能提高的。因而年轻人进入工作岗位后，首先要解决的正是"手低"问题，这既要看工作环境、客观条件，更要看个人努力和毅力悟性。一个人若能通过潜心磨炼，不懈奋斗，迈过"手低"这个坎，达到眼高手高的境界，那就是个优秀人才了。

最怕的是，一直眼高过顶，傲世轻物，背着高学历的包袱沾沾自喜，却疏于在实践层面提升自己，瞧不起"雕虫小技"，不肯在提高技艺、完善技能、熟练技术上花时间、下功夫。结果是用人单位看你是志大才疏，绣花枕头一肚子糠，是个夸夸其谈的马谡之流；你却觉得自己大材小用，明珠暗投，千里马难遇伯乐，姜太公盼不来周文王，诸葛亮等不到刘玄德。最终只能蹉跎岁月，一事无成。

眼高手低并不足惧，更非什么了不起的毛病，需要的是尽量保持住"眼高"的长项、努力弥补"手低"的短板，积极向眼高手高的方向进发。这样，即便将来成不了大师巨匠，也会成为某方面的行家里手，既可奉献国家、服务社会，又可养家度日、安享小康，岂不乐哉？

如今国家每年都开展大国工匠的评比，他们就是眼高手高的楷模，在关键岗位上发挥中流砥柱的作用，为经济社会建设做出重大贡献，令人敬佩。青年人当见贤思齐，以他们为楷模，努力把自己变成一个有眼光、有技术、有情怀、有本事的建设人才。

"及时归零"的意义

中华人民共和国成立70周年前夕，袁隆平获得了"共和国勋章"殊荣。在接受记者采访时，他很淡定地说："这个事已经过去，一切从零开始，我明天就要回去下田。"这是一名科学家的宽阔襟怀，也是典型的归零心态。

说到袁老归零，还有一件逸事。一次去国外接受一个联合国颁发的全球粮食突出贡献奖，袁隆平想省点经费，就带了大包小包的榨菜、方便面、辣酱、火腿肠等。因为东西比较多，过海关时，一不小心就把那个装奖杯的包落下了。后来，海关工作人员打开包一看，原来是刻着袁隆平名字的奖杯，马上和他取得联系。袁隆平这才发现把奖杯忘掉了，还幽默地表示："我说怎么会感到那么轻松呢！"沉甸甸的奖杯当然很珍贵，但在袁隆平眼里，那也算不了什么，没有了奖杯的重负，他还可以活得更轻松、更自在。

作家刘震云也说过："归零心态就是把自己心灵里的一切清空，把已经拥有的一切剥除，一切归于零的心态。"我们拥有的东西很多，精神的物质的，五花八门，其中最看重的无非是荣誉与成就、名声与功劳，所谓清空归零，就是要看淡这些东西，把其当成身外之物，不要当成精神包袱背起来。

及时归零，才能轻装上阵，快步疾跑。人生路上，竞相奔走，有人能持续前进，不断取得新的成就，一辈子都在向上走，就像"共和国勋章"获得者水稻专家袁隆平、核潜艇总设计师黄旭华、医学专家屠呦呦、优秀农民代表申纪兰等，就是因为他们善于及时归零，眼睛总往前看，始终有新的奋斗目标，而不是喜欢回头数脚印，躺在功劳簿上睡大觉。反之，有人一开始志向很高，干劲很猛，敢想敢干，锐意创新，因而成就突出，名声四传。但由于没有及时归零，死死抱住已取得的成绩不放，沾沾自喜，洋洋自得，结果如牛负重步履维艰，再也难干出新名堂、创造新业绩，很快就被时代淘汰，成为明日黄花。泰戈尔说："鸟翅拴上黄金，它还能高飞吗？"其实不论绑上什么，都无法高飞。

及时归零，才能创造新的辉煌，做出新的贡献。20世纪80年代，中国女排在夺得第三届世界女排冠军后，个别队员产生自满情绪，飘飘然起来。袁伟民教练及时告诫队员们：成绩只能说明过去，我们要一切从零开始，把冠军丢到脑后重新研究战术、研究打法。正是这种归零的心态使女排队员们戒骄戒躁，乘胜前进，取得了五连冠的殊荣。今天的女排教练郎平，同样在取得2019年女排世界杯冠军后，要求队员们尽快忘掉过去，抓紧备战，把眼睛瞄向东京奥运会。有这样的心态、这样的境界，女排姑娘们一定能再接再厉，创造新的辉煌，续写女排精神的新篇章。

及时归零，才有更大发展空间。不论是手机还是电脑，每过一段时间就要清空归零以腾出空间，否则被各种信息、软件、垃圾挤满，就无法正常运转。人也是如此，如果自满自足起来，满脑子都是自己取得的荣誉，沉浸在既往的成就上，就很难再有大的发展。2006年莫言获得日本福冈亚洲文化奖，成为继巴金之后第二个获得该奖的中国作家，在获奖感言中，他说"希望自己一周后就忘掉"，因为还有更远大的目标。正是因为莫言的及时归零，为自己的发展腾出空间，才有了以后的美国纽曼华语文学奖、茅盾文学奖、韩国万海文学奖，乃至诺贝尔文学奖。

当然，把荣誉和成绩归零，不是彻底忘掉，也不是不当回事，而是摆正位置，不囿于此，绝不能一步三回头，或左顾右盼，把精力都放在数脚印上。真正有大志向者，都是及时归零的人，不会沉湎于昔日成绩的。初定天下的刘邦，无暇自我陶醉，便筹划着"安得猛士兮守四方"。1949年，面对全国胜利，毛泽东告诫全党"这只是万里长征走完了第一步"①。爱迪生每成功发明一件产品，就马上把眼光投向下一个发明，他对于那些总问他共有多少项发明的记者说，那是数学家和会计的事，与我无关。他们正是因为善于及时归零，眼睛盯着前方，聚精会神，心无旁骛，才走得更远更稳。

回眸青史

苏轼判断失误的启示

虚心自知，是医治骄慢的一剂良方。谦虚有礼不光是说些客气的话，主要是实事求是地看待自己的优势和劣势、长处和短处，对自己

---

① 中共中央文献研究室编：《中华人民共和国开国文选》，中央文献出版社1999年版，第42页。

的意见与看法带着一种"可能有错"的保留态度，虚心地听取别人的意见，关心别人的感受和反应，不用自己的长处去比别人的不足，不被赞美冲昏头脑。

谦卑抱朴是一种智慧，是为人处世的黄金法则。懂得谦卑抱朴的人，临事不张扬，不动声色，每逢大事有静气，往往更易得到人们的尊重和敬佩。英国作家塞缪尔·约翰逊说："大人物的礼貌是永远不会浪费的。"大师的话，浸透了人生的彻悟，放射出智慧的光芒。

苏东坡乃是博学之士，在文学上取得了极大的成就，有时候也凭"想当然"，先入为主，闹出笑话来。做学问、办事情，都必须仔细调查研究，既不要以一般代替个别，也不要以个别代替一般，防止发生"只知其一不知其二"的主观主义错误。

苏轼，字子瞻，号东坡居士，四川眉山人，有过人的才华，是一位大文学家，诗、词、散文都称大家，在我国文学史上占有重要的地位，知名度和美誉度很高，国人耳熟能详。他的诗作忧国忧民如屈原，恬淡简朴如陶渊明，任情挥洒如李白，寓意深厚如杜甫，充满了对人生的深刻感悟；他的词作雄壮为骨、超逸为肌，开创豪放派词风……据说当时日本、朝鲜等国派人常驻开封，高价收购苏轼的作品。"东坡之文，落笔辄为人所传诵。"

传说苏轼常和妹妹苏小妹作诗答对。苏小妹额颅凸起，苏轼笑道："额眉已入堂门内，脚跟尚留庭院中。"苏小妹也不甘示弱，看了看苏东坡下颔之长，吟道："前年一滴相思泪，而今方流到腮边。"

苏轼仕途坎坷、饱经沧桑。早年，苏轼是翰林院的学士，才华横溢，有时自命清高，在宰相王安石的面前也恃才傲慢。《警世通言》中有一则他误改王安石菊花诗的经典故事。

有一天，苏轼去拜访宰相王安石，在书房等候时偶然见砚台下压着没有写完的一首咏菊诗，是王安石的笔迹："西风昨夜过园林，吹落黄花满地金。"苏轼看后心里想道，这不是胡言乱语吗？暗笑王安石江郎才尽：菊花在深秋盛开，敢与秋霜鏖战，最能耐寒、耐久，只能枯萎，不落花瓣，说"吹落黄花满地金"，岂不大错特错。于是挥笔依韵添了两句："秋花不比春花落，说与诗人仔细吟！"写下后便告辞离去。

王安石回来取诗稿一看，有苏轼的笔迹，对于他自以为是的作风很不满意。后因政见不合，他便把苏轼贬为黄州团练副使。

苏轼在黄州住了将近一年。深秋时节，一天风息之后，他偕好友陈季到后园赏菊。只见菊花纷纷下落，满地铺金，枝上全无一朵，惊得他目瞪口呆，半晌无语，方知黄州菊花果然落瓣，深为自己一时轻薄、自负而愧疚，不该自以为聪明随便讥笑别人。后来他虚心地向王安石认了错。

有道是："见不尽者，天下之事；读不尽者，天下之书。"如果过于自信，自恃才高，仅凭主观臆断就妄论是非，即使像学富五车、才高八斗的苏轼也会因"自以为得其实"而贻笑大方。

在与人相处的时候，碰到不明白的问题，要真心实意地向对方请教。态度要诚恳，要注意尊重他人，提出的问题要简洁明了，抓住核心，不要在请教之前来一段讨好性质的开场白，然后才扭捏地提问题。这会让对方觉得你不是真心来请教的，而是来套近乎的。

在踌躇满志、位尊权重、春风得意之时，要比屡遭挫败、穷困潦倒时更需加强从政道德修养，以谦虚为上，自我节制、自我调控，筑起抵御骄傲的防线。要消除权力之威带来的强势心态，时时给自己泼点冷水，切不可因强而骄，轻慢上级，侵凌同僚，冷落下属。要以宁静平和的心态与人相处，于不显不露中成就一番事业。当政绩突出时，多想想前人打下的基础、组织给予的支持、群众付出的艰辛。

只有放下架子，诚恳待人，谦逊礼让，学会低头，才能避免碰头，看清楚脚下的路，永远行进在"赶考"路上。

第五章 | **珍惜青春年华，拼搏托起梦想**

——年轻干部奋斗之道

奋斗是青春的底色

人类的美好理想，任何时候都不可能唾手可得，都离不开胼手胝足、焚膏继晷、锲而不舍、驰而不息的艰苦奋斗。艰苦奋斗、锲而不舍、驰而不息，是我们共度时艰和保持蓬勃朝气、昂扬锐气的法宝。

一切美好蓝图都要靠实干来实现，一切远大目标都要靠奋斗来成就。毛泽东曾在1939年延安庆贺模范青年大会上指出："中国的青年运动有很好的革命传统，这个传统就是'永久奋斗'。"①无论在战争年代，还是在和平建设时期、改革开放岁月，青年都是社会中最有生气、最有闯劲、最能战斗、最少保守思想的群体，蕴含着改造客观世界、推动社会进步的无穷力量。

青春是人生富有激情的年华，是绚丽多彩的岁月。青春与担当的使命同在，青春与奋斗的事业同存。为理想而奋斗是快乐的，同时也是一个艰辛的长期过程。守成者没有未来，奋斗者书写传奇。以我国冰雪运动为例，从1980年第一次参加冬奥会无一人获得奖牌，到2022年北京冬奥会取得9枚金牌，这是一代又一代中国冰雪人久久为功、接续奋斗的结果。东京奥运会上，年过三十的苏炳添以9秒83的成绩，成为首位跻身男子百米决赛的中国运动员，突破了亚洲人百米极限，也让世界见证了中国速度。

新长征的征程，见证着当代青年的自信、自强和奋斗。如"嫦娥五号"探月取壤的征程上，"80后""90后"已经成为中坚力量；"奋斗者"

---

① 《毛泽东文集》（第2卷），人民出版社1993年版，第190页。

号载人深潜团队，平均年龄34岁，最小的成员出生于1995年……他们用无数的行动证明，新时代中国青年是能堪当大任的。新的赶考之路上，仍需要一代又一代青年踔厉奋发、笃行不怠、勇毅前行，再建新的功勋。

奋斗可以磨炼意志、陶冶情操，增强人的责任感、进取心。人生谁能无忧愁？抱怨不如多奋斗。艰苦是一种困难的条件、恶劣的环境和无情的挑战，奋斗则是一种不惜憔悴自身的拼搏和敢为人先的超越。这是一份人生磨炼，一种人生境界。有奋斗才有幸福，有奋斗人生才有不同寻常的意义。山再高，往上攀，总能登顶；路再长，走下去，定能到达。永葆艰苦奋斗本色，真抓实干，是我们取得辉煌胜利的重要原因，也是青年加强修养的应有之义。

奋斗是青春最亮丽的底色。人生理想的风帆要靠奋斗来扬起，中华民族复兴的使命要靠奋斗来实现。对于当代青年而言，为建成社会主义现代化强国而接力奋斗，为实现中华民族伟大复兴而不懈努力，既是时代赋予青年的历史使命，也是青年实现自身全面发展的最好途径。新时代青年接续奋斗，我们国家才能生机盎然、百舸争流、千帆竞发、充满后劲、充满希望。今天，我们的经济条件、生活水平比改革开放之前好多了，但矢志奋斗、接续奋斗精神不能变，中国青年永久奋斗的好传统不能丢，需要我们以"自信人生二百年，会当水击三千里"的勇气闯过一个个难关，以"暮色苍茫看劲松，乱云飞渡仍从容"的定力笃信实干。

青年的成长不可能一帆风顺，不都是一马平川，不可能一蹴而就，往往会"欲渡黄河冰塞川，将登太行雪满山"。特别是基层条件艰苦、基础条件较差、工作压力较大，缺乏实践经验的年轻人遇到失败与挫折在所难免。青年要保持初生牛犊不怕虎、越是艰险越向前的刚健勇毅，勇立时代潮头，争做时代先锋。一切视探索尝试为畏途、一切把负重前行当吃亏、一切"躲进小楼成一统"逃避责任的思想和行为，都是要不得的，都是成不了事的，也是难以真正获得人生快乐的。

青年成长过程中，心里有远方、志存高远，是进步的根本动力。强者总是从艰难困苦中不断奋起、屡败屡战，追求卓越。只有经历九九八十一难，才能取得真经。把人生志向转化为奋斗动力，一路风雨兼程，才能看到雨后彩虹，收获人生精彩。"艰难困苦、玉汝于成"，以永不懈怠的精神状态和一往无前的奋斗姿态，砥砺"千磨万击还坚劲，任尔东西南北风"的意志，以奋斗让人生出彩，以奋斗让青春闪光，让蓬勃青春与家国情怀共振，在复兴征程中找到建功立业的舞台，让奋斗成为青春的底色，在成长中注入拼搏的精气神。无数事实雄辩地表明，奋斗是重要法宝。越是艰苦卓绝，越需要坚忍不拔、踏实奋斗，树立永久奋斗的价值理念，让奋斗成为一种自觉、一种幸福、一种习惯，书写人生波澜壮阔的奋斗之歌。

不负韶华　砥砺前行

习近平总书记号召广大青年："只争朝夕，不负韶华。"[1]这八个字令人鼓舞，催人奋进。2019年7月16日，习近平总书记冒着蒙蒙细雨来到内蒙古大学考察，并特意到图书馆三楼阅览室看望暑期留校大学生，与大家亲切交谈。总书记对同学们说："我看到你们这样的年青人，健康、聪明，朝气蓬勃、奋发向上、充满正能量，我就高兴。长江后浪推前浪，青出于蓝而胜于蓝。未来是属于青年人的。"他勉励同学们："要志存高

---

[1] 《国家主席习近平发表二〇二〇年新年贺词》，载《人民日报》2020年1月1日。

远、脚踏实地、行循自然,学好知识,打好基础,增长才干,将来为中华民族伟大复兴贡献自己的智慧和力量。"①

韶华,乃人生最美好时光,是金子一般的年华,如同春潮涌起、夏花绚烂,好似旭日东升朝霞满天。可是,"人生易老天难老",韶华短暂且流逝很快,一不留神就会别我们而去。所以,常引起人们无限喟叹。或叹息韶华易逝,"莫道韶华镇长在,发白面皱专相待";或无奈韶华难留,"韶华不为少年留。恨悠悠,几时休";或痛惜韶华不再,"韶华将尽,三分流水二分尘"。

然而,在奋斗者眼里,韶华正是书写新美丹青的最好画板,是施展才华的广阔空间,贵在有所作为,美在大显身手。早在2013年5月2日,习近平总书记给北京大学考古文博学院2009级本科团支部回信时就写道:希望你们珍惜韶华、奋发有为,勇做走在时代前面的奋进者、开拓者、奉献者,努力使自己成为祖国建设的有用之才、栋梁之材,为实现中国梦奉献智慧和力量。②

韶华,肯定会和高颜值、美体态、精力充沛、身强力壮等特征相伴,但那不过是其自然属性。韶华,也会和金戈铁马、勒石燕然、奋斗拼搏、建功立业、奉献社会、服务人民等相随,这才是其最重要的社会属性。写满成绩的韶华才有意义,奋斗的青春才有价值,否则只能说你从这一时段走过而已。

不负韶华,就要只争朝夕,分秒必争。韶华是由一分一秒组成的,不负韶华,就是不虚度年华,不碌碌无为,做时间的主人、人生的强者,把有限的时间投入无穷的伟大事业中,让短暂的人生发挥出最大能量,

---

① 《习总书记寄语我们"志存高远 脚踏实地 行循自然"——习近平与大学生朋友们(二十五)》,载《中国青年报》2020年7月30日。

② 《习近平给大学生回信:勇做走在时代前面的奋进者开拓者奉献者》,载《人民日报》2013年5月5日。

绽放最灿烂光辉，用我们的青春活力彰显时间的价值、证明奋斗的意义、释放梦想的力量。

不负韶华，就要有所作为，务实勤勉，撸起袖子，拼搏进取。不负韶华，就要用辛勤汗水浇灌收获，以苦干实干笃定前行。张富清、黄文秀、木里31名勇士、杜富国、中国女排、港珠澳大桥的建设者等，都是不负韶华拼搏奋斗的楷模。他们的实践充分证明了"有梦想，有机会，有奋斗，一切美好的东西都能够创造出来"。

不负韶华，就要珍惜时光，潜心读书，敏于求知。年轻是优势、是资本，青年人学习的路途才刚刚起步，成就空间无限，梦想有多远，舞台就有多大。但梦想从学习开始、事业靠本领成就。因而，每个青年人都应认认真真地潜心学习，学无止境，并不局限于博览群书，可以向身边的同学老师、同事领导以及朋友学，跟国家大政方针学，再将理论学习转化为干事创业的能力，保持攻坚克难的精神斗志。

不负韶华，就要勇于创新，大胆开拓，奏响人生华丽的乐章，谱写青春壮美的诗篇。人最宝贵的东西是生命，韶华是生命中的一段令人难忘的美好时光，是最有勇气，最具灵性，最富于创造精神，最容易出成绩、上高度的最佳时期。

不负韶华，就要努力学习，充实自己，全面提高素质，敢想敢干，做出不负时代的业绩，在共和国的史册上留下辉煌的一笔。青岛港青年团队带头人张连钢就是典型，他带领的整个团队就像一团火，不断释放着激情、激扬着斗志，凭着一股不服输的韧劲、不怕难的勇气，一门心思扑在项目上，一遍遍地试，一点点地改，克服了数不清的困难和挫折。他们从不气馁，从未妥协，越挫越勇，向难题挑战，向权威叫板，把国外专家认定的"不可能"变成了"可能"，在不断实践中登上全球自动化码头建设发展最高峰。

"大江流日夜，慷慨歌未央。"大戏总要谢幕，韶华早晚会逝去，与其叹息韶华难留、青春易逝，不如振奋精神、自强不息，在最好年华里做成最有价值的事，用不懈的奋斗唱响韶华之歌，用成功的喜悦装点韶华之扉，用事业的辉煌照亮韶华之宇，用奉献的轨迹写满韶华之书，这样，我们就能俯仰无愧于天地、起落无疚于世间，真正做到人生无悔、不负韶华！

青春最美在担当

自古以来，大凡做大事、创大业者，都是忧患意识、使命意识和责任意识强烈的人，敢为天下先、勇于担当的人，敢于坚持真理、敢担风险、敢作敢为的人。古往今来，多少青年才俊在国家需要时挺身而出，与国家存亡与共，为人民不怕牺牲，永远值得人们怀念和讴歌。

一代人有一代人的长征，一代人有一代人的担当。青年兴则国家兴，青年强则国家强。青年一代有理想、有担当，国家就有前途，民族就有希望，实现我们的发展目标就有源源不断的强大力量。党的二十大报告强调"青年强，则国家强"，对广大青年发出了"立志做有理想、敢担当、能吃苦、肯奋斗的新时代好青年"①的号召，为青年一代健康成长指明了努力方向，充分体现了党对青年一代的亲切关怀和殷切期待。青年是国家的希望、民族的未来，一个有远见的民族，总是把关注的目光投向青年；一个有远见的政党，总是把组织的基础植根于青年。中国梦是历史的、现实的，更是青年一代的。

---

① 习近平：《高举中国特色社会主义伟大旗帜　为全面建设社会主义现代化国家而团结奋斗——在中国共产党第二十次全国代表大会上的报告》，人民出版社2022年版，第71页。

勇于担当就要担当使命，担当任务，担当风险。当代青年的职责要求，就是担当责任，这种担当不是为"小我"担当，而是为"大我"担当，是为事业、为人民、为社会担当，在担当尽责中书写奋斗青春。担当是"数风流人物，还看今朝"的豪迈和气概，是"可上九天揽月，可下五洋捉鳖"的拼劲，是"月缺不改光，剑折不改刚"的信念，是"功成不必在我，功成必定有我"的情怀，为实现民族复兴注入磅礴力量。

1983年，19岁的任长霞从警校毕业，如愿加入了警察队伍，她兴奋地在日记本上写下："能成为一名打击犯罪、保护人民的人民警察，能亲手抓获犯罪分子，还老百姓公道，是我人生的最大追求。"1998年表现优秀的任长霞被任命为郑州市公安局技侦支队队长后，多次深入虎穴，先后打掉了7个涉黑团伙，被誉为"女神警"。过硬的业务素质、强烈的责任心，使任何嫌犯都休想从任长霞手下溜走。据统计，任长霞在中原分局预审科工作期间，共挖余罪、破积案1072起，追捕犯罪嫌疑人950余人，创造了河南公安预审史上无可比拟的成绩。

2001年4月，任长霞被任命为登封市公安局局长。不久，她看到一封署名"白沙湖畔村民"的来信，揭露了知名企业家王松一伙的犯罪事实：他养了几十名打手，多年来先后殴打群众117人，致死7人，重伤5人，轻伤12人。

看完信，任长霞震怒，亲自下乡收集王松一伙的犯罪证据。两个月的时间，包括王松在内的65名团伙成员全部落网，这起案件也被称为"中原打黑第一案"。王松被抓后，近千名群众自发敲锣打鼓、鸣放鞭炮。

2004年4月14日晚，任长霞在郑州市公安局汇报完工作，连夜赶回登封部署一起重大案件侦破途中，不幸遭遇车祸牺牲，年仅40岁。4月17日，14万登封市民走上街头，只为送别一个人——任长霞，河南省公安系统有史以来第一位女公安局局长。

当代青年要敢想、敢做、敢当，做时代的劲草、真金。习近平总书记强调，"新时代中国青年要珍惜这个时代、担负时代使命，在担当中历练，在尽责中成长"[①]。广大青年应当有责任重于泰山的意识，敢于旗帜鲜明、勇于斗争、善于斗争、敢于较真碰硬，对工作任劳任怨、尽心竭力、善始善终、善作善成。疾风识劲草，烈火见真金。坚持担当实干，在本职岗位上练就过硬的本领。在日常工作中，要秉承担当实干理念，遇事不推诿、不避难、不逃责；在急难险重任务面前，敢于主动请缨、积极作为，有一分热便发一分光，以"功成不必在我，功成必定有我"的胸怀和格局做好各项工作。

王亚平，中共党员，北京大学新闻与传播学院毕业，现为中国人民解放军航天员大队特级航天员。在我国登上太空的13位航天员中，女航天员仅有刘洋和王亚平。早在2003年中国第一艘载人航天飞船神舟五号发射时，王亚平就想，中国有了男航天员，也一定要有女航天员。

地面的模拟训练里让王亚平印象最深的一项是离心机，离心机旋转模拟出的超重状态会给人体施加极大的过载量，最大能达到坐过山车时人体承受的4倍。在这种压力下，人的胸部被极度压迫，呼吸困难，脸部变形，眼泪控制不住地向外流，但依然需要完成各项技术任务，简直度秒如年。身体承受的考验激发的是王亚平内心的斗志。

2013年6月11日，王亚平实现了她的飞天夙愿，搭乘着神舟十号成为"80后"飞天第一人。有人问王亚平在飞船发射的那一刻会不会害怕，她说，那一刻脑海中只有6个字——责任，使命，圆梦。"身处太空时，所见到的世界会让你得到升华——在你心中，有很多东西会变得'很小'，比如得失；有很多东西则变得'很大'，比如对家人、对祖国的爱和牵挂。"2022年6月21日，中共中央、国务院、中央军委给王亚平颁发"二级航天功勋奖章"。

---

① 习近平：《在纪念五四运动100周年大会上的讲话》，载《人民日报》2019年5月1日。

"未来属于青年，希望寄予青年。""怀抱梦想又脚踏实地，敢想敢为又善作善成。"习近平总书记对新时代中国青年寄予深厚的期许和深情的嘱托。在全国抗击新冠肺炎疫情表彰大会上，总书记深情地说："世上没有从天而降的英雄，只有挺身而出的凡人。青年一代不怕苦、不畏难、不惧牺牲，用臂膀扛起如山的责任，展现出青春激昂的风采，展现出中华民族的希望！"[①]他还强调："有责任有担当，青春才会闪光。"[②]在庆祝中国共产党成立100周年大会上，共青团员和少先队员代表集体致献词："不忘初心，青春朝气永在，志在千秋，百年仍是少年，奋斗正青春！青春献给党！请党放心，强国有我！请党放心，强国有我！"

第一要务：选贤任能

人才资源是第一资源，选任贤才是强国之本。许多为政者为了招揽人才、用好人才，倾注了不少心血。周文王心心念念，四处访贤，渭水得遇姜子牙，从此视其如珍宝、奉其若神明，使姜子牙的经天纬地之才得以充分施展和发挥，君臣二人改天换地。春秋时期的齐桓公知晓其中大义，因而不计前嫌选贤任能，任命了与自己有射钩之仇的管仲为相……

孟子有言："国君进贤，如不得已，将使卑逾尊，疏逾戚。"——国君选用贤才，不必拘于尊卑戚疏。他用经典事例论证："舜发于畎亩之中，

---

① 《习近平在全国抗击新冠肺炎疫情表彰大会上的讲话》，载《人民日报》2020年9月9日。

② 习近平：《在庆祝中国共产主义青年团成立100周年大会上的讲话》，人民出版社2022年版，第9页。

傅说举于版筑之间，胶鬲举于鱼盐之中，管夷吾举于士，孙叔敖举于海，百里奚举于市。"这些彪炳史册的贤君能臣皆出身微贱。

荀子则主张破格提拔人才："贤能不待次而举，罢不能不待须而废。"——贤明有才能的人，不必凭一定的官序，应予以破格提升；懦弱无能之辈，也不必考虑其任用时间的长短，一经发现就应当予以罢免。许多历史事实证明："宰相必起于州部，猛将必发于卒伍。"（《韩非子·显学》）由此观之，必须突破门第、出身、等级，不拘一格选贤用能。刘邦总结他取得天下的原因，说有"三不如"。这说明领导人不一定要什么都比人强，但他必须具备过人的用人本领。

宋代张耒在《知人论》中说："天下之实材，常深伏而不发，非遇事焉，则有终身不可窥者。"——世上真正有才能的人，常常隐蔽得很深而不容易显现出来，不遇到一定的事件和机会，有的人往往一辈子都发现不了。

要有识人的慧眼、容人的胸怀、用人的胆识。"十步之泽，必有香草；十室之邑，必有忠士。"摆正表象和本质之间的辩证关系，透过现象看本质，不拘一格地选拔和使用人才。"人中难得九方皋"，这种"难得"一是因为缺乏识别人才的眼光，二是受识人者的品行和气度的制约，有的人发现了人才也未必能推荐人才。因此，要让"千里马"竞相奔腾，既要有尊才重贤的社会环境，又要有一大批善于识才荐才的"伯乐"，要有"人尽其才、才尽其用"的选人用人制度。

选贤用能要坚持从党的事业出发，注重品行、崇尚实干、群众公认。品德高尚的人，会用自己的才干为人民做更多的事；品德低下的人，会用自己的才能谋取私利，损害他人。德好才不好，成不了大业；才好德不好，干不成好事。要让那些品德高尚、敢于承担责任、能力出色、实绩突出、不搞投机钻营的老实人受到尊重，得到重用。总之，用人的第一标准是品德，要以德为先，铸牢理想信念、锤炼坚强党性，在大是大非面前旗帜鲜明，在风浪考验面前无所畏惧，在各种诱惑面前立场坚定。当然，第一并不是一切，以德为先不是唯品德论。如果选拔了有德而无才的人，不用人家的长处，对事业有害无益。

要着力把德考实考准，真正选拔道德高尚、政治坚定、原则性强、清正廉洁的干部。要重视关心老实人、正派人、不巴结领导的人，防止任人唯亲、唯近。要鼓励厚道者、鞭策平庸者、教育"跟风"者、约束钻营者、惩处腐败者，提高识人用人水平，让那些品德低下、能力平庸、不干实事、不敢负责、作风飘浮、群众信不过的人没有市场、没有位置、没有地位，真正让能干事者有机会、干成事者有舞台。

在选人用人时，绝不能让搞两面派、做两面人的人得利。既要看党员、干部台上怎么讲，也要看台下怎么做；既要看人前怎么做，也要看人后怎么做。要严肃查处那些把法律和纪律挂在嘴上，背后却搞官商勾结、利益输送、权钱交易的人。严肃政治纪律，对搞有令不行、有禁不止、阳奉阴违的党员、干部，要予以党纪政纪处分。

要选择那些品德好、有能力的聪明人，而不是八面玲珑、狡猾的人，不是只与领导靠得近、缺少真才实学的人，这样才能够推动事业的发展。不要怕下级比自己强，要敢于提携超己之才，这说明你很有度量、品格高尚，是一个自信的成功的领导，只会提高你的政绩和威信，何乐而不为呢。

要破除不利于人才成长、人才流动、人才使用的思想观念障碍，为人才成长创造良好条件和环境。习近平同志在正定工作时，大胆使用了很多当时社会上有非议或不认可的人才，这是难能可贵的。比如，有些家庭成分高的、地主富农成分的人才，还有很多社会关系复杂的、以前犯过错误没人敢用的人才，他看准了就大胆使用。即使是那些犯过错误的人，只要改正了，他就给人家机会，给他们发挥作用的空间。事实证明，这些不同背景的人才表现都不错，后来都不同程度地为正定发展作出了贡献。①

坚持用好的作风选人，选作风好的人。做到公道正派，在用人中容得下比自己才能高的人，我们的事业才有成功的希望。武大郎开店那样的做法，不容部下才能比自己高，是浅薄和虚荣心理的反映，是缺少大局意识的表现，其结果必然使本单位人员的素质越来越低，贻误事业的发展。用人要看业绩，不看背景，不嫉贤妒能；看公论，不看关系，不搞亲疏远近。坚持用事业聚才育才，不拘一格选拔人才，使各类人才创业有机会、干事有舞台、发展有空间，交出让人民满意的新时代答卷。

做群众拥戴的实干家

为了实现梦想而求真务实，是一种敢闯难关、锐意进取的精神状态，一种坚韧不拔、愈战愈勇的意志品质，一种奋不顾身的拼搏和敢为人先的超越，而不是好高骛远、脱离实际、搞花架子。务实精神展现了一代又一代共产党人的熠熠风采和铮铮铁骨，彰显了苦苦拼争、默默奉献的高尚品格。

创造全体人民更加美好的生活，任重而道远，需要我们每一个人付出辛勤劳动和艰苦努力。实干苦干，锲而不舍，不尚空谈，不玩虚招，务求实效，才是最可尊敬的。正因为党内有一大批埋头工作、拼命实干、"只顾攀登莫问高"的实干家，中国共产党才成为当代中国的脊梁、时代

---

① 《"习近平同志当县委书记时就被认为是栋梁之才"——习近平在正定》，载《学习时报》2018年2月5日。

的先锋。

成功总是缘于实干的，祸患往往始于空谈。一个国家的兴盛，无不是源于实干；一个民族的衰落，大多是因为空谈。共和国的光辉历程，就是一部求真务实的奋斗史：恢复生产，发展经济；攻坚克难，频创奇迹；抢抓机遇，再续辉煌；开创新局，定格小康。空谈是"语言的巨人、行动的矮子"，比实干来得容易和轻巧，是一种形式主义，会误事、误国的。

习近平同志强调，全面建成小康社会要靠实干，基本实现现代化要靠实干，实现中华民族伟大复兴要靠实干。[①] "实干"二字的深意，既在于"埋头苦干"，更在于"认准了就干"。加油干就是扑下身子抓落实；就是不能停留在文件上、讲话中，而要提高执行力，付诸实施；就是不能贪图安逸，而要舍得流汗吃苦。

年轻干部求真务实，不仅体现在抓具体的事务性工作上，而且要注意从全局和长远的角度观察问题。在事关大局和自身利益的问题上，以宽广的眼界审时度势，以长远的眼光权衡利弊得失，自觉做到从大局出发，以整体利益为重，服从组织，不讲条件；把中央和上级决策的精神与本单位的实际结合起来，开拓创新，追求卓越，以只争朝夕之行开启新征程，以答卷的高分回报人民群众。

廖俊波，这位习近平总书记点赞的县委书记，带头扑下身子、卷起裤腿，穿长筒雨鞋走烂泥田。"能在现场就不在会场。"他经常走村入户调研，和村民拉家常时，听到他们反映什么困难就立即协调解决；群众主动找他反映问题，他都不厌其烦帮助解决。廖俊波总是主动上门看望困难群众，及时询问他们的诉求、尽可能帮助解决。他担任福建政和县委书记四年多，曾仅用两年就带领这个长期位居福建倒数第一的贫困县

---

① 习近平：《论坚持全面深化改革》，中央文献出版社2018年版，第2页。

迅速升至全省前十名。年轻干部向廖俊波同志学习，不忘初心、扎实工作、廉洁奉公，身体力行把党的方针政策落实到基层和群众中去，真心实意为人民造福。

今天，我们站在一个新的历史起点上，比历史上任何时期都更接近、更有信心和能力实现中华民族伟大复兴的目标。要把我国建设成为富强、民主、文明、和谐、美丽的社会主义现代化强国，年轻干部要积极带头，用心干事，把全部的心思和精力都放在工作上，形成阶段性的具体目标、具体路线图、具体时间表，雷厉风行，狠抓落实，让每一个工作岗位都焕发出创造活力；保持昂扬向上的朝气、永不言败的志气，勇立潮头，敢于争先，带头打拼；坚持从实际出发，察实情、讲真话、办实事，具体情况具体分析，反对简单化、片面性和绝对化，实事求是地研究处理问题，使主观与客观相统一，认识与实践相符合。要多到困难多、群众意见集中、工作打不开局面的地方去，把情况摸清、把问题找准、把对策提好，建立清单、逐项跟进，推动解决一批问题；对定下来的事情注重求实、务实，铆足盯劲、拼劲、闯劲，确保事事有落实；聚焦关键重点，抓住大事要事，拿出务实管用的硬招实招，带动面上工作整体提升。

在实践中砥砺青春

《菜根谭》说："欲做精金美玉的人品，定从烈火中锻来；思立掀天揭地的事功，须向薄冰上履过。"要想具备精金般赤纯美好、美玉般光彩照人的品格，必定要经过烈火锻造般的磨炼；要想成就惊天动地的丰功伟绩，必须经过艰难险阻的磨难。"艰难困苦，玉汝于成。"越是艰苦的环境，越能考验人、磨炼人。孙中山、毛泽东之所以成为伟人，很重要的因素是他们亲自参加了中国革命的实践，并全身心地投入。

青年的发展离不开社会，同时青年也是推动社会发展进步的重要力量。社会生产和生活的主体是人，整个社会的发展和进步最终是由人来推动，而青年是一个连接过去和未来的群体，未来社会的发展和进步需要依靠青年，青年是未来社会的希望所在，这也注定了未来的革命事业需要由无产阶级的青年一代来完成。

一百年前，陈独秀在《新青年》发刊词《敬告青年》中说："青年如初春，如朝日，如百卉之萌动，如利刃之新发于硎，人生最可宝贵之时期也。青年之于社会，犹新鲜活泼细胞之在人身。"①一百多年来，我们党经历波澜壮阔的发展历程，无数有志青年心怀崇高理想，肩负着重要的历史责任和时代责任，以国家和人民的利益为重，顽强奋斗，勇毅前行，生动诠释了不同历史时期的青年人的责任担当。

实践的观点是马克思主义认识论的"第一的和基本的观点"。许多青年人出自高校门、成长在机关，他们有一个共同的短处，就是没有真正体验过生活的艰辛，缺乏对艰苦环境的感同身受，缺乏对意志毅力的锤炼，缺乏对基层群众的感情，缺少解决基层实际问题的经验。要树立强烈的自我锻炼意识，自觉地把完成工作任务的过程当作自我锻炼的过程，当作苦练领导工作基本功、提高本领的过程。习近平总书记在2021年秋季学期中央党校（国家行政学院）中青年干部培训班开班式上的重要讲话，勉励年轻干部不畏艰难、不惧困苦，干实事、勇担当，努力成为可堪大用、勇担重任的栋梁之材。

在艰苦复杂的环境中锻炼青年，既是一种能力培养，也是对青年进行成长观教育。要选派优秀青年到艰苦的环境、生产建设第一线去经受

---

① 《陈独秀文集》（第1卷），人民出版社2013年版，第89页。

实践锻炼和考验，给他们早压担子、多压担子、压重担子，培养他们在挫折、责难甚至失败面前百折不挠的进取意志和乐观向上的精神状态，提高做群众工作的本领、处理实际问题的能力以及同职工群众的深厚感情。人民网·中国共产党新闻网推出的一项调查显示：93.6％的网友认为"目前大多数年轻干部工作经历偏单一"；43.1％的网友认为应"在多岗位和一线的实践中锻炼年轻干部"。

由此观之，当代青年提高实践能力，必须重在实践。习近平同志说，"注重在基层一线和困难艰苦的地方培养锻炼年轻干部"[1]。实践意识是一种"想干事、能干事、干成事"的能力与品格。照本宣科、生搬硬套不行，要着重看解决了多少思想和工作实际问题，把学与用、知与行统一起来，把武装头脑与推动工作统一起来，把指导实践与解决问题统一起来。要关心青年的成长，多给机会、多搭平台、多压担子、多给鼓励。

1985年冬天，正在厦门大学读书的张宏樑同学因一封信结识了时任厦门市委常委、副市长习近平，并经常得到习近平同志的指导和帮助。习近平同志指导张宏樑学习《资本论》、开展社会实践、完成毕业论文，并在他的毕业纪念册上亲笔题写"志存高远 行循自然"八个字，嘱咐他工作后一定要下基层，为老百姓做事，"不要把基层当大车店"。习近平同志深入厦门大学经济系与青年师生座谈，还在中秋节骑着自行车到厦门大学学生宿舍给同学们送月饼。他提倡年轻人要"自找苦吃"，强调做人做事要"注重细节"，教导青年学生"要给书本上的知识'挤挤水'，才能得到知识'干货'"，"只有和群众实践结合，才能把'水分'挤掉"。[2]

---

[1]《习近平著作选读》（第2卷），人民出版社2023年版，第53页。
[2]《习近平如何求才用才》，载新华网2021年9月28日。

烈火炼真金，实践长真知。当代青年提高实践能力，非一日之功，而是一个长期培养锻炼的艰苦过程。尼采有句名言："每一个不曾起舞的日子，都是对生命的辜负。""起舞"，形象而生动，就是不虚度每一天，认真地过好每一天，努力做最好的自己。要在"游泳中学会游泳"，在实践的摸爬滚打中增长才干。要不断增强实践能力，就要到基层去，到艰苦的地方去，到广大职工最需要的地方去，到矛盾问题比较集中和突出的地方去，善于在千头万绪的工作中抓住主要矛盾，在错综复杂的现象中把握本质，在突如其来的情况面前沉着应对。在急难险重任务面前，自加压力，勇挑重担；在困难和挫折面前，振奋精神，迎难而上。

要建立来自基层一线的青年培养选拔链，大力选拔经过艰苦复杂环境锻炼、重大斗争考验、实践证明优秀、有培养前途的年轻干部。要细化政治素质考察，对德才兼备、实绩突出、职工群众信服的年轻干部大胆使用，做到人尽其才。年轻干部要在深入基层中了解国情，在服务群众中增进感情，在报效国家中生发热情，在开创新局面中迸发激情，始终视党和人民的事业如同自己的生命。

"怀抱梦想又脚踏实地，敢想敢为又善作善成。"要不忘习近平总书记的殷切寄语，踔厉奋发，勇毅前行，让青春绽放绚丽的光芒。每一名青年都要着眼于本职岗位的特殊性，从出色完成领导交付的具体任务出发，从所处的特殊工作环境出发，从自身存在的不足出发，以坚忍不拔之毅力、百折不回之精神、纷扰不烦之耐性，加强自身的修养，做到"明得知失，勤于'盘点'；勇于创新，减少'盲点'；求真务实，多出'亮点'"，把小我融入大我，把人生理想汇入实现中国梦的强国伟业中，在科技创新中勤于开拓，在重大工程中勇于担当，在乡村振兴中甘于奉献，在服务人民中茁壮成长。

为有源头活水来

深入实际调查研究，包含着我们党的许多传统的优良作风，包含着许多马克思列宁主义的科学的工作方法。无论在什么领域谋事、创业，都离不开调查研究。"知屋漏者在宇下，知政失者在草野。"习近平同志认为，"调查研究不仅是一种工作方法，而且是关系党和人民事业得失成败的大问题"①。深入实际调查研究，把要做的事情谋划得更实一些，办好为民的好事实事，解决好"最后一公里"的问题。

当下许多年轻干部的办公室配置较全，可以通过网络、电话等设施了解面上的情况，可谓"秀才不出门，便知天下事"，然而深层次的东西、新鲜活泼的第一手资料，还须到群众中去才能了解到。遇到工作中的难题，他们不忘咨询下属、请教群众，实践着"从群众中来、到群众中去"的工作方法，不断积累经验与能力，厚积薄发。

年轻干部要坚持"从群众中来、到群众中去"，广泛听取群众意见，搞好调查研究。历史的经验证明：思路对，办法多，效果佳，得益于深入基层调查研究；决策失误，走弯路，受损失，与没搞好调查研究密切相关。可见，不会调查研究就不会当领导，没有调查研究就没有资格作决策。遇事拍脑门，想怎么干就怎么干，是对党的事业不负责、缺少政德的表现。

在列宁看来，调查研究，是马克思主义的一条根本的思想方法和工作方法。如果认真地、经常地、深入细致调查研究，意义是十分重大的。

---

① 人民日报评论部：《习近平讲故事》，人民出版社2017年版，第122页。

俄国十月革命胜利后，百废待兴。列宁向全党提出：当前的"首要任务之一是组织一系列的社会调查"①。进入新经济政策时期后，党和国家机关中暴露出严重的官僚主义现象，列宁说："泛泛之谈，空话连篇，都是些大家听厌了的愿望，这就是现代的'共产党员的官僚主义'。"②列宁经常教育党和国家机关的工作人员，"少说些漂亮话"，在深入地开展调查研究的基础上，"多做些日常平凡的事情"。③

主观主义、事务主义式的官僚主义者主观片面、粗枝大叶，往往沉溺于文山会海，习惯于官话套话、唯书唯上、照抄照搬。周恩来指出："对事情没有调查，对人员没有考察；发言无准备，工作无计划；既不研究政策，又不依靠群众，盲目单干，不辨方向。这是无头脑的、迷失方向的、事务主义的官僚主义。"1956年9月，周恩来在党的八大上深刻阐述了调查研究的重要性和必要性。他说："应该看到，我国的国民经济正在迅速发展，情况的变化很快也很多，随时随地都有新的问题出现，许多问题又是错综复杂地联系着。因此，我们就必须经常地接近群众，深入实际，加强调查研究工作，掌握情况的变化，对有利的条件和不利的条件进行具体的分析，对顺利的方面和困难的方面都要有足够的估计，以便及时地做出决定。"④

有的年轻干部也有官僚主义作风，主要表现为：习惯于坐办公室，简单地以会议落实会议，以文件落实文件；高高在上，不愿下基层"受苦"，不愿深入群众，不愿和群众"坐同一条板凳"；看不起群众，"门难进、脸难看、话难听、事难办"，或"门好进，脸好看，话好听，事不办"；思维方式僵化，机械执行上级决定，生搬硬套，完全不顾实际情

---

① 《列宁选集》（第3卷），人民出版社1995年版，第541页。

② 《列宁全集》（第33卷），人民出版社1957年版，第210页。

③ 肖光荣：《列宁的政党观》，解放军出版社2014年版，第278页。

④ 参见《周恩来选集》（下卷），人民出版社1984年版，第419、224页。

况；对符合政策的群众诉求消极应付、推诿扯皮，总觉得"自己高明、别人不行"，容不下他人，听不得不同意见……

凡此种种，做官心理浓厚，惰政思维盛行，权力观念错位，映照出官僚主义的病症和丑态。如果满足于打电话、看材料、听汇报、上网络、讲空话、忙应酬，就看不到实情、得不到真知，势必耳不聪、眼不明，作不出正确结论，只好固守遇事拍脑门、担责拍胸脯、出事拍大腿的"三拍"作风，就会出现失误，这是对党的事业不负责任的表现。习近平同志说过："为什么我们现在有些决策的针对性和可操作不强，说到底，根子还是在于调查研究少了一点，'情况不明决心大，心中无数点子多'。"①

现在通信手段比较发达，获取信息的渠道较多，但都不能代替亲力亲为的调查研究。因为间接听汇报、看二手资料与面对面地同基层干部群众了解情况，在认识上和感受上是不同的，效果也不同。身子要沉下去，心思要向基层，克服主观主义，反对不顾客观实际盲目的决策、指挥。

作为年轻干部，不论从事哪一方面工作，都要坚持细致的调查研究，不断增加自己的感性认识，要把陈云同志所说的"不唯上、不唯书、要唯实"和"全面、比较、反复"作为座右铭。不能指望调研一两次就完全弄清了事情的来龙去脉，把握了它的内在联系，特别是对重大而复杂的情况，更不能抓到一鳞半爪就乱发议论或匆忙作结论。必须虚心体察和详细掌握情况，在调查中研究，在研究中再调查，才能逐步对问题的本质以及各部分各方面之间的联系有正确的认识，引出正确的结论。

搞好调研就要心里装着问题，坚持实践第一，一切从实际出发，进行各种形式和类型的调查研究。要带着问题下基层，少看"花瓶"和

---

① 习近平：《之江新语》，浙江人民出版社2007年版，第154页。

"盆景"，多看"后院"和"角落"，一头钻进"矛盾窝"，求出破解之道。要深入思考，由表及里，透过现象看到本质，知其所以然。要在偶然事件中寻找其中的必然性，在普遍的现象里发现关键节点，在普遍的问题中摸索出规律。

要敢碰书本上说过的，特别是经过后来实践证明是站不住脚的；敢碰文件上规定的，尤其是前后文件有矛盾的、错误的；敢碰领导人讲过的，尤其是被多数人公认的；敢于率先推出新经验，适时创造好方法，特别是带有方向性的，提出符合实际而独到的新见解。在调研中，要善于从整体和全局高度提出问题、了解情况、制定对策，既要对微观的具体问题进行调研，也要重视对宏观的全局性问题进行调研；既要从一个侧面解剖问题，更要从多个侧面分析综合。对于复杂问题，应当组织各方面力量调研，以便集中更多见解和智慧，使认识得到升华，使理性认识能够指导实践。

不待扬鞭自奋蹄

学习任务繁重、工作尤为繁忙，是时代的特色，也是许多青年人的常态。青年要有担当，有多大担当才能干多大事业，尽多大责任才会有多大成就。担当精神是国家之魂，是脊梁精神，失去责任担当的骨气，就如同少了坚强的脊梁。

有人问作家严歌苓怎么能写那么多书？她说，每天至少写作6小时，隔一天游泳1000米，几十年如一日。对于成功者来说，严格自律已经成为身体和灵魂的一部分，在自律中慢慢成就自我、超越自我。一名考研失败的青年说："考研那段日子，是我人生中最美好的时光。现在的我，每当遇到困难想要放弃时，都会想起自己曾经为了一个目标，可以自律成那种模样。"

1984年7月29日下午3时45分，时任正定县委书记习近平到县政府招待所，看望前来参加社会实践的徐南雄、任景芳等中国人民大学师生，并在同学们住宿的房间里与大家谈心约两个小时。在交流中，针对同学们关于"如何做好基层工作"的提问，习近平同志与大家分享了自己在基层工作的体会和感悟，鼓励同学们毕业后到基层一线去接受实践锻炼。习近平同志谈道，作为基层干部，要有忍耐力、直觉力和行政力，要有牺牲精神、奉献精神和创造精神。干好基层工作，要有兴趣、有热情，要有韧劲、有耐力，要有一点组织能力，要有一股豁出去的干劲。①

大凡做大事、创大业的青年，都是忧患意识、使命意识和责任意识强烈的担当者，敢为天下先、敢于坚持真理、敢担风险、敢作敢为的人。习近平同志在中央党校（国家行政学院）中青年干部培训班开班式上指出，广大干部要"在知行合一中主动担当作为"，强调"要用知重负重、攻坚克难的实际行动，诠释对党的忠诚、对人民的赤诚"。②

"老牛亦解韶光贵，不等扬鞭自奋蹄。"去过草原的人都知道，真正的好马，只需轻轻一点，便会按照骑手的旨意扬蹄奋飞。具有当仁不让的担当精神，忠诚履责、尽心尽责、勇于担责、不畏风险，是当代青年责任感、使命感的具体表现。

在其位就要谋其政，履职尽责。面对当前改革发展稳定遇到的新问题，面对各类突发事件应急处置的新要求，要把崇高使命担当起来，敢

---

① 参见《习总书记与我们聊如何做好基层工作——习近平与大学生朋友们（二）》，载《中国青年报》2020年5月7日。
② 《习近平在中央党校（国家行政学院）中青年干部培训班开班式上发表重要讲话强调：在常学常新中加强理论修养　在知行合一中主动担当作为》，载《人民日报》2019年3月2日。

于较真碰硬、敢于直面困难，自觉把使命放在心上、责任扛在肩上，展现报国为民的情怀，展示人生价值的取向，努力作出无愧于时代、无愧于人民、无愧于历史的业绩。

丁茂生，工学博士，却不高冷呆板，常常使人如沐春风；党员先锋，却不一花独秀，春风化雨温暖人心。2008年，工作只有三个年头的丁茂生因为工作业绩突出被任命为宁夏电力调控中心第一党支部书记。自从博士书记上岗以来，职工工作中有难题向博士请教，能得到循循善诱、耐心指导。截至2015年，支部15人中有1人入选国家级领军人才，4人被评为国网公司技术专家，3人被评为国网宁夏公司专家，先后获省部级以上科技进步奖7项。

宁夏电网750千伏沙湖变输变电工程建成在即，在担任调控中心第一党支部书记的第八个年头，作为现场调试总指挥的丁茂生，坚持一手抓党建一手抓业务，带领团队成员吃住在工地，全身心地投入系统调试、方案审核等工作之中。有时为了核实方案与现场的一致性，他带领党员科研攻关团队每天连轴转十多个小时，就这样一干就是十多天，直到审核过关。当750千伏沙湖变全部启动调试操作完成后，面对掌声，他感慨万千："回想十年前的宁夏电网，稀稀落落，当时我在图纸上画沙湖蓝图，就和750千伏沙湖变相约。今天，梦想变成了现实，沙湖站成功投运，宁夏电网正式进入3.0时代，可接入4000万千瓦装机，外送2000万千瓦电力，内供2000万千瓦负荷。"据悉，丁茂生带领他的党员科研攻关团队研究的课题成果运用于实践中，对自治区GDP的贡献超过百亿元，为宁夏经济社会发展做出了突出贡献。

担当是青年人的职责所系、使命所然，在风险和危机来临时，有勇气站出来，单独扛起压力，能够担当责任的人，才能担当更多的使命，承接更多的事业。一代人只有怀抱"天下兴亡，匹夫有责"的崇高信念，秉承"士不可以不弘毅"的昂扬斗志，做好一代人的事情，尽好一代人的职责，才能无愧于历史，不负重托，不辱使命。

只有干出来的精彩，没有等出来的辉煌。广大年轻干部应当牢记自己的使命与重任，努力践行"请党放心，强国有我"的铿锵誓言。只有当青春同党和人民事业高度契合时，青春的"动能"才能有力，青春的"光谱"才会广阔。应坚守奋进之志，自觉跳出"舒适区"、不当"躺平者"，蓬勃向上、砥砺奋进，走好新时代的"赶考路"。

功夫在平时，"锲而舍之，朽木不折；锲而不舍，金石可镂"。"龟兔赛跑"中，慢吞吞的乌龟最终赢得胜利，靠的不是智商，不是能力，而是坚持。发扬担当和斗争精神，"咬定青山不放松"，保持旺盛的斗志与激情，面对困难不推脱，遇到问题不回避，敢于承担责任，应该做的事顶着压力也要干，必须负的责迎着风险也要担，把履职尽责的要求内化于心、外化于行，驾驶事业之舟楫，荡起意志的双桨，劈波斩浪，勇往直前，抵达成功的彼岸。

风雨过后见彩虹

拥有坚强的意志品质，对人的成长、成就起着重要作用。青年成长要经过阳光雨露的滋养，也要经历风吹雨打的锤炼，才能伸展挺拔青春之姿。汪国真有句诗写得很美，道出了生命价值的真谛："我不去想是否能够成功，既然选择了远方，便只顾风雨兼程。"处于低谷的时候，经过许多磨难而信念愈坚，饱尝无数艰辛而斗志更强，坚信终有一天能够突破至暗迎来光明。处于顺境的时候，不忘记逆境之时所受的苦难，不在"得志"时忘乎所以，不为掌声、鲜花和捧场所醉倒。

明朝宰相张居正自幼勤奋好学，聪明过人。他13岁赴武昌参加乡试，湖北按察会事陈束看了他的试卷拍案叫绝。这时，恰好湖广巡抚顾玉麟到武昌巡游，也认为张居正是个难得的人才，但他却说："最好这次让张居正落第。"理由是："居正是个将相之才，如过早发达易使他自满，断送了上进心。让他落第，能够使他看到自己的不足，反而更能促其奋发图强。"在他看来，挫折和艰苦环境历练对一个人的成长很有好处，它可以磨炼意志、促人奋发、使人清醒，可以使人感悟到平常情况下难以得到的人生真谛。少年"落第"的张居正，经受过挫折和艰苦环境的磨炼，后来成为中兴明朝的杰出改革家，为强我中华，苟利社稷，"生死以之"。

在风吹雨打中磨砺意志品质，在广阔天地中磨砺本领才干。困难和挫折、艰苦和复杂的环境，是考验人、磨炼人的最高学府，能够锤炼青年人的坚强意志，激励我们不断进取。人生若是雄关漫道，那就关山度若飞。李强总理在2023年3月13日答中外记者问时说："我们这一代中国人从小听得最多的故事就是大禹治水、愚公移山、精卫填海、夸父逐日等等，都很励志，讲的都是不怕困难、不畏艰险、勇于斗争、自强不息的精神，我们中国人不会被任何困难所压倒。"法国科学家巴斯德有言："字典里最重要的三个词，就是意志、工作、等待。我将要在这三块基石上建立我成功的金字塔。"最强的灵魂常常出于忧苦，最伟大的个性往往灼满伤痕。经得起风雨，才能迎来绽放。

20世纪30年代，毛泽东在党内和军内屡受排挤和打击：他被撤销了党内和军内的一切重要职务，最后只剩下一个苏维埃主席的空头衔，他在政治和军事上的所有正确建议丝毫不被采纳。毛泽东在逆境中思索，为中国革命寻求出路。不久，他就凭借其卓越的政治军事才能和对中国革命的高度责任感复出，最终引领党和红军摆脱教条主义造成的困境，走上了一条中国革命的希望之路。

毛泽东在中共八大预备会议上回顾那段逆境时说："对于那些冤枉和委屈，对于那些不适当的处罚和错误的处置，比如把自己打成什么'机会主义'，撤销自己的职务，调离自己的职务等等，可以有两种态度。一种态度是从此消极，很气愤，不满意；另一种态度是把它看作一种有益的教育，当作一种锻炼。"①

年轻如初春，创业正当时，千锤百炼才能造就英才，珍惜韶华方能不负年轻时代。应增强学习的紧迫感，树立强烈的责任感和使命感，把激情和活力用在干事创业上，用在自我成长上，用在为祖国现代化发展贡献智慧和力量上，在学思践悟中增长知识、锤炼品格。

年轻干部多经历一点摔打、挫折、考验，有利于走好一生的路。要历练宠辱不惊的心理素质，坚定百折不挠的进取意志，保持乐观向上的精神状态，变挫折为动力，用从挫折中吸取的教训启迪人生，使人生获得升华和超越。

习近平同志不到16岁就到农村插队，当过七年知青，而且是"年龄最小、去的地方最苦、插队时间最长的知青"。七年光阴里，他闯过跳蚤关、饮食关、生活关、劳动关、思想关，真诚地和乡亲们打成一片，自觉地接受艰苦生活的磨炼。多年以后，他回忆说："七年上山下乡的艰苦生活对我的锻炼很大，后来遇到什么困难，就想起那个时候在那样困难的条件下还可以干事，现在干嘛不干？你再难都没有难到那个程度。这个对人的作用很大。一个人要有一股气，遇到任何事情都有挑战的勇气，什么事都不信邪，就能处变不惊、知难而进。"②

星光不问赶路人，岁月不负有心人。年轻人有理想、有担当，国家和民族就有前途、有希望，实现我们的发展目标就有源源不断的强大力量。"看似寻常最奇崛，成如容易却艰辛。"前进途中不可能一马平川。世间许多事，只要肯动手做，就并不难。我们必须带着一份"自找苦吃"

① 《毛泽东文集》（第7卷），人民出版社1999年版，第106页。
② 习近平：《我是黄土地的儿子》，载《西部大开发》2012年第9期。

的干劲、保持不断攻坚克难的心态，依靠勤劳和汗水开辟前进的道路，为党和国家的事业贡献自己的力量，像我们的父辈一样把青春热血镌刻在历史的丰碑上。

美丽的彩虹往往出现在风雨之后。没有比人更高的山，没有比脚更长的路。只要我们踔厉奋发、锲而不舍地前进，再高的山、再长的路，也有达到目的的那一天。青年时期是通过学习长本事、增才干的黄金期。当代青年要勇担时代重任，用青春力量激荡起民族复兴的澎湃春潮。

新时代年轻干部要以实现中华民族伟大复兴为己任，以艰苦的磨炼作为自己的修身之道，在困难、挫折中锤炼意志，在艰险、患难中铸造品质、勇于担当，不懈拼搏，自觉把个人的理想追求融入国家和民族的事业中，追求人生价值的最大化，勇做奋进者、开拓者，为实现第二个百年奋斗目标而不懈奋斗，努力书写无愧于时代的青春之歌、奋斗之歌。

对自己狠就是对自己好

人应该对自己狠一点，还是对自己好一点，两派意见一直争执不下，见仁见智，各有道理。从辩证意义上来说，对自己狠就是对自己好，对自己好则可能是对自己狠。

对自己狠一点，具体来说，就是严格要求自己，严于自律，严于修身，不懈怠，不放松，人生有计划，做事有目标，不完成计划就不休息，不达到目标就不停工。如作家严歌苓，她的计划是每天必须写作6小时，几十年如一日，风雨无阻，坚持不懈。如果哪一天身体不适，或因其他事耽误了，就一定会抽时间补回来，绝不拖欠。这也是她这些年来新作迭出，一直保持高产优质的秘诀。她也从一个学历不高的文工团员，成为一名著作等身的作家。

"东边日出西边雨，道是无晴却有晴。"看起来对自己狠，似乎有点过分苛求自己，对自己不够好、不够体贴、不够宽容，活得太累、太死板、太拘谨。但也正是这股对自己的毫不姑息、毫不通融、毫不迁就、毫不放松的狠劲，成就了不朽功业，创造了人生的辉煌。牛人都是狠人，狠人多为牛人，是个放之四海而皆准的普遍规律。

咬牙是狠的一种形象说法，有发狠、决绝、拼命、豁出去、不顾一切的意思。首先是要下定决心，不怕牺牲，排除万难，破釜沉舟；其次要坚持不懈，矢志不渝，"咬定青山不放松，任尔东西南北风"，卧薪尝胆，坚韧不拔，"衣带渐宽终不悔，为伊消得人憔悴"。

反之，所谓对自己好一点，无非是尽量让自己吃得好一点、穿得好一点、住得好一点，不会太辛苦、太劳累，总之是让自己活得舒服一点、轻松一点、潇洒一点。这当然也没错，人的本性使然，是不少人追求的生活目标。但是，你如果胸有大志，想干出一番事业，想成名家，想青史留名，靠这种不求进取的生活态度是断然没有可能的。古今中外，从未听说谁可以轻轻松松获得成功，随随便便走向辉煌，玩着玩着就走上人生巅峰。天道酬勤，功不唐捐，这些基本人生道理对谁都是适用的；一分耕耘一分收获，不经风雨难见彩虹，也是放之四海而皆准的铁律。

《红楼梦》里，袭人开导宝玉时说："成人不自在，自在不成人。"自在，就有对自己好一点的意思，宝玉就是因为对自己太好了，不学习，不上进，耽于吃喝玩乐，最后成了一个不文不武、一事无成的人，家道也彻底败落，在姐姐妹妹陷入困境时无力施以援手，结果"白茫茫大地真干净"。而被称为"民国第一狠人"的李叔同，则是放弃一切自在的生活，做学问有狠劲，练书法有狠劲，当老师有狠劲，出家当和尚更有狠劲，修最难的律宗，执行最严的戒律，一丝不苟，矢志不渝，最后成了不凡的文化泰斗、德高望重的律宗第十一代世祖。由是看来，贾宝玉的对自己好一点反把自己的一生都毁了，恰恰是对自己狠到了极致；李叔同对自己狠一点，最终成就了一个文化大师与得道高僧，这恰是对自己好一点的登峰造极。

勇敢面对挫折与失败

一个人要成长成才，建功立业，实现人生价值，难免遇到一些挫折，品尝失败的苦果。如何面对挫折和失败，是每个年轻干部不可或缺的必修课。对挫折的认识不同、情绪不同和行为不同，结果也就不尽相同。

逆商是面对挫折、摆脱困境和超越困难的能力。心理学家认为，一个人事业成功必须具备高智商、高情商和高逆商这三个因素。在智商、情商都跟别人相差不大的情况下，逆商对一个人的事业成功起着决定性的作用。要想事业成功、人生辉煌，就必须培养逆商，也就是学会正确面对挫折和失败。

要正确认识挫折和失败，它们是成长的"助推器"，是通向成功的阶梯。文王拘而演《周易》，仲尼厄而作《春秋》；屈原放逐，乃赋《离骚》；左丘失明，厥有《国语》；孙子膑脚，兵法修列……这些都是高逆商的人。高逆商支撑他们战胜困厄灾难，化险为夷；高逆商帮助他们走出人生低谷，走向事业辉煌。综观古今中外，那些事业成功、名垂史册的政治家、科学家、艺术家、军事家、实业家，大都历经坎坷，备尝艰辛，一次次被击倒又一次次站起来，顽强不屈，坚忍不拔。如果每一个人都像爱迪生那样，"我没有失败，我只是在尝试很多种不成功的方法而已"，那么这世上又有什么可以畏惧的呢？如果说人生是一眼望不到边的大海，那么挫折则是一个骤然翻起的浪花。歌德说过："斗争是掌握本领的学校，挫折是通向真理的桥梁。"成功者善于把挫折和失败化为前进的动力，使自己的意志更加坚强。

挫折和失败并不可怕，任何时候，办法总比困难多。山高高不过太阳，只要坚持不懈，总会水滴石穿；只要奋力拼搏，就一定能迎来胜利的曙光。长征路上的红军将士们，爬雪山，过草地，冲破敌人的层层包围，强渡大渡河，飞夺泸定桥，攻破腊子口，奇袭娄山关，两万五千里的征途中，他们克服了一个个难以想象的困难，战胜了一个个穷凶极恶的顽敌，终于胜利到达陕北，完成了伟大的战略转移。长征途中红军经历了无数的坎坷，但都一次又一次地被他们超越了，这些得益于他们战胜逆境的信心和决心。

要有百折不挠的韧劲和吃苦精神。雄鹰之所以能翱翔于蓝天，是因为它不惧烈阳暴雨；鲨鱼之所以能畅游于大海，是因为它不惧惊涛骇浪。战胜挫折，要有不屈不挠的韧劲，咬定青山不放松，任尔东西南北风。为推翻清政府，以孙中山为首的革命党人前后进行了多次起义，一次失败接着又一次失败，但他们毫不气馁，愈挫愈勇，屡战屡败，屡败屡战，终于迎来了辛亥革命的成功。战胜挫折，要不怕吃苦。能吃世间难忍之苦，方能成天下过人之事。

人生在世，总要干一番事业，但是没有一蹴而就、轻轻松松就获得的成功，难免会遇到一些困难、挫折。当你咬牙熬过来后，才会蓦然醒悟：选择投入火热生活，决战狭路相逢，就没有克服不了的困难；有志者事竟成，苦心人天不负，一切挫折都会被踩在脚下。那些或大或小的磨难，那些或深或浅的伤疤，既是你的宝贵财富，也是你的功勋章，可助你打造金刚不坏之身，帮你走向人生辉煌。

人生贵有"意志力"

从力学角度来看，一个人之所以能取得事业成功，都是力的运动结果。这个力包括能力、智力、潜力、毅力等形成的合力。再具体一点说，就是意志力、执行力、凝聚力、洞察力、亲和力、领导力等。这些力都很重要，缺一不可，但其中最关键的是"意志力"。

意志力，指一个人自觉地确定目的，并根据目的来支配、调节自己的行动，克服各种困难，从而实现目的的品质。西谚说：一只弱小牛虻如果有意志力，就能征服一头优柔寡断的公牛。而在中国神话传说里，愚公移山、精卫填海、女娲补天、夸父追日、唐僧取经等经典故事，都是意志力的生动体现。意志力之重要，可见一斑。

意志力贵在坚定不移，就是"咬定青山不放松"，"任尔东西南北风"，不论遇到再大困难、再差条件，抑或四面楚歌，也不轻言放弃，不动摇决心，不变换信仰，不丧失信念。毛泽东早年在井冈山时，困难重重，举步维艰，敌军四面围困，红军缺粮少枪，当时就曾有人发出疑问：红旗到底能打多久？毛泽东为了统一思想，坚定全军革命意志，阐明他对中国革命和红军前途的看法，就写了系列的论文。他在文章里高屋建瓴、高瞻远瞩，坚定地回答：星星之火，可以燎原，革命高潮肯定会到来！这就是坚如磐石的意志力，"我心匪石，不可转也"。

意志力贵在坚强不屈。立志容易，确定奋斗目标也不难，难就难在百折不挠、愈挫愈勇，为了实现奋斗目标不屈服、不认输、不畏强敌、不惧困难。摔倒了，爬起来再干，擦干血迹，养好伤病，继续奋斗，把每一次失败都当成前进的垫脚石，顽强地攀登每一个向上的台阶。

意志力贵在坚持不懈。意志力固然可以体现在完成一件事情的过程上，更多的是体现在几十年如一日的坚持中。弗雷德里克·桑格是一位英国生物化学家，曾两度获诺贝尔化学奖。1958年，在辛辛苦苦进行了10多年的实验后，他第一次获诺贝尔奖，有记者问："您靠什么得奖？"桑格回答说："意志力。"随后他又在实验室里待了20多年，盯着一个目标，反复试验，矢志不渝，终于推出新的研究成果。1980年，他再次获奖后，又有记者提出类似问题，桑格再次回答说："坚持不懈的意志力。"司马迁、李时珍、徐霞客、爱迪生、居里夫人、齐白石、邓稼先、袁隆平、屠呦呦这些方方面面的杰出人物，无一不是靠着坚持不懈的意志力走向成功的。可谓心有目标，志坚如钢，持之以恒，水滴石穿。

意志力贵在坚信不疑。坚信是意志力的前提，坚信自己从事的事业是正义的、有价值的、有意义的，坚信自己的路径是正确的、目标是可以实现的，就会有无坚不摧的意志力，激励我们在困难中坚守、在挫折中重启，最后把梦想变成现实。反之，如果对自己从事的事业三心二意，对自己践行的理论将信将疑，意志就肯定会动摇不定，意志力也会大打折扣，这样的状态下是很难干成一件像样的事情的。

"咱们换种方案，再试一次。"面对第13种研发方案的失败，海信集团青年专家刘显荣和团队并未放弃，而是勇敢地推倒重来。没有现成产品借鉴，他们就自主研发；没有其他企业经验可循，他们就自我探索。数不清的失败，没有动摇刘显荣和他的团队的坚定信心。功夫不负有心人，海信激光电视这一全新产品终被他和团队研发成功。坚信不疑的意志力，为他们的成功插上腾飞的翅膀。

"志之所趋，无远弗届。"人贵有志，但立志之后，最重要的就是提升自己的意志力。再换个通俗的说法，意志力就是能把意志贯彻到底的能力，能让意志变为现实的能力。再说具体一点，就是想干事，会干事，并能干成事，干好事。一些年轻干部不缺志向与梦想，而是缺坚强、坚定、坚韧、坚毅的意志力，补齐了这个短板，就如虎添翼不可阻挡了。

孔子说："士不可以不弘毅，任重而道远。"人生成败，主要就取决于意志力的强弱盛衰。因而在人生辞典里，高度重视并努力践行意志力，将会受益无穷。

道阻且长，行则将至

习近平总书记在第二十届中共中央政治局常委同中外记者见面时引用了一句古语——"道阻且长，行则将至"，意思是不要怕道路险阻漫长，一路前行终将到达目的地。这句话应成为激励每个年轻干部成长进步的座右铭。

因为"道阻且长"，肯定就会"行路难"，可能"欲渡黄河冰塞川，将登太行雪满山"，可能"江头未是风波恶，别有人间行路难"，但只要我们有"路漫漫其修远兮，吾将上下而求索"的无畏勇气，有"雄关漫道真如铁，而今迈步从头越"的豪迈精神，有"踏平坎坷成大道，斗罢艰险又出发"的坚韧态度，就一定能排除百难千险，实现奋斗目标。

道阻且长，唯艰苦奋斗方能破解。前进道路上固然有康庄坦途，也有坎坷崎岖，固然有鲜花歌声，也有荆棘石障，只有不懈奋斗才能解决问题、冲破障碍。世间万事万物，唯奋斗能和成功画等号，虽然奋斗之根是苦的，但成功之果必然是甜的。奋斗，意味着年复一年的艰苦跋涉，意味着衣带渐宽终不悔的身心劳累，需要的是兢兢业业、埋头苦干。奋斗者要目标明确，意志坚定，自强不息，百折不挠；要有所作为，务实勤勉，撸起袖子；要始终吹响冲锋号角，用辛勤汗水浇灌收获，以苦干实干笃定前行。默默奉献、初心不改的张富清，把青春和生命献给脱贫事业的黄文秀，为救火而捐躯的四川木里31名勇士，用身体保护战友的杜富国，值守在空间站的航天员，港珠澳大桥的建设者，战斗在抗疫前线的白衣战士等，都是奋斗的楷模。他们的实践充分证明了习近平总书记的一句名言："有梦想，有机会，有奋斗，一切美好的东西都能够创造出来。"①

道阻且长，唯拼搏进取能过关。拼，要用尽"洪荒之力"，奋不顾身，要敢于亮剑，不畏强敌。昔日，有"拼命三郎"石秀屡建奇功；有秋瑾女士为赴国难，"拼将十万头颅血，须把乾坤力挽回"；有朱德总司令的"愿与人民同患难，誓拼热血固神州"；有国防科研前辈们靠着"革命加拼命"精神，成功研制"两弹一星"；有南海之滨的深圳人民拼出一条血路，将一个小渔村建成了现代化的大都市。今天，我们仍然要发扬这种"蛮拼的"奋斗精神，不论是推进改革、富国强军，还是依法治国、反腐倡廉，都要有敢打硬仗、勇啃硬骨头的拼命精神，越挫越勇，百折不挠，"敢同恶鬼争高下，不向霸王让寸分"。

道阻且长，唯坚持不懈能达标。关山迢递，没有捷径，万里长征，艰苦异常。但路再长也长不过脚，山再高也高不过人，路是一步步走出来的，只要不停下来，坚持走下去，终究会达到前进的目标。这里最需要坚忍不拔的毅力，"咬定青山不放松"，有打持久战的思想准备，有跑马拉松的韧劲，不怕豺狼虎豹和魑魅魍魉，不怕艰难困苦和流血牺牲，永不懈怠，永不躺平，水滴石穿，积沙成塔，终能收获"百二秦关终属楚"的辉煌，领略"三千越甲可吞吴"的风采。

道阻且长，唯团结一致能成功。团结出生产力，出战斗力，出凝聚力。团结的队伍没有内耗，其行必速；团结的队伍心齐力聚，能战胜一

---

① 《习近平在第十二届全国人民代表大会第一次会议上的讲话》，载《人民日报》2013年3月18日。

切阻碍。团结就是力量，这个真理不仅适用于治国理政、领兵打仗，同样也适用于企业管理、文教体育等方方面面。大到一个国家，小到一个单位，只有齐心协力，同舟共济，才能克服困难，开拓局面。

展望前程，任重道远，如同巨轮远航，肯定会遇到惊涛骇浪、激流险滩。只要我们团结一致，勠力同心，有驰而不息、锲而不舍的伟大精神，有"永远在路上"的劲头，有"乘长风破万里浪"的雄壮气魄，就能稳步实现奋斗目标。

把"背影"变"背景"

常听到一些刚入职的年轻人抱怨：人家有的是背景，有贵人扶持，我有的是背影，只能孤军奋斗，一开始在起跑线上就输了，往后还怎么比？所谓背景，即靠山、后台、关系，可随时变现、发力、加持。背影，能看得到却用不上，看着很近，实则很远，你一直在眼巴巴盯着他，他可能永远不会转脸看你。

如果一个青年人因没有背景只有背影就退出竞争，俯首认输，或自暴自弃、自甘落后，破罐子破摔，躺平、佛系、摆烂、混日子，只会输得更惨，更没有奔头。倘若坚持奋斗，不懈努力，则有可能把背影变成背景。演员王宝强有什么背景？农家子弟，没有文凭，加上其貌不扬，就是靠着不懈拼搏，能演能导，成了许多演员渴望高攀的背景。

反之，倘若自己不争气、不努力，干什么都不行，烂泥扶不上墙，再硬的背景也没用，久而久之，背景也会变成远去的背影。君不见多少含着金汤勺出世的"二代"没有成器，变成了败家子、纨绔子弟。如果自己不作为、没能耐，饱食终日却无所事事，什么样的背景也帮不了他。

作家朱自清的名篇《背影》里，他一直看到的是父亲的背影，可是当父亲转身，他就看到了慈祥的笑脸，还有一包鲜美的橘子。现实生活中，背影也可能转身变成背景，成为你的贵人——但你一定得是那个值得人家转身的人。毕竟，背景也不愿做无用功，不会在一个百无一用的人身上下功夫。背景也喜欢并赏识人才，愿意提拔器重人才，但你首先要做出成绩，表现出潜质，让人家看到你的亮点。路遥没有背景，但他拼命写作，苦心孤诣，终于被《山花》杂志负责人曹谷溪发现。他对路遥极为赏识，不遗余力地为他延誉、说项、评介、开研讨会，自愿做他的背景，助他起飞。他还与县文教局联系，让路遥进入文教局搞编剧，带着路遥去各地开阔视野、增长见识，使路遥坚定了走文学创作之路，才有了后来的一飞冲天。

"把背影变成背景"，这是近来最流行的励志金句。这肯定是有难度的，但越有难度才价值越高，越具挑战性才越有魅力。事在人为，境由心造，"狭路相逢勇者胜"，能否如愿以偿，就看你的决心与付出了。青年人无所畏惧，敢想敢干，拼一把就可能柳暗花明，试一试才知道自己有多厉害。

无论啥时候，关系硬都不如本事硬，靠山强不如自身强，出身好不如表现好，后台厉害不如自己厉害。背景固可以佐餐、伴唱、助攻，但不可以当主食、唱主角、当主攻。

接纳"正确的难受"

七情六欲，人皆有之；酸甜苦辣，是人难免。我们不仅会有快乐的感觉，心情舒畅，兴高采烈；也常有难受的体验，不舒服、不痛快、不好受。心理学认为难受分两种：正确的难受和错误的难受，人要学会选择并接纳正确的难受，拒绝或减少错误的难受。

正确的难受大体可分三种：

一是不可避免的难受。譬如创业受挫的难受、名落孙山的难受、试验失败的难受等。做世间任何事情，既包含着成功带来的喜悦，也有失败引起的难受，但这是正确的难受。

二是对成长进步有作用的难受。"十年寒窗无人问"很难受，是为了日后的"一举成名天下知"做准备的。"衣带渐宽终不悔"很难受，换来的是"柳暗花明又一村"。孙中山领导起义，屡战屡败，屡败屡战，无数战友壮烈牺牲，难受之情无法言表，但这些难受最终都变成了通向胜利的阶梯。陈薇院士的团队研究新冠疫苗的过程中失败过无数次，走了很多弯路，每一次失败他们都很难受，但正是这些正确的难受，使他们不断进步成熟，总结经验教训，最终取得胜利，成功研制出高质量的新冠疫苗，为抗击疫情做出重大贡献。

三是对事业成功有意义的难受。比如挥汗如雨、刻苦训练的运动员，冬练三九夏练三伏，不仅枯燥乏味，还常常累得筋疲力尽，那滋味也不好受。但也只有大量接纳这些正确的难受，日积月累，熟能生巧，最后才能采摘成功的果实。中国工程院院士钱七虎教授初出茅庐时，由于经验不足科研之路颇不顺畅，遇到不少困难，心里非常难受。但他坚持下来了，苦心孤诣，殚精竭虑，为了国防事业，与妻子分居两地16年；为了进行科研，没时间辅导孩子高考，导致儿子没考上好大学。他无怨无悔，把各种难受嚼嚼咽了，勠力奋斗，积蓄力量，为军队和国家做出重大贡献，获颁"八一勋章"。他前边的难受都得到了肯定与回报，成为走向成功的铺路石。

电视剧《人世间》里的男主角周秉昆爱说一句话：日子苦吗？那就嚼巴嚼巴咽了。他很苦，可这些苦难都被他咬牙嚼嚼咽了，硬着头皮往前闯，最后终于熬过艰辛走出困窘，苦尽甘来。对待各种不可避免的正确的难受，不妨也学学周秉昆，嚼巴嚼巴咽了，把难受变为人生垫脚石，战而胜之。

当然，也有很多错误的难受，是本来可以避免的难受。比如瘾君子吸得倾家荡产时的难受，赌徒输掉老本时的难受，骗子被揭穿骗局时的难受，贪官被关进大牢时的难受，死刑犯被押送刑场时的难受等。这些错误的难受一开始都戴着欢愉的假面具，笑嘻嘻地等人上钩，与你称兄道弟，等到真感到难受难忍时，就如同温水里的青蛙再也跳不上来了，悔之晚矣。这就是孟子那句名言："天作孽，犹可违；自作孽，不可活。"

人生的智慧，就是毫无怨言地自觉接纳那些正确的难受，忍受其煎熬，经受其洗礼，顶住其折磨，努力将其化为营养吸收，以换取将来的愉悦和幸福；同时要头脑清醒、立场坚定，坚决拒绝那些错误的难受，抵制诱惑，不越雷池，循规蹈矩，自重自爱。

《红楼梦》里有句名言："成人不自在，自在不成人。"人生渴望愉悦幸福，也需要与难受共舞，既要抵制错误的难受，又要接纳正确的难受。没有正确的难受，就没有正确的收获，难受带来的痛苦，必然会换来丰盛的回报，从这个意义上来说，正确难受系数就等于幸福生活系数。接受了熊熊烈火的洗礼，才有美丽的凤凰涅槃。

容纳不同的声音

兼听民意，容纳不同的声音，是尊重对方、沟通协调的桥梁，是博采众长、补己之短的良方，是办好事情、避免失误的法宝。"兼听则明，偏信则暗"，这本是就统治阶级治国之道而言的，具有阶级的局限性。但从一般的认识方法上看，却具有普遍的意义，那就是要听取各方面的意见。

权力不等于真理，也不等于权威，更不等于威信。一个领导者若想有权威、有威信，决不是靠揽权势、摆威风、端架子，而主要靠以身作则、真诚质朴、善于用人、从谏如流、博采众长。1937年8月，毛泽东在《矛盾论》中指出："唐朝人魏徵说过：'兼听则明，偏信则暗。'也懂得片面性不对。可是我们的同志看问题，往往带片面性，这样的人就往往碰钉子。"①

综观历史，凡励精图治、创造繁荣昌盛之世的君王，无不竭诚待下，从谏如流，无不以善听诤言为荣，无不直臣盈廷、竞献其策。"君之所以明者，兼听也；其所以暗者，偏信也。是故人君通必兼听，则圣日广矣；庸说偏信，则愚日甚矣。"（汉代王符《潜夫论·明暗》）自以为是，固执己见，一意孤行，必然视野狭窄、思想偏颇，甚至导致决策失误。多方面听取不同意见才能明辨是非得失，重视那些容易被忽视的问题。正如马克思所言："真理通过论战而确立，历史事实从矛盾的陈述中清理出来。"②如果只听一方面的意见，就容易偏信，作出错误判断。

对年轻干部来说，多听听不同的声音，可以鼓励人们敢于讲真话，使正确的决策得到多方面的论证，不完美的决策得到补充，错误的决策得到修正。因此，年轻干部一定要善听"谔谔之言"，多听不同的意见。

1949年全国政协召开会议前，曾酝酿和讨论国家名号问题。毛泽东在中南海邀集一些党外人士座谈，听取大家意见。最后毛泽东提出，中央意见拟用"中华人民民主共和国"。大家有同意的，也有不同意的。张治中说："'共和'这个词的本身本来就包含了'民主'的意思，何必重

---

① 《毛泽东选集》（第1卷），人民出版社1991年版，第313页。
② 《马克思恩格斯全集》（第28卷），人民出版社1973年版，第286页。

复？不如就干脆叫'中华人民共和国'？"毛泽东觉得此话有理，建议大家采纳。①

多听不同意见，多听劝告，有益无害，切莫一条道跑到黑。《孔子家语·六本》言："汤武以谔谔而昌，桀纣以唯唯而亡"。说的是商汤王和周武王允许别人提不同意见，所以能昌盛；夏桀和商纣王总是让人唯命是从，所以灭亡了。诺诺无处不有，一谔千金难求啊！

据《党史文汇》刊载的《毛泽东倡导开展批评与自我批评》一文记载，延安时期，陕甘宁边区的清涧县农妇伍兰花的丈夫在犁地时不幸被雷电击中。伍兰花一边悲痛，一边怨骂"共产党黑暗"，咒骂毛泽东。当地干部很快将她抓起来，并报告中央社会部。该部呈报陕甘宁边区高等法院审判和中央审批后，打算将其在清涧县枪毙，以一儆百。

毛泽东看到社会部呈送来的《情况汇报》后，当即对社会部负责人说："你们如果不做调查，就这样随便抓人、杀人，共产党跟国民党有什么两样？所以我不同意你们这样做！"当晚叫中央军委总部保卫部部长钱益民把伍兰花带来。经过交谈后得知，这几年公粮任务太重，又逢三年旱灾，有百姓缴不起，尤其是她家，除了种子已无颗粒存粮，她一时气急就骂天骂地骂共产党骂毛主席。

毛泽东听后没有责怪她，安慰说："我们共产党跟老百姓是一家人。你家里有困难，我们会帮助你克服。你以后有意见还可以提，我叫他们放了你。"临行前，毛泽东让通讯员把自己的口粮送给她，以解她家的燃眉之急。她回村后逢人就讲："毛主席胸怀坦荡，是咱老百姓的大救星，是个不怕雷轰的英明领袖。"随后，毛泽东及时作出决定，在陕甘宁边区开展减征公粮、军民大生产运动，有效解决了农民负担过重的问题，进一步密切了边区军民关系。

---

① 参见陈也辰、王钦双：《毛泽东的1949》，东方出版社2007年版，第196—197页。

作为党的重要领导人之一，张闻天一度陷入了"左"倾的思想藩篱。1932年10月27日，张闻天在临时中央的政治局会议上，作了关于"目前形势"的报告，首次把"左"倾问题作为一个极为严重的问题提了出来。1941年9月，在中共中央政治局扩大会议上，张闻天首当其冲作了发言，他提道，关于第五次反"围剿"的损失，自己是最主要的负责者之一，指出共产国际把自己这一批没有做过实际工作的干部选拔到中央机关来，是很大的失误和损失。会后，他又主动去农村调研，以实际行动给自己"补课"。

中央人民政府委员会成立并举行第一次全体会议后，要发表公告。中央拿出来的稿子只列举主席、副主席姓名，56位委员未列姓名。张治中站起来说："这是正式公告，关系国内外观感，应该把56位委员的姓名也列上。"毛泽东说："这意见很好，这样可以表现我们中央人民政府的强大阵容。"①

一勤天下无难事

当代著名语言学家周有光，百岁之后仍每天伏案工作，研究不辍，每月至少有一篇研究文章发表在国内外刊物上。当中央电视台主持人问他："您都过一百岁了，又有那么多成果，干吗还那么辛苦自己啊？"他坦然一笑："辛苦吗？我没觉得，一辈子的习惯了，想改也难。"

习近平总书记在2020年春节团拜会上指出："天道酬勤，力耕不欺。"

---

① 苏峰、熊根琪：《毛泽东：三十一年还旧国——1918—1949年毛泽东在北京的人生地图》，人民出版社2014年版，第92页。

这是个推之四海而皆准的真理,古往今来,概莫能外。诗人李太白是"三万六千日,夜夜当秉烛",作家莎士比亚的信条是"抛弃时间的人,时间也会抛弃他",科学家爱因斯坦的成功诀窍是:成功=艰苦劳动+正确的方法+少说空话,杂文家鲁迅"把别人喝咖啡的时间都用在工作上了",历史学家范文澜是"板凳要坐十年冷,文章不写半句空",杂交水稻之父袁隆平一年四季几乎都在试验田里。他们都因特别勤奋而跻身名人行列,事业成功就是对他们勤奋不怠的最好褒奖,他们都当得起天道酬勤这四个字。

当代青年里因勤奋而获得成功者也大有人在。受团中央表彰的中国联合网络通信有限公司北京市分公司运营支撑中心职工王文思,是双奥企业的优秀代表,是科技创新的骨干力量,是志愿服务的模范表率。她勤奋工作,拼劲很足,经过坚持不懈地勤学苦练,她的工单处理平均加快3小时,稽核用时平均减少8小时,打造了数字化"云化集约生产新模式",建立了全国宽带服务标杆"数字人",被评为全国优秀共青团员。

还有受团中央表彰的北京市小米集团策划专员张宇,北京市通州区马驹桥镇房辛店村乡村振兴协理员曹雪晴,首都医科大学基础医学院2019级临床医学专业学生董汉卿,北京市中关村医院护理部干事李春续,北京市政务信息安全保障中心信息安全工程师屈伟晨等,都是勤奋工作学习的楷模。他们或在工作中勤勉努力,加班加点,不讲条件,不计报酬;或在学习中苦读勤学,全神贯注,心无旁骛,夜以继日;或因为热爱自己从事的事业,努力钻研,精益求精,成为本行业的专家,取得了令人瞩目的光辉业绩。

当然,"一勤天下无难事",还要勤得有理性、有章法、有遵循、有道道。一是勤的方向要正确,慢一点不怕,但不能做无用功,不要犯南辕北辙的错误。二是方法得当,不然也会弄巧成拙,譬如拔苗助长之类就不行。三是勤奋要有质量、有效率,有的人的耕耘与收获成正比,立竿见影，汗洒在地上就见果实；有的人则付出三分、五分、七分耕耘才有一分收获，甚至忙活半天颗粒无收。到底差在哪里？是差在勤奋的真假与质量上了。只有高质量的勤奋、含金量足的勤奋、扎实可靠的勤奋、有的放矢的勤奋、抓石留痕的勤奋，才可能敲开成功的大门，走向胜利的终点。

"业精于勤，荒于嬉。"勤奋，不论是用于学习还是工作，都是一种美德。成功女神只青睐那些会勤奋的人。每个渴望事业有成的青年，不仅要肯勤奋，不躺平、不佛系、不摸鱼，还要会勤奋、善勤奋。须知肯勤奋是一种态度，会勤奋是一种本事，肯勤奋加上会勤奋，那就真的是"一勤天下无难事"了。即便不能像曾国藩、周有光、袁隆平等杰出人物那样名留青史，也不至于碌碌无为、一事无成，而是会有一个不错的人生。最后请谨记马克思的名言："在科学上没有平坦的大道，只有不畏劳苦沿着陡峭山路攀登的人，才有希望达到光辉的顶点。"①

靠什么打败时间

"子在川上曰：逝者如斯夫！"人生很短，百年匆匆，我们都是历史的过客，谁也不能例外。落花有意，流水无情，时间就像昼夜不停的流水一样，无情地冲刷走我们的一切。但总有人想和时间较劲，想打败时间，而且还真的"心想事成"了。譬如说，有人虽已逝去了几百几千年，但我们还是没忘记他，还在不断欣赏其作品、享用其遗产、学习其事迹、缅怀其精神，屡屡提起其名字，时间虽夺去了他们的肉体，却无法剥夺

---

① 《马克思恩格斯全集》（第33卷），人民出版社1973年版，第434页。

他们的精神与灵魂，无法磨灭他们的业绩与贡献。从这个意义上说，他们的确打败了时间，换来了永恒。他们靠什么打败时间呢？

靠辉煌事业。李冰父子靠都江堰工程，霍去病靠封狼居胥的武功，毕昇靠活字印刷术的发明，牛顿靠经典力学三大定律问世，达尔文靠提出进化论，左宗棠靠消灭叛贼收复新疆，詹天佑靠修建京张铁路，诺贝尔靠创立诺贝尔奖，爱因斯坦靠相对论，孙中山靠推翻帝制实现共和，钱学森、邓稼先、于敏靠"两弹一星"……都江堰已修建2000多年了，至今还在滋润天府之国，饮水思源，人们永远不会忘记李冰父子。诺贝尔奖已发了100多年，还会源源不断地发下去，每年的颁奖都会让我们想到这位伟大的科学家、发明家。他们都打败了时间。

靠突出贡献。全国劳模王崇伦，在工作中大搞技术革新，改进了机加工车床8种工、卡具，提高工效5—10倍。青年王崇伦凭着他刻苦钻研发明的"万能工具胎"，在同时间的赛跑中不断创造奇迹，仅在一年就完成了4年零17天的工作量，被誉为"走在时间前面的人"。还有大国工匠、高级技师高凤林，他废寝忘食、夜以继日，突破极限精度，破解二十载难题，为火箭铸"心"，为民族筑梦，将"龙的轨迹"划入太空，让中国飞船映亮苍穹。他们都打败了时间。

靠优秀作品。屈原靠《离骚》，孙武靠《孙子兵法》，司马迁靠《史记》，李时珍靠《本草纲目》，马克思靠《资本论》，曹雪芹靠《红楼梦》，贝多芬靠《第九交响曲》，达·芬奇靠《蒙娜丽莎》，路遥靠《平凡的世界》等。马克思走了100多年，他的著作还在热销，他的思想还在传播，他的主义还在实践，他的理想正在变成现实，他还曾数次被评为千年思想家的首席。屈原辞世2000多年了，我们还在年复一年地过端午节，赛龙舟，吃粽子，怀念这位先贤，牢记他的"路漫漫其修远兮，吾将上下而求索"精神。他们都打败了时间。

靠高尚品德。古人有立德、立功、立言"三不朽"之说，并以立德为上。尧舜、周公、孔子、诸葛亮、岳飞、文天祥、王阳明、于谦、林则徐、林觉民、周恩来、谷文昌、焦裕禄、孔繁森、林俊德等，皆是品德高尚、操守高雅的君子。他们做事认真负责、一丝不苟，做人堂堂正正、光明磊落；为国殚精竭虑、不避斧钺，为民鞠躬尽瘁、不辞劳累；为气节能轻生死，为信仰敢赴汤蹈火。因而英名远扬，流芳百世，成为道德楷模、人品范例，什么时候提起来都要竖起大拇指。说公忠，离不开尧舜、周公、诸葛亮；说节烈，离不开岳飞、文天祥、于谦；说爱国，离不开林则徐、林觉民、林俊德；说为民，离不开周恩来、谷文昌、焦裕禄等。其精神德行与日月共在，高风亮节与天地同老，他们打败了时间。

当然，有的人打败时间，赢得不朽与伟大，并非只靠单打一，"一招鲜吃遍天"，而是既靠事业，也靠品德，还靠作品，拿的是"全能金牌"。譬如曾被誉为古今"真三立"的王阳明，不仅品德高尚、节操出众，而且学问精深，创立心学，名列儒家四杰之一。尤其让人服膺的，他还是个战功卓著、八面威风的军事家，他运筹帷幄，指挥若定，平叛剿匪，百战百胜，是明朝的擎天一柱。

2014年2月，习近平主席在接受俄罗斯电视台专访时曾感慨"时间都去哪儿了"。对于珍惜时光，习近平的时间观首先是"惜时"——只争朝夕，不负韶华。其次是拼尽全力走在时间前面。再次是在时间历史中创造中华民族的历史时间。习近平带领我们同时间赛跑、同历史并进，时间属于奋进者！历史属于奋进者！

沧海桑田，逝者如斯。一个人只要事业在，作品在，精神在，英名在，不管逝去多少年，都没有真正离去，永远活在后人心里，时间就无法把他击败。可以这样说，世界上建功立业的人越多，留下的历史遗产越多，打败时间的人越多，被人们纪念的人越多，科学就越昌明，社会就越进步，人类的星空就越璀璨夺目。

苦心之人天不负

2022年11月29日，神舟十五号载人飞船成功发射，其中乘员组里的航天员邓清明特别引人注目，为了飞天这一刻，他经过了25年的漫长等待、坚守与奋斗。许多人纷纷在网上表示热烈祝贺："这次是你""向坚守者致敬！""追梦者终于圆梦！""苦心人，天不负。"

"苦心人，天不负"，这是对邓清明25年不懈坚守的肯定和总结，也是对每一个奋斗者的激励与呼唤。400多年前，科举失利的才子蒲松龄写下一副对联："有志者、事竟成，破釜沉舟，百二秦关终属楚；苦心人、天不负，卧薪尝胆，三千越甲可吞吴。"以此激励自己奋力拼搏，最终成为著名文学家。这副名联广为流传，成为无数立志奋斗者的座右铭。

"苦心人，天不负"，苦心，即苦其心志、苦心孤诣、苦苦追求、含辛茹苦等；天，则可理解为成绩、成就、社会承认、公众评价、历史定论等。这句话可以有很多解读。一曰天道酬勤，功不唐捐。航天员成功飞天须付出千辛万苦，历经千锤百炼，非如此不足以成其事。25年来，邓清明一直在专心训练，心无旁骛，不管是否被选中，都毫不松懈地学习理论、掌握技术、熟悉操作指令，争取最优。虽然他几次都与飞天失之交臂，但每次落选都不会阻碍他，反而会训练得更刻苦，就像是憋着一股劲。从神舟十一号到神舟十五号，他从未有丝毫懈怠，训练精益求精，钻研苦心孤诣，技术越来越高，素质越来越全面，他始终一步一步、坚定不移地走向他的奋斗目标。实践证明，任何人的努力都不会白费，每一步攀登都会缩短与顶峰的距离，天道酬勤是世间最公正公平也最具哲理的一个成语。

邓清明为了实现飞天梦，不知流了多少汗水、泪水，付出了多大代价。他从31岁开始就进入航天员大队训练，是首批14名航天员中唯一一位没有执行过飞天任务却仍在现役的航天员。他先后做过"神九""神十""神十一"备份，仍"不抛弃，不放弃"，始终保持高水平的训练，时刻准备着。"有志者、事竟成"，2022年初冬，56岁的邓清明终于实现了自己飞天的梦想。如果说成功有诀窍，邓清明成功的诀窍就是刻苦训练，充分准备，耐心等待，水到渠成。他的奋斗历程也充分说明一个道理：奋斗的根是苦的，花是香的，果是甜的。

"天不负"的天就是个高明的精算师，付出多少，就会收获多少，努力几成，就有几成结果。谁想投机取巧、弄虚作假、以劣充优，肯定会露馅碰壁。无论古今中外，通向成功的高峰都没有捷径可走，"只有在那崎岖小路上攀登的不畏劳苦的人们，才有希望到达光辉的顶点"。诚如邓清明在神舟十五号载人飞船航天员见面会上所言："一次次与任务擦肩而过，有过失落，也有过泪水，但我从来没有彷徨过，更没有放弃过。我可以用一生去默默准备，但绝不允许当任务来临的时候，我却没有准备好。"苦练加巧练，天赋加勤奋，坚持不懈，水滴石穿，先苦后甜，苦尽甜来，就是他的奋斗轨迹，也是所有成功者的共同轨迹。

"苦心人，天不负"，是收获人生辉煌的普遍真理，也是通向成功之路的不二法门。邓清明的一飞冲天就是范例，如果你也想跻身其中，那就立即开始行动吧！

做拼搏成才的强者

朝气蓬勃，是青年人最可贵、最重要特征。唐代诗人李贺说："少年心事当拏云。"梁启超说：少年人如朝阳，少年人如乳虎，少年如春前之草，少年如长江之初发源。放眼古今，甘罗12岁当宰相，霍去病17岁以战功封侯，曹禺23岁写出话剧《雷雨》，王勃24岁以《滕王阁序》名闻天下，周瑜33岁指挥赤壁大战，杨振宁35岁获诺贝尔物理学奖，中国运载火箭技术研究院科技人员平均年龄为35.3岁，他们都是拼搏成才的强者，是青春与朝气结出的硕果。有了千千万万奋发有为、朝气蓬勃的青年，国家才有希望，民族才有前途。

广大青年就要唱响奋斗的主旋律，用奋斗奉献社会，报效祖国。"幸福都是奋斗出来的"[①]，"奋斗本身就是一种幸福。只有奋斗的人生才称得上幸福的人生"[②]，"新时代是奋斗者的时代"[③]，这是习近平总书记强调的奋斗观，激励着广大青年为实现宏伟目标而勠力同心、拼搏奋斗。实现中华民族伟大复兴的中国梦，需要一代又一代有志青年接续奋斗。青年人朝气蓬勃，是全社会最富有活力、最具有创造性的群体，党和人民对广大青年寄予厚望。每个青年都要以国家富强、人民幸福为己任，胸怀理想、志存高远，自觉投身中国特色社会主义伟大实践，并为之终生奋斗，发光发热，献智献力，走好自己的人生之路。

---

① 《国家主席习近平发表二〇一八年新年贺词》，载《人民日报》2018年1月1日。

②③ 人民日报社编：《江山就是人民　人民就是江山——习近平总书记系列重要论述综述：2020—2021》，人民日报出版社2022年版，第203页。

广大青年就要全面发展，提高综合素质，做合格的社会主义接班人。青年要担当起建设祖国、保卫祖国的重任，就要努力学习，学习革命理论，学习文化知识，学习劳动技能。要坚持知行合一，注重在实践中学真知、悟真谛，加强磨炼、增长本领。"梦想从学习开始，事业靠本领成就"，勤奋学习才能使我们的奋斗之旅充满动力，本领高强才能让我们的事业事半功倍，全面发展才能使我们逢山开路、遇水架桥，成功抵达胜利的彼岸。

广大青年要加强思想道德修养，使自己成为一个高尚的人。思想是行动的指南，道德是奋斗的保障。每个青年都要用习近平新时代中国特色社会主义思想武装头脑，知道我们该向何处去、该怎么奋斗、要达到什么目标，以理性而昂扬的态度去工作学习。要以全社会树立的道德楷模为榜样，自觉弘扬爱国主义、集体主义精神，自觉遵守社会公德、职业道德、家庭美德，做一个高尚的人、纯粹的人、有益于人民的人，用理论之光照亮人生道路，创造无愧于时代的壮丽人生。

广大青年要用勤劳汗水换取幸福。樱桃好吃树难栽，不下苦功花不开，天上不会掉馅饼，世界上没有免费午餐。新时代里，天高任鸟飞，海阔凭鱼跃，有志青年们机会多多，前途辉煌，势必将会收获更多幸福，印证工作着是美丽的道理。反之，那些动辄躺平、佛系的人，空间只会越来越小，道路越来越窄，早晚会被历史淘汰，也就不可能有真正的幸福。

青年强，则国家强。广大青年要坚定不移听党话、跟党走，怀抱梦想又脚踏实地，敢想敢为又善作善成，立志做有理想、敢担当、能吃苦、肯奋斗的新时代好青年，让青春在全面建设社会主义现代化国家的火热实践中绽放绚丽之花。

由"画鬼魅易"说开

《韩非子·外储说左上》载有一则"画鬼魅易"的寓言。一位画家为齐王作画。齐王问他:"画什么最难?"他说:"画犬马最难。"齐王又问:"画什么最容易?"他说:"画鬼怪最容易。"齐王哈哈一笑,好奇地追问原因。画家从容作答:"犬马是人们所知也,不能随意虚构,所以难画;鬼怪是无形的,谁都没见过它们,可以随心所欲地描绘,所以易画。"画师与齐王的对话,阐明了人们对客观事物必须进行真实的反映和科学的分析判断,来不得半点虚假,而唯心凭空想象最省力,可以自以为是、胡编乱造,因为它不受任何规则条件制约。

东汉哲学家王符在《潜夫论·叙录》中说:"大人不华,君子务实。"明末清初思想家王夫之说:"虚与实之分,祸与福之纽也。"实干苦干,是成功的第一品质,是有作为的政治家、思想家、实业家和一切不愿落后的有志者的优良传统。实干从来兴邦,空谈必然误国,"一步实际行动胜过一打纲领",这是被历史和现实证明了的真理。

伟大梦想不是谈出来、喊出来的,而是拼出来、干出来的。实现中华民族伟大复兴的中国梦,任重而道远,需要我们每一个人踔厉奋发、笃行不怠,付出辛勤劳动和艰苦努力。实干苦干,锲而不舍,不尚空谈,不玩虚招,不采华名,不兴伪事,务求实效,才是最可尊敬的。

实干精神是共产党人的宝贵品质和政治本色。共产党人是用特殊材料制成的人。所谓"特殊",就是特别能吃苦、特别能战斗。习近平同志在宁德工作期间,写了《摆脱贫困》一书,总结自己平时工作,既有经验之谈,也有睿智之语。此书收录的《从政杂谈》一文提到了"青年干部四忌"："青年干部精力充沛，年富力强，热情高，有闯劲，但也有许多短处。在成长过程中应扬长避短，特别要注意四忌：一忌急于求成……二忌自以为是……三忌朝令夕改……四忌眼高手低……"①

党的好干部廖俊波信念坚定、不忘初心，对党和人民无限忠诚。他常年奔忙在项目建设、园区开发、脱贫攻坚工作一线，从不利用权力、地位为自己和亲属谋取私利，以良好的形象和口碑赢得了广泛赞誉。365个日夜，廖俊波玩命工作、纵情奔走，连司机都忍不住问一声："领导，您不觉得累吗？"廖俊波的回答是："带孩子够辛苦吧，但父母为何乐在其中呢？因为信念！人有信念，就不会觉得累。"正因为信念在心、使命在肩，他才以党和人民事业为最高追求，以干事创业、造福百姓为最大快乐。25年党龄，化为忠诚的坚守、奉献的追求。我们应当经常审视理想信念的坚定性，把自己打造成为一名思想上、行动上、感情上对党忠贞不贰、对党的事业矢志不渝的称职党员。

发扬实干勤勉的好作风，表现在对待事业和工作的态度上，就是不务虚功，求真务实，迎难而上，拼搏进取，奋发有为，多干实事，"只顾攀登莫问高"，一步步实现理想；不说大话，不务虚名，不行架空之事，不谈过高之理，不容浮伪之言，反对弄虚作假，如做样子、摆花架子。有了实干勤勉、奋发有为的精神，没有条件可以创造条件，办法总比困难多，一个个难关都能闯过来。

"实干"二字的深意，既在于"埋头苦干"，更在"认准了就干"，扑下身子抓落实，不能光耍嘴皮子，付诸实施，要舍得流汗吃苦，做出实实在在的业绩，决不追名逐利、做表面文章，决不敷衍塞责、无所作为。用发展的眼光看问题，用创新的思维研究问题，形成具体目标、具体路线图、具体时间表，知行合一，焕发出创造活力，保持昂扬向上的

---

① 习近平：《摆脱贫困》，福建人民出版社1992年版，第25—28页。

朝气、永不言败的志气，勇立潮头，敢于争先，仰望星空，脚踏实地，带头打拼，争创一流，再续辉煌。

生逢其时的当代中国青年，要不忘习近平总书记的殷切教诲，珍惜青春时光，不负美好年华，弘扬先辈精神，立志做有理想、敢担当、能吃苦、肯奋斗的新时代好青年，怀抱梦想又脚踏实地，敢想敢为又善作善成，让青春绽放更为绚丽的光芒。中华民族伟大复兴将在一代代青年的接力奋斗中变为现实。